KB015776

이형문 인생교양 에세이

평범한 일상의 幸福

행복

유나미디어

이형문 인생교양 에세이

평범한 일상의 幸福

Contents

|제2부| 삶의 풍경

| 제3부 | 삶에 관한 이야기들

인생은 덧없는 것...

　인간으로 태어나 누구나 한 줌의 흙으로 돌아갑니다. 모두가 덧없는 것이라지요.

　아웅다웅 발버둥 치며 살아온 일도, 잡초같이 밟히며 꿋꿋이 버텨온 일도, 지나놓고 보니 다 일장춘몽(一場春夢), 인도의 테레사 수녀님은 "우리 인생이 마치 낯선 여인숙의 하룻밤" 같다고 표현하면서 "사는 의미의 발자국이 그 속에 있다"고 했습니다.

　한세상 무작정 떠나다 중도에 안타까이 쓰러지는 아픔을 감내하는 이, 겹치는 실패가 버거워 주저앉는 이, 그런 때 요령껏 짐을 내려놓을 줄 알 때 비로소 성숙해지는 우리 인간들.....

　그래서 우리 몸은 마치 정원(庭園)을 가꾸듯 자신을 만들어 가는 과정에서 마음을 비우는 연습이 꼭 필요하답니다. 살아가는 인생사들이 누구나가 마치 걸레조각처럼 찢어지고, 허드레로 망가진 만신창이가 된 그런 애환의 눈물들이 한 권의 드라마인 책으로도 모자라겠지요. 그러기에 부자나 가난한

사람이나, 많이 배운 사람이나 못 배운 사람이나, 잘난 사람
이나 못난 사람이나, 출세한 사람이나 그러지도 못한 사람이
나 마지막엔 다 한 길로 가는 우리 인생길이지만, 마지막 갈
림길인 신(神)의 가혹한 심판만이 남은 샘이지요.

　톨스토이의 불후의 세계적인 명작소설 〈죄와 벌〉 속에 한대
목인 사형수 이야기가 있지요. 28년을 살아온 한 젊은 사형수
에게 사형 집행당하던 형장에서 마지막 5분의 시간을 주었다.
비록 짧았지만, 너무나도 소중한 5분의 시간을 어떻게 쓸까?
고심하던 끝에 결정했다. 눈에 흐르는 눈물을 삼키면서 가족
들과 친구들을 잠깐 생각하며, 나를 알고 있는 모든 분들께
작별인사와 기도를 하는데 2분, 오늘까지 살게 해준 하나님께
감사하고, 곁에 있는 다른 사형수들에게 한마디씩 작별인사
를 나누는데 2분, 나머지 1분은 눈에 보이는 자연의 아름다움
과 지금 최후의 순간까지 서 있게 해준 땅에 감사하며 마음을
작정 하고나니 눈앞이 캄캄해졌다.

　아! 다시 한번 인생을 더 살수만 있다면.......하고 회한의
눈물을 흘리는 순간, 기적적으로 사형집행 중지 명령이 내려
와 간신히 목숨을 건지게 되었다고 하지요.

　구사일생으로 풀려난 그는 그 이후 사형집행 직전에 주어졌
던 그 5분간의 시간을 생각하며 평생 '시간의 소중함을 간직
하고 살았으며 하루하루, 순간순간을 마지막의 순간처럼 소
중하게 생각하며 열심히 살았다'고 합니다.

　저자 톨스토이에게 그럼 당신은 지금 행복합니까? 라고

물으니 "어진 마누라, 좋은 자식들이 있으나 자신은 늘 자살하고픈 충동을 스스로 억제하며 살아왔다. 그러니 괴로움을 통째로 겹치면 겹칠수록 뒤엉키어 사는 게 인생사라 마치교향악은 그렇게 연주한다고 했습니다.

결국, 괴로움 속에서도 즐거움을 찾을 수 있다는 의미지요. 오늘날 우리에게 주어진 소중한 날들 하루하루를 도스토예프스키가 가져보았던 마지막 순간의 5분처럼 우리도 오늘 하루를 최선을 다해 살아가는 정신이라면 아마도 당신은 성공한 사람이 돼있을 겁니다.

2천 년 전에 예수님께서 하신 말씀 중에, '심령이 가난한 자는 복이 있나니(마태복음 5장 3절) 수고하고 무거운 짐 진 자들아 다 내게로 오라. 내가 너희를 쉬게 하리라' 하였고, 또 불가에서도 '욕심도 벗어놓고, 성냄도 벗어놓고(慾心脫皮, 脫不性) 물같이 바람같이 살다 가라 하고(水如又風 活居散) 하늘은 나를 보고 티 없이 살라하네(蒼空我示 无塵活)…….'

그래서 이제 필자는 80평생을 살아오다보니 삶의 신조를 해불양수(海不讓水), 역지사지(易地思之)로 바꿨답니다. 그 까닭은 바다가 강물을 물리치지 않듯, 두루두루 상대의 입장에 서서 세상살이 버거워도 허파에 바람 잠재우고, 인연이 닿는 날까지 영롱한 아침이슬처럼 참신한 모습으로 조용히 살다가고 싶습니다.

필자와 같은 고향이 통영이신 박경리 작가님이 〈사색이란 시간〉 속에서 '모진 세월 가고, 늙어지니 이렇게 편안한 것을....... 버리고 갈 것만 남아서 홀가분하다. 다시 젊어지고 싶지 않다.' 는 그 여운의 말씀이 내 마음에 와 닿아 진정으로 들려지고, 박완서 작가님의 글속에서는 '나이가 드니 마음 놓고 고무줄 바지를 입을 수 있어 좋다' 는 두 분 여류 소설가의 시골집들에서 가장 꾸밈없이 조용히 살다 가신 이들이 준 그런 삶을 필자도 닮고 싶어지네요.

비록 가진 것 없는 촌로(村老)여도 기쁨과 나눔, 좌절과 고독을 삼키며 먼 길을 돌아서 왔기에 하나님께서 살다오라는 날까지 정약용 선생처럼 글 쓰다 눈을 감는 날까지 일상적인 변화로 사색하며 내게 부여된 사명을 다할 수만 있다면 참으로 행복에 겨운 일이겠지요.

누가 말하기를 "세상에서 제일 큰 성공의 선물은 건강하게 마지막까지 살아남는 것"이 인생에 승리자라고요. 그 이유는 죽은 박사보다 살아있는 멍텅구리가 더 낫기에 뭐니 뭐니 해도 이승에서 건강하게 오래오래 삶을 구가(glorify)하며 즐기다 가는 일이 제일이라고 했습니다.

천주교 '마태오복음' 에 정직과 복수의 대목에서 '원수를 사랑하라. 받은 선을 악으로 갚는 것은 악마적이고, 선을 선으로 갚는 것은 인간적이고, 악을 선으로 갚는 것은 신적인 것이다. 인간이 신이 될 수 없지만, 악을 선으로 갚는 신적인 인간이 될 수 있어야 된다.' 고 했습니다. 그러므로 감정의 동물인 인간으로서 용서하는 일은 참으로 어려운 일이지만, 가장 훌륭한 사람은 상대방의 실수를 용서할 줄 아는 사람이라 했습니다.

한 독일 목사님이 미국으로 이민 가 뒤뜰에 라일락이 핀 집을 전세로 얻어 이사했는데, 다음 날 뒤뜰에 옆집에서 쓰레기를 갖다 놔 실수로 그런 줄 알고 치웠는데, 다음날도 그랬고, 그 다음날도 또 그랬다지요. 그때 목사 아내가 아들에게, "얘야! 내일아침 또 쓰레기가 있으면 그 위에 예쁜 라일락 한 송이를 얹어놓아라."

아들이 어머니 말씀대로 매일 쓰레기를 놓을 적마다 그 위에 라일락꽃을 얹어놨습니다. 얼마 후부터 쓰레기가 슬며시 사라졌습니다. 행복이란 절망의 쓰레기 위에 라이락을 놓고 고통의 가시밭에서 백합화의 향내를 낼 때 주어진다고 하지요.

아름다운 삶은 어떤 것일까요? 로댕의 '생각하는 사람' 처럼 이성의 지나침도 없고, 돈키호테처럼 감정의 지나침도 없는 '이성과 감성이 조화를 이룬 삶' 이겠지요. 우리가사는 생활주변에 소외된 이들의 소리에 귀 기울이는 민감한 삶도 참 아름다울 것입니다. 그래서 필자의 책 〈평범한 일상의 행복〉 내용은 우리가 살아가는 마음 씀씀이 모습 그대로인 것뿐입니다.

오늘날 우리나라 사회가 정직하게 살아가는 사람이 바보취급 당하고, 네거티브가 판치고, 아사리 판 같아 못 둘려먹는 사람이 바보취급 당하고, 상하가 없는 사회로 전락돼 독해야 살아남는 세상이라 무엇이 정의고, 바른 삶인지? 갈피 잡기가 여간 어려운 요지경 세상입니다.

지위나 돈이 많은 사람은 어렵게 사는 사람을 위해 표시 내지 말고 베풀어야 후손들이 복을 받게 되는데, 자루가 터지든 말든, 남이야 눈물을 흘리든 말든, 우선 채워놓고 혼자만 배 부르고 등 따시면 된다고 나라 돈까지 겁 없이 집어삼킨 자들 이 언젠가는 불교에서 말하는 업보에 따라 엄청난 신상과 사 정에 얽힌 벌을 하나님께서 내릴 것입니다. 획죄어천(獲罪於 天), 무소도야(無所禱也)란, 하늘에 죄를 범하면 더 이상 빌 곳이 없다는 뜻같이 내 자신의 인간가치란 어떤 사회적 높은 지위나 명예가 아니라 인간 됨됨이가 얼마나 바르게 돼 있는 가? 인데 이승에 와 사는 동안 만나는 이들의 인연들이야말로 천만번 이상의 영겁(永劫)속에 맺어진 것이라서 사는 날까지 자신의 후손을 위해 좋은 인연을 남겨야한다는 의미입니다.

 필자가 인연 깊은 강진 땅에 살러온 지가 어제 같은데 어언 10년이 되었네요. 강진군에서 실시한 귀농인 환영 첫 케이스 로 당시 전남일보에서 특집으로 취재해간 바 있습니다.

 필자가 현재도 계속되고 있는 '강진 고을신문' 속에 인생교 양 칼럼을 7년여 동안 쓰다 보니 어느새 220회를 훌쩍 넘겼 습니다. 집 뒤 새벽 보은산길 양무정 활터를 지나 피톤치드, 수국, 들국화, 철쭉, 황칠, 구절초 내음과 이름 모를 산새소리 가득한 산행에 잘 닦아진 우두봉 정상에 올라서 멀리 내려다 보이는 강진벌 들녘 너머 탐진강 구강포구 젓줄이 한 눈에 들 어오고, 먼발치 마량 항구 불빛들이 조는 듯 깜박거리는 섬섬 사이로 전어 잡이 배들이 줄줄이 먼 바다로 달려가는 틈새,

대지의 아침은 장흥 국립공원 천관산 끝에서 태양이 솟으며 대지에 펼쳐진 황홀한 아름다움에 폭 빠진 여명의 아침(the gray of morning)!!

이 평화로운 강진 땅 병풍처럼 둘러쳐진 보은산을 이번 강진원 군수님께서 정상에 오르는 길을 대대적으로 잡나무를 정비해 참으로 그곳에 올라서면 장관입니다.

서쪽으로는 우리나라의 소금강인 월출산 자락에서부터 해남의 흑석산, 서기산, 덕룡산 등이 그림처럼 펼쳐져 보이지요. 보은산은 그리 높지도 않은 해발 493m에 불과하지만, 다양한 경치를 조명한 곳으로 일찍이 강진으로 귀양 온 정약용 선생이 스님 한분과 정상에 올라와 멀리 서쪽 흑산도 쪽을 바라보며 그리운 약전 형님이 귀양 가신 곳을 향한 그리움에 젖기도 했죠.

보은산 정상에 서면 산 아래 자욱하게 깔린 안개와 구름 띠를 감상하는 너머 장흥, 옴천과 병영, 작천 쪽이 안개 속에 잠들어 있고, 마량 놀토 시장과 읍내 오감통과 가우도 출렁다리도 안개 속에서 숨바꼭질 하듯 보이네요.

필자가 거처하는 곳은 읍내 다산 정약용 선생께서 강진 땅에 처음 오셔서 4년간 사의재 주막에서 제자 6명을 가르치시던 곳에서 500여 미터 떨어진 아늑한 곳에 집사람과 둘이 글쓰며 조용한 여생(餘生)을 보내고 있습니다.

2016년 병신년(丙申年) 정월 초이레
저자 이 형 문 올림

제1부

가정은 행복의 보금자리

행복이란 무엇일까?

마음이 행복과 불행을 만드는 요소

철학자 플라톤이 '행복은 적당히 모자란 가운데 그 부족한 부분을 채우기 위해 노력하는 나날의 삶'이라고 했다지요. 그래서 우리 인간은 늘 없는 것, 부족한 것이 무엇인가에 허덕이며 더 많이 갖는 것이 행복의 열쇠인 줄로만 생각하게 되고, 충족시켜보려는 과욕이 지나쳐 오히려 행복과 점점 더 멀어지게 되어 인간의 잔인한 토막살인 등 도덕적인 가치의 기준이 점점 멀어져 가고 있습니다.

있는 사람은 삶의 기준을 훨씬 높게 책정해 놓고 삶의 기준 자체가 항상 모자란 것들로 가득 차 제 잘난 맛에 살아가며 언제나 투덜거리지만, 없는 사람은 아예 그런 생각 자체를 체념해 버리고 없으면 없는 그대로 마음 비우고 사는 생각이기에 생각이 복잡하질 않고, 걱정과는 거리가 멀어 만족함 속에 자연스럽게 행복이 찾아옵니다. 그 차이의 행복은 물질적 풍요가 가져다주는 것이 아니라 내 자신이 만족함을 느낄 줄 아는 마음에서 생겨나지요.

이런 말도 있습니다. 어떤 이는 가난과 지겹도록 싸우고, 또 어떤 이는 재물과 싸우는데 가난과 싸워 이겨내는 사람은 많은 반면, 재물과 싸워 이겨내는 사람은 적다고 하지요. 그처럼 넘어지지 않고 달리는 선수에겐 박수소리가 작지만, 넘어졌더라도 일어나 다시 달리는 사람에겐 응원의 박수를 힘차게 보냅니다. 그러기에 가장 밑바닥까지 떨어져본 사람은 상대의 아픈 눈물을 안다고 하듯 오뚝이(a tumbling doll) 같이 일어선 사람에게 격려를 해주는 의미가 바로 용기를 심어주는 믿음입니다.

그러기에 행복은 자신의 마음에서 우러나 덕을 쌓으면서 사는 길인 동시에 자신이 있을 때 표시 없이 주위 어려운 분들을 돕고 베풀 때 진실한 행복이 오게 되지요.

불교의 법화경 속에 인과법칙이란 내용 중에 이 세상에 존재하는 모든 것들이 인연에 의한 것이기에 내가 한 그대로의 모습으로 다시 돌아온다는 결과가 곧 인간마음이 중심이 된다는 뜻입니다. 그러므로 인간의 가장 큰 고통은 자신의 마음을 잘못 써 옮긴 후 나중에야 후회의 결과로 돌아오는 게지요. 중요한 것은 내가 함부로 쓰는 나의 몸뚱이를 자신에게 언제나 고맙다고 느끼지 못하고 함부로 망가지게 쓰면서 살아가는데서 생겨납니다.

　나란 존재가 이 세상에 나와 행복해질 수 있는 권리가 누구에게나 당연히 있기에 상대의 행복도 함께 누려줄 수도, 축복해줄 수도 있는 것이지요. 내 삶이 아름다울 때 더불어 상대의 아픔도 함께 행복해질 수 있으며 상대의 상처도 씻어질 것입니다.

　세상살이가 자기 혼자 욕심 부린다고 다 되는 것이 아니라 남을 먼저 생각하고 양보해주는 배려 속에서 남는 그게 행복이 되는 게지요.

　인생살이 평탄할 수 없어 굽이굽이 넘고 넘어야 하는 산하(mountains and rivers)이기에 남이 잘 되는 것에 박수와 위로의 축복이 행복이 될 수 있지만, 남의 실패를 통쾌해 하고 자기만을 위해 남을 피눈물 나게 울리며 살아가는 인간들의 말로는 처참해지기 마련입니다.

　그러기에 행복은 자신의 삶에 연결된 고리와 같아서 노력 않고 이루려는 결과란 하나도 없지요. 자신이 행복해지려면, 먼저 스스로가 정정당당해야 합니다. 나쁜 짓은 다 해놓고 행복을 추구할 수 없는 것처럼 사람의 기준의 목표가 언제나 뚜렷한 정직, 인맥, 열정 등 자신이 갖는 정의로운 정신이 중요하기 때문입니다.

　인간은 살아있는 한 생각하는 동물이기에 어떻게 해야 행복하게 살까? 라는 정신은 내 생명을 소중하게 만들어야 한다는 의미이기도 합니다.

한 예로, 사흘 굶은 사람에겐 배를 채워놓고 보는 것이 행복일 것이고, 시험을 앞둔 수험생이나 회사 일에 항상 쫓기는 사람에게는 잠이나 휴식이 필요하며, 정치하는 사람에겐 일꾼의 대변자로 신뢰의 바탕이 바르게 심어져 그늘지고 소외된 곳을 먼저 찾아보는 그런 대변자가 믿음의 신뢰를 인정받듯, 가치 있는 인생의 행복이란 정정당당하게 사는 모습이지만, 때로는 약자의 편인 피해자의 입장에 함께 서서 손잡아 줄 때가 참된 행복과 직결될 것입니다.

　'많이 갖고 있는 자가 부자가 아니라 많이 주는 자가 부자'라는 의미는 행복의 기준이 어떤 소유에만 있는 게 아니라 자기 곁의 소외된 약자들에게 따뜻한 배려로 감싸 안아줄 때입니다. 그러므로 진짜 행복한 원천은 만복의 근원이신 하나님이십니다.

　한편, 필자는 이런 행복기준을 찾아보기 위해 1년 여 동안이나 행복현장을 직접 답사체험해 보기 위해 교직자나 종교인, 정치가나 사업실패자나 어려운 곳 등 다방면의 분들의 실상을 보면서 느낀 소감은, 돈 많은 사람들보다 의외로 빈약하게 살아가도 마음이 풍요롭고 단순하게 낙천적인 그런 부류의 분들이 더 웃었고 행복감을 느낀다는 사실을 감지했으며, 이들 대부분이 자기 만족도를 낮게 잡아 환경에 맞추는 자연스런 연결고리로 매사 현실적 기준의 분복을 자신이 만들어 사는 분들이 대부분으로 행복해 지려거나 불행해지는 그 차이도 일상적 습관이 가장 중요하다는 사실을 알게 됐습니다.

열정적인 사람은 어지간한 일에 웃어넘겨 버리지만, 그러지 못한 사람은 작은 일에도 즉각적인 불만과 짜증으로 반응하지요. 그러므로 행복과 불행의 기준은 내 자신의 마음으로 얼마든지 컨트롤 될 수 있습니다.

인생길에서 누구나가 살아가다 보면, 예측할 수 없는 거센 비바람이 불어 닥칠 때나 생각지도 못한 늪에 빠져 흙투성이로 만신창이 되어 뒹굴어도 누구 한사람 애처롭다고 손잡아 주는 이 없을 때 그 고난을 박차고 일어난다는 긍지의 힘은 용기 이전에 최후의 발악이듯 무서운 오기의 저력을 발휘할 수 있습니다.

한 예를 들어보지요. 1980년 경 필자가 젊은 시절 무서운 게 없이 사업하며 잘 나가던 때, 무역업을 하루아침에 집어치운 이유는 일본에서 우연한 날 조간 신문기사를 읽고 쇼크를 받아 그 할머니처럼이야 못하더라도 사회에 좋은 일을 한번 남겨야겠다는 다짐으로 시작한 것이 20여 년을 미쳐서 가정마저 잃고 다니며 손을 떼지 못한 일을 잊을 수 없습니다.

우리나라가 무척 가난하던 1960~80년 경, 통금시간이 있던 시절, 서울 달동네 판자촌(금호동, 옥수동, 홍제동, 봉천동) 어려운 곳을 찾아다니던 때, 한두 해가 지나니 가진 돈이 바닥이 나 서울 잠실에 살 때 동대문 도매시장에서 운동화를 싸게 구입, 그걸 길거리에서 팔아 모은 돈으로 병든 노인 분들이나 어린 가장 집 쌀독 채우는 일들에 정신이 팔려 있었고, 용산 새벽어시장이나, 심지어 한강 폐수 지하하수구 펌프장 바닥에 들어가 서울사람들이 누는 인분 냄새를 지겹도록 맡으며 1년을 넘게 일해서 땀 흘려 번 돈들을 어렵게 사는 달동네를 찾아다니며 아깝지 않게 돕기도 했지만, 그러다보니 마치 돈이 한강에 돌 던지기라 나중에는 일본에까지 가 건설 현장에서 일하다 무릎인대를 다쳐 수술한 후 석 달여를 깁스하고 쉴 때, 꾀를 내기를 목발 짚고 벙거지 모자 둘러쓰고 허름한 옷에 거지행세로 동경 극장 번화가 젊은이들 집합소〈히가시 신주꾸 가부끼죠〉밤 지하도에서 걸인행세하며 하루 몇 만 엔 정도의 돈을 모아(당시환률 4대1일 때) 한국에 돌아와 어려운 곳을 찾아다닌 일은 참으로 잊을 수 없습니다.

그렇게 하고 지내던 때 서울에서 집으로 돌아오는 밤에 피로에 지칠 땐 길가 포장마차에 들어가 소주 한두 병에 보쌈김치에다 얼큰해지면 저절로 흥이나 콧노래를 부르니 그게 진짜 값진 행복임을 알았고, 가진 거야 비록 빈손이었지만 마음이 언제나 부자라서 이날까지 건강을 잃지 않았나 생각이 드네요. 그 당시 내 대신 집사람이 가정을 꾸려가느라 남대문시장 지하에서 장사하는등 너무 고생시킨 일을 생각하면 지금도 가슴이 미어집니다.

한 시인이 말하기를 "우리 모두는 자신의 몸보다 천 배나 무거운 걸 짊어지고 인생을 살고 있다."고 했듯 〈유머 같은 말로 사는 게 별거랑가?(군수가 벼슬이랑가?)〉라는 책을 쓰신 황 주홍 의원의 표현같이 인생살이가 별거 아닐 것 같아도 참으로 어려운 굽이굽이 인생길이랍니다. 그 속에서 자신의 마음을 다스려 행복한 마음을 만든다는 것은 돈 주고도 못 사는 경험의 노하우이기에 하루하루를 행복하게 살고 싶다면 행복해지는 방법과 습관을 먼저 만드는 것이 중요하지요. 결국 인생을 살아가는 목표는 행복을 추구하기 위해서일 때 그 값진 보람을 남 몰래 남겨야 합니다.

사기나 도둑질해 번 돈으로 덕을 쌓겠다고 부처님이나 하나님께 수억을 바쳐 빌고 빌어도 이분들이 오염된 더러운 돈을 먼저 아십니다. 피땀으로 노력한 정의로운 정성금의 돈이라야 바른 은혜를 받는 게지요.

시인 호라티우스는 '행복하게 살라! 단지 그대 인생이 얼마나 짧은지를 생각하라.'고 했듯 짧은 인생길 허무한 날들 보내지 말고, 남몰래 봉사하는 좋은 일에 나도 할 수 있다는 자신감으로 실천해보는 정신이 중요합니다. 자신이 하고자 하는 일에 지레짐작만으로 겁을 먹고 포기해 버리지 말고, 우선 자신의 꿈인 행복을 정복하기 위해서는 부정적인 면보다 긍정적인 시각을 더 지닐 필요가 있습니다.

성공한 인생이냐 실패한 인생이냐를 가르는 것은 재산, 권력, 명예가 아니라 자신의 뚜렷하고 정직한 꿈을 잘 이룬 실천된 결과에서 답이 나옵니다. 문제는 자기가 하고자하는 일만 하고 살아가도 행복을 다 채우기에는 짧은 인생길이라는 사실이지요. 그 행복이란 돈 주고도 못 사는 것이기에 그 노력을 하고자 하는 목표달성의 인내의 결과에서 행복이옵니다.

여행을 즐기십시오. 답답하고 풀 수 없는 마음을 한꺼번에 풀어줄 수도 있고, 의욕과 활기, 그리고 열정을 불어넣어주기도 합니다. 실패를 했을 때나 어떤 풀지 못하는 일에 봉착했을 때 한 며칠 여행하고 나면 속이 후련해지고 다시 새 기운이 돌아납니다. 두려워 말고 더 큰 바다 세상으로 헤엄쳐 나가보십시오.

과거 대우 그룹 김우중 씨가 쓴 책 〈세상은 넓고 할 일은 많다〉를 한번 사 읽어보시면 자신의 인생, 삶의 그릇을 만드는 데 도움이 될 것이고, 또 조엘 오스틴이 쓴 〈긍정의 힘〉이라는 책을 필자가 이민 갔던 13년의 허송세월(passing time idly) 동안 골방에 처박혀 열 번이나 정독했던 기억을 되살려 자리를 박차고 일어나 빈손으로 죽더라도 고국 땅에 뼈를 묻어야 한다는 각오로 아내에게만 귀띔을 하고 과감히 귀국했던 기억을 해 봅니다. 정신적 용기와 산 경험이 큰 축이 되기 때문이지요.

그러기에 세상 어느 곳에서든 살아가는 동안 '나를 도와준 고마운 분'들은 절대로 잊어서는 안 됩니다. 언제나 감사한 마음을 간직하고 언젠가 반드시 은혜에 보답을 하는 정신이 중요하지요. 자신의 꿈과는 무관한 관계라 하더라도 행복한 인생을 함께 공유하며 살아간다는 감사의 동반자이므로 소중한 이들에 자신의 진심을 다 쏟아야 합니다. 그러므로 행복은 깨어있는 사람에게만 허락되는 권리라 하겠지요. 그 정신은 용기와 신뢰가 쌓인 신용으로 이어져 남들이 돕는 좋은 동반자가 될 것입니다.

하나님이 누구에게나 공평하게 잘 살아가도록 인간에게 준 선물은 자신의 육신입니다. 열심히 정직하게 노력하는 사람에겐 가난하더라도 행복과 훗날을 보장한다는 것을 믿고, 자신의 분복대로 능력에 맞춰 살아갈 줄 알아야 행복도 보장됩니다. 돈이 많고 적고를 떠나 내 자신이 행복을 만들어 갈 수 있기 때문이지요.

중요한 것은 세상에 미움과 갈등과 감정 등 모든 것은 일단 내려놓고 대화로 풀어보십시오. 결국 인간관계는 줄을 먼저 놓는 사람이 이기는 게임이 됩니다. 상대방에 끌려 다니지 않고 나의 주관이 뚜렷할 때 나의 주위에 사람이 모여들고, 사랑과 용서와 행복이 함께 하게 될 것입니다. 용서하는 자는 절대 이길 수 있습니다. 한세상을 살면서 비록 없이 살아갈망정 떳떳한 삶일 때 행운은 언제나 내편입니다.

행복은
마음속에서 크는 것

삶에서 100% 만족함을 느끼며 산다는 사람이 흔하지 않고, 누구나 불만족함 속에 살아가기 마련이지만, 그런 속에서도 그나마 만족을 느낀다는 사람은 참으로 행복한 사람입니다.

사람들에겐 한세상을 살아가다 보면 한 8가지 정도의 마음이 있다고 하지요.

향기로운 마음, 여유로운 마음, 사랑하는 마음, 참는 마음, 노력하는 마음, 즐거운 마음, 강직한 마음, 선정된 마음이라는데 이중에 즐거운 마음으로 상대를 만날 수 있다는 것이 가장 으뜸의 진실한 행복이라고 합니다.

일본말에 '요끼구라시구노 세이가쓰(陽氣로운 생활)' 라고 하지요. 결국 행복은 자신의 건전한 마음 속에서 자라난다는 의미이기에 자신이 스스로 생각하는 각도의 작은 부분의 차이에서 갈라놓는다는 사실입니다.

가령 두 남녀가 사람을 대하며 각자의 생각을 표현할 때

'저년 화냥년'이란 표현과 '아니야, 아주 얌전하고 미모가 방정한 여인인 걸'이라는 생각 차이, 또 저 인간 '호로 자식이야'와 '아니야, 저 분 참 부모에 효자이고 좋은 사람이야'라고 보는 것은 생각하는 각도차이입니다.

그처럼 행복이란 자신의 삶속에서 어떻게 받아들이느냐에 따라 느껴지는 결론이기에 인간의 행복자체도 하나의 기술이라고 말할 수 있겠지요. 학력이 높거나, 높은 지위나 많이 가진 자라고해도 자신의 정신상태 자체가 복잡하거나 불안정하게 초조할 때 생각자체가 건전치 못해서 표현되는 말 자체의 인간보다, 비록 없이 살아갈망정 마음 비우고 즐거운 생각만으로 웃음이 가득한 사람은 생각하고 느끼는 각도의 차가 실로 엄청나지요.

그러므로 행복이란 반드시 어떤 소유에 비례하는 것이 아니기 때문에 자신의 강직한 마음의 지성인 정의로움 자체가 그것을 보장해주지 않음을 알 수 있기 때문입니다.

인간만사가 새옹지마(塞翁之馬)라고 하듯 우선 자기 형편이 조금 좋아졌다고 해서 본분을 망각하고 경거망동을 말고, 반대로 조금 어려움에 처했다고 해서 죽게 된 것처럼 절망하거나 실망 속 실의에 빠져서도 안 된다는 뜻입니다. 인간이 한 세상을 살아가다보면, 누구에게나 슬프고 기쁜 희로애락이 있기 마련이라 잘 참고 살라는 뜻에서 인간만사로 표현하는데, 그 가장 비근한 비유로 일국에 대통령을 했던 두 분의 경우 하루아침에 쇠고랑을 차고 감옥에 가는 꼬락서니를 보거나 또 높은 절벽에서 투신자살하는 그런 대통령 같은 예라 하겠습니다. 이런 새옹지마의 사례는 우리 인간사회 모두에 나타나는 흔한 이야기일 뿐이지요.

시인 백낙천은 '인생을 부귀로서 낙을 삼는다면 좀처럼 낙을 누리지 못한다.' 라고 했듯 만족이란 어디까지나 자기 내면에서 찾아지는 것이지, 다른 어떤 밖에서 오는 것이 아니기 때문에 만족을 아는 사람은 비록 가난에 찌들지라도 부자 같은 마음이 되고, 대신 만족을 모르는 사람은 많이 가졌어도 더 채우려는 과욕 때문에 언제나 많이 가졌어도 가난하지요. 그러니 자기가 자기 꾀에 속아 사는 세상이란 뜻이 정답이 아닐 런지요.

자기 생각과 마음이 불행하냐, 행복을 느끼느냐 하는 것은 소유의 문제가 아니라 그 인간 자체지혜의 문제가 되는 게지요. 그러므로 행복은 마음속에서 크는 거랍니다.

슬기로운 사람은 남들이 불행할 것이라고 생각하는 조건 속에서도 자기만족을 발견해 내지만, 어리석은 사람은 남들이 부러워하는 조건 속에서도 홀로 돌아서서 눈물을 흘린답니다.

당신은 진짜행복하고 싶습니까? 행복하려거든 우선 남 앞에 조건 달지 말고 무조건 감사함을 먼저 표현하십시오. 내가 병 없이 살아있는 것에 감사하고, 사랑하는 가족이 있어 감사하고, 좋은 환경 속에 건강함이 있어 감사하기에 대하는 상대조차도 내게 하는 행동에 반드시 감명 받게 되고, 생각을 깊이 기우려줄 것입니다. 그것은 당신이 겸손과 존경을 함께 지닌 값진 표현이기도 합니다. 당장 다 죽어가면서도 마음이 부자일 때 곧 완치될 수도 있답니다.

만족과 감사와 상대의 진리를 듣는 것은 모두가 최상의 행복이 됩니다. 사과나무에서 사과가 떨어지기를 바라보지만 말고 따서 함께 나눠먹으며 웃어보는 멋진 대화의 방법을 생각해 보십시오. 그런 정신과 감사의 마음이면 당신은 반드시 성공한 사람이 될 것입니다.

남을 헐뜯는다거나 나쁜 생각만으로 가득한 인간은 몸 안에 나쁜 엔돌핀만이 가득 생산돼 곧 중병이 들이닥칠 것입니다. 세상을 부정적으로만 보지 말고 긍정적으로 한번 바라보십시오. 그러면 그때부터 만사형통(all going well)해 질 것입니다.

이런 말이 있더군요. '존경할 스승이 있고, 섬겨야할 어른이 있으며 격의 없이 대화할 수 있는 친구나 이웃이 있으니 그 얼마나 좋은 일인가?'라고요.

아무 것도 할 일없이 무위도식하며 따분하게 하룻밤 기와집만 몇 채 짓는 그런 어정쩡한 사람보다, 나이야 비록 들어도 거리에 나가 남이 버린 휴지라도 열심히 줍거나, 불편하게 걸어가는 분을 위해 따뜻이 부축해주는 참신한 젊은이나, 하루살이 시장바닥에서 살려고 노력하는 허리 굽은 늙은 할머니가 오히려 당신보다 행복한 사람이겠지요. 비록 작은 일이라 해도 거짓 없고, 남을 도와주며 상대를 소중하게 여겨주는 것, 그 진실을 사랑할 줄 아는 그런 정의로움이 숨어있기 때문입니다. 그래서 행복은 늘 자기 곁에 있는 거랍니다.

필자가 강진에 와 이날까지 자주 만나는 십여 살 아래 김남현 시인과 사랑식당에서 막걸리 타령을 자주 나누는 대화에 "형님은 언제나 소탈하시고, 격의 없이 항상 상대를 편하도록 느껴지게 하는 그런 비결이 도대체 어디서 나오는 겁니까?"라고 물으면, "허허! 이 사람 보게, 내사 그저 누구에게나 내가 먼저 고개 숙여주며 불편치 않게 대하는 것뿐일세. 내 사는 집도, 가진 것도 다 나라에서 먹여주며 용돈을 매달 통장에 넣어주는 주제에 이 늘그막에 그 이상 복 받고 편한 일이 또 어디 있나? 이 사람아! 그걸로 내 분복대로 쪼게 쓰면 되는 게지, 걱정한다고 돈이 하늘에서 떨어지나? 그저 웃고 살면 되는 걸세. 오늘은 아우님에게 바둑이나 한 수 배워야겠네. 한잔 건배하고 어서 가세, 워이!" 이렇게 정담을 나눈답니다.

　어떤 사람이 한 성자에게 묻기를, "당신은 가진 것이라고는 쥐뿔도 없어 보이는데 어찌 그렇게도 밝게 살 수 있느냐?"고 여쭈었다지요. 이분 대답이 "지나간 일에 슬퍼하지 말고, 아직 오지 않은 일에 근심걱정 않으며 지금 당장 일에만 전념하라. 어리석은 인간은 아직 오지 않은 미래를 놓고 걱정하고, 지나간 일에 매달려 연연하고 후회하며 슬퍼하기 때문"이라고 했다지요. 그게 맞는 답인 것 같습니다.

　그러니 마음 푹하니 비우고 편하게 사는 게 제일 멋진 삶이지요. 공연한 일에 매달려 근심걱정 한다고 도움 주는 이 한 사람도 없으니 어설프게 혼자 머리 싸매 고민하거나 무거운 짐 잔뜩 짊어지고 애태우지 말고, 다 내려놓고, 인생사 돌고

도는 것, 새옹지마 같은 공수래공수거이듯 그렇게 사는 게 인생이잖습니까?

우리가 사는 일상의 생활습관에서 나쁜 습관을 버리고 좋은 습관이 몸에 배도록 하는 것이 여간 어려운 일이기에, 그건 어릴 때부터 먹은 꿈이 진짜로 이루어지듯 좋은 생각 만들기가 꾸준한 성실함에서 온다고 합니다. 겉멋은 짧고 성실함은 길다고 하지요. 그러므로 일상적으로 습관적인 성실함은 마음의 밑바탕에서부터 나온다는 게 사실입니다. 그러니 행복은 언제나 당신 곁에 대기하고 있다는 사실로, 마음먹기에 달린 것이기에 행복하다고 생각하는 사람에게만 언제나 마음속에 뿌리를 내린답니다.

부모와
자식 간의 관계

한문에 남자인 아버지 부(父) 자는 가족의 가장인 남편을 말하고, 사내 남(男) 자는 열 식구를 거느릴 수 있는 힘을 뜻하며, 어머니 여(女) 자는 남자의 사랑을 포근히 안은 표시입니다. 영어로 아버지는 Father이고 어머니는 Mother인데, 가족은 아버지와 어머니 사이에서 생산된 자식들로 함께 따뜻한 사랑을 나누는 가족이라 해서 한 가족을 영어로 Father and Mother I Love You로 표현합니다. 그러므로 Family의 어원은 '아버지, 어머니, 나는 당신을 사랑합니다.' 입니다. 그 세 글자 중 첫 글자들만을 따서 합성한 가족의 의미로 정말 눈물이 핑 돌 정도의 따스한 아늑한 단어이지요.

필자가 남태평양 fiji에 이민 가 살던 곳 나후토카 해변 연안에 '천축잉어' 라는 바닷고기가 서식하고 있는데, 암놈이 알을 낳으면 수놈이 그 알 전부를 입안에 담아 부화되는 날까지 참아야 하는데, 그 동안 수놈은 아무 것도 먹을 수가 없어 점점 쇠약해지다 말고 급기야는 알들이 부화되는 시점에 기력을 다 잃은 뒤 몸까지 뜯어 먹히고 죽게 된다지요. 이 어종은 본래 남미 쪽 아마존에 많이 서식하는데 남태평양 쪽에서도 가끔 서식함이 확인되어 종족의 보존을 위해 수놈은 죽음을 뛰어 넘어 자기희생을 각오한다고 합니다. 이 얼마나 갸륵한 일입니까!

이 말은 그곳에서 수족관을 하며 그 해변에 서식하는 각종 열대어 특수고기를 잡아 세계 각처로 수출한다는 분의 점포에 자주 들러 듣고 안 사실입니다.

또, 일본에 관동지방 고베나, 나고야 나라현 쪽에 가면 들판에 새까만 까마귀 떼들이 날아다니며 많이 서식하는 것을 봤는데 반포조인 까마귀는 늙어가는 어미를 위해 자식들이 높은 나무가지에 둥지를 만들어줘 죽을 때까지 어미를 보살피고 먹여 살린다는 이야기입니다.

또한, 한여름 논두렁에 나가보면 수렁이나 논길에 서식하는 우렁이를 많이 보는데, 알에서 나온 우렁이 새끼들은 어미가 알을 낳고 어디론가 가버린 그 자리에 남은 수컷의 몸에 새끼들이 붙어 대신 살을 뜯어 먹히며 성장시키지요. 논둑에 가면 다 뜯어 먹힌 우렁이의 녹갈색 빈껍데기가 물위로 둥둥 떠다니는 모습을 종종 보게 됩니다. 또 냇가 실개천 모서리에 늘어진 버드나무 그늘 아래 늪지에 많이 서식하는 가시고기 또한 어미가 알을 까고 어딘가로 떠나버린 그 자리를 아빠 가시고기가 대신하여 새끼들이 다 성장하도록 보호하다가 마지막에는 자기 몸마저 다 뜯어 먹히고 일생을 마친다고 하며, 큰 바다에 문어 또한 자기 살을 자식들에게 뜯어 먹히고 난 뒤 기력을 잃어 죽게 되면 해변 가에 떠밀려오고, 흐물흐물 떠다니는 문어발은 해삼들이 가득 붙어 파먹습니다.

요 최근에는 볼 수 없지만, 필자의 어린 시절 고향 해변 통영 정양동(맨데)라는 곳에 살 때 자주 보던 그 문어가 이상스럽게 느껴져 어머님에게 물어보니, 어미가 새끼에 뜯어 먹혀 죽게 되었다는 그때의 말씀을 아직도 지을 수 없는 기억으로 남아있답니다.

그같이 부모란 한평생 동안 자식만을 위해 표시 없이 희생하며 살아가는 우렁이, 가시고기, 문어나 천축잉어 같은 삶의 일생을 철칙인 양 알고 살아갑니다. 아빠들이란 한 집안의 가장으로 따뜻한 자식들의 위로를 받지 못하면서도 당연한 양 그 무거운 짐을 양 어깨에 짊어지고 어려운 세파를 묵묵히 견디며 살아가야하는 숙명적 존재(宿命的 存在)랍니다.

특히나 이런 부모와 자식관계가 우리나라만은 유다르게 평범한 것 같으면서도 심각한 문제로 '부모의 노후준비의 최대 적이 바로 자식들 때문'이란 사실인데, 자식만을 위해 죽을 때까지 마음 놓지 못하는 부모는 이 지구상에서 단 우리나라 밖에 없다는 사실이지요. 마치 천축잉어나 가시고기, 우렁이나 문어 신세의 처지와 별 다를 바가 없답니다.

자식들이 잘 되기만을 위해 한창 즐거운 가정을 꾸려가야 할 40대 부모들은 미국이나 다른 외국에까지 엄마와 함께 나가야 하고, 아빠는 외로운 희생양이 되어 직장에 다니며 기러기 아빠 신세가 되어도 참고 살아가는 것을 숙명으로 압니다. 경우에 따라서는 등록금 마련이 어려워 사채업자에 대출까지 받았다가 갚지 못해 집에 들어가지도 못하고 거리에 노숙을 하면서까지 참고 견뎌내야 하는 사람들도 많습니다. 한편으로 자식들 말도 일리는 있지요. 부모가 자기들 좋아서 낳은 대가로 에프터 서비스를 끝까지 해야 한다는 데는 할 말이 없지요. 당연히 책임을 지라는 것이니까요.

진정, 부모라는 이름으로 살아가야하는 아빠 엄마들이여! 가정에서나 직장에서 자신의 설자리가 점점 작아지고, 어깨에 짐이 버거워 삶이 막막하고 힘들어도 누구에게 말 한마디 표내지 못하고 묵묵히 살아가야하는 위대한 아빠 엄마의 이름들입니다.

특히 우리나라에서만은 고래로부터 내려온 삼강오륜의 부자유친 관계 때문에 부모는 자식을 무조건 죽는 날까지 눈에 보이지 않는 끈끈한 오랏줄인 정으로 맺어지게 만들어놔져 있기 때문에 자식이 다 커 어른이 되어도 아버지는 자식이란 개념을 버리지 못해 마음이 놓이지 않아 밤길 조심히 가라고 걱정합니다.

이런 부자간의 삶의 형태이다 보니 부모는 자식을 당연하게 의무적으로 죽을 때까지 책임을 져야하는 철칙으로 자식들이 성인이 되어 결혼을 하고 사회에 나가 잘 살아갈 수 있도록 뒷바라지까지 책임져야하는 이상한 관습적인 제도가 틀에 박혀있지요.

그래서 성인이 되어도 성인식에 큰 관심이 없으나 외국 선진국들에서는 이날을 성대하게 치룹니다. 일본의 경우 자기들 나라 고유의 옷 쓰무기로 만든 기모노 의상들을 입고 아주 엄숙하게 성인됨을 만천하에 공표하지요. 성인이 된 이후부터는 부모에게 단돈 만 원 한 장을 빌려도 반드시 돌려주고 받는 것이 의무이고, 자립정신을 길러 사회에 나가 적응하도록 자식의 의사를 존중하고 넓은 세상으로 내보냅니다. 그래서 이들의 독립심을 기르는 고난의 기간 동안 직업의 귀천을 가리지 않고 경험적 현실에 잘 적응해 부딪칩니다.

그러나 우리나라의 경우는 그러지 못하지요. 무조건 돈으로만 해결시키려는 데서 문제가 생겨납니다. 부모 노후준비의 최대 걸림돌이 바로 이 자식들 때문인데, 자녀들의 결혼비용에서부터 집을 사주고, 나중에는 사회에 정착되는 사업자금까지 책임지는 것이 당연한 의무인 양 하는 나라는 이 지구상에서 우리나라뿐이 없다는 게 사실입니다.

그 뒷돈을 대주지 못하는 힘없는 아빠는 마지막 하나 남은 집 한 채까지 다 주고도 모자라 땡빚을 내거나 보증을 서 완전히 거덜이 나도 누굴 잡고 호소조차 못하고, 오갈 데도 없이 거리에 노숙하며 방황해야 하는 신세로 전락되는 현실을 우리 생활주변에서 숫하게 보면서 참으로 안타까운 심정을 호소할 길조차도 없습니다. 최근에 부모가 자식들에 유산을 공평하게 나눠 주지 않는다고 집에다 불 지르고, 죽이기까지 하는 끔직한 뉴스를 본 적이 많습니다.

그러다보니 마치 자식들을 상전처럼 모셔야 하는데 끝내 부모 곁을 떠나지 않고, 아랫목을 뱅뱅 돌다가 결혼을 하고 나서도 부모의 힘으로 집 장만 때까지 해줘야 겨우 분가해, 결국 부모는 완전히 거덜이 나고 파산되어, 노후 생활 자체가 처참하고 초라한 신세로 전락해버리지만, 자식들은 부모를 돌아가실 때까지 모신다는 확실한 보장조차도 전혀 없는 게 현실입니다.

우리나라 여성부의 청소년 의식조사에 따르면, 93%가 대학 학자금을 부모가 당연히 책임져야 한다고 믿고 있으며, 87%가 결혼비용도 책임져야 하고, 74%가 결혼할 때 부모가 집을 장만해 주거나 전세자금을 줘야 한다고 생각한다는 사실입니다. 또한 자녀의 용돈을 부모가 반드시 책임져야 한다는 청소년도 76%나 된다고 하는 어처구니없는 사실입니다.

얼마 전 자식이 사업하다 재산을 말아먹는 바람에 뒷돈을 갚다 더 이상 감당치 못해 한 장관은 미국으로 도피성 이주를 해야 했고, 또 한 장관은 자식들 뒷바라지를 하다 못해 생활비를 벌기 위해 강연회나 결혼 주례사를 자주 나가야하는 전업 아닌 삶을 체면상 살아가야 했다는 사실을 고백했다지요. 결국 노후생활의 가장 큰 적은 자식들이라서 자식들의 미래도 망치고, 부모들의 노후도 망치는 결과가 되고 말 것이라는 결론입니다.

우리나라에도 은퇴자협회라는 것이 있다는데, 주명룡 회장 이란 분의 말에 의하면 주변의 눈 때문에 말을 못하고 있으나 자녀문제로 노후가 위기에 빠진 유명 인사들이 의외로 많다고 합니다. 수원에 있는 삼성의 노블카운티는 상류층의 노후 주거단지로 유명하게 이름난 곳이지요. 이곳에선 80대 입주자가 보증금(4억 원)을 빼내 자식 사업자금으로 대주었다가 길거리에 나앉은 일이 벌어졌다고 합니다. 이호갑 상무라는 분은 자식이 사업을 하다가 쫄딱 망해 오 갈 데 없는 처지를 보고 그냥 자식을 외면할 수 없다면서 자식을 위해 보따리를 싸던 노인의 모습이 차마 잊혀지지 않는데 또 한 분도 아들이 주식 펀드로 잘 나가다 시세 폭락으로 일시에 망해 식구를 거느리고 사글세방을 전전하며 떠돈다는 얘기를 부모가 듣고 밤에 잠이 안와서 해결하고 왔다는 호소도 있습니다.

이런 시대의 상황을 맞춰 6,70대 노인 가장들이 집을 팔아 노후준비를 하겠다고 하는 분들이 많이 생겨나고 있다는 최근 뉴스를 들으며, 이젠 많은 직장 은퇴자들이 자녀로부터 노후자금을 지키기 위한 대책마련에 큰 고심들을 한다는 내용이고, 한꺼번에 목돈을 받았던 선배 공무원들 60% 이상이 모르는 다른 사업에 뛰어들어 망하거나 자녀들에게 주택구입비, 사업자금 보태주기 등으로 거덜이 난 선배들의 사례를 지켜본 분들은 자식들도 모르게 숨기는 경우나 재산상황을 알지 못하도록 막기 위한 은퇴자들도 늘고 있다고 하지요.

우리나라가 5,000년의 역사를 이어오는 동안 자식 지상주의 문화를 하루아침에 바꿀 수야 없지만, 이제라도 부모는 전래되어 내려오는 부자유친의 나쁜 관습 제도 자체를 과감하게 보안 재정비하여 인성교육을 철저히 강화하고, 가족 간의 참된 인간교육으로 부모가 자식들 때문에 일생 동안 희생양이 되는 의식구조를 빨리 고치고 만들어 시행해야 합니다.

그러기 위해서는 첫째 무조건 대학을 나와야 출세한다는 제도 자체의 인식을 바꾸고, 대학입시 위주의 학원을 폐쇄시켜 다른 선진국들처럼 기술교육 위주의 학원정책으로 탈바꿈시켜 줌, 고등학교만 나와도 얼마든지 취직이 가능하도록 해서 입시지옥에서 해방시켜야 합니다.

하늘을 나는 날짐승이나 동물들도 다 커지게 되면 스스로 자기 살길을 찾아 부모 곁을 과감하게 떠나듯 우리 인간도 어린 때부터 홀로 선다는 자립정신을 과감하게 정립할 때입니다. 동양에서는 일본이나 중국처럼 자존심 같은 것 다 팽개쳐 버리고 밑바닥에서부터 홀로 서는 실천을 합니다. 부잣집 자식보다 어릴 때 고생해본 자식이 커서 성공하는 확률이 훨씬 높다지요.

좋은 지도자의 사회경험담, 혹은 부모나 선생님의 조언 말씀도 잘 경청하고 참작하여 고민해 보고 설계해 보면서 자신이 처한 현재의 위치를 재정비하여 원대한 내일의 꿈을 자신이 만들고 길을 결정하는 것이 중요하지요. 그런 가운데 좋은 친구나 선배들의 조언도 얻어 우물 안 개구리에서 넓은 세상에 나가 나래를 펼 수 있는 구상(a plan)을 짜야합니다.

부모에 의존한다는 심리 자체를 완전히 버리기 위해서는 무조건 1등을 위한 공부보다 꼴등을 하더라도 산 경험을 쌓아가면서 남에게 칭송받는 모범생이면 성공한 사람입니다. 학교 공부란 인간교육으로 바른 길과 자신이 깨우치도록 길을 인도해주는 교육장이 돼야 합니다.

필자가 무역업을 하며 중국에 수년간 다니며 느낀 소감이지만, 머잖아 세계경제를 석권할 부자나라가 될 저력이 충분한 나라입니다. 그 가장 큰 이유는 중국인 누구나가 허세부리지 않고 밑바닥에서부터 장사를 시작하고 부지런하며 합심으로 돈을 벌면 외국에서 자기 나라에 무조건 송금시키는 국가관이 뚜렷하고, 한사람이 자리 잡히면 새로 시작하려는 사람에게 뒷돈까지 대주고 안정될 수 있도록 끼리끼리 돕는 것이 몸에 베여있기 때문입니다.

이제 우리나라 노인들도 자식들에 대한 지나친 기대나 짝사랑에만 정신 팔리지 말고, 자식들 스스로가 준비하고 자기 인생을 책임지도록 하는 길을 열어줘야 합니다.

한 예로 아들자식 하나 뒷바라지하며 일류 대학을 마치도록 일편단심 외국으로 유학까지 보내 석, 박사까지 마치고 귀국하여 금의환향 결혼까지 시켜줬으나 어쩌다 가뭄에 콩 나듯 전화만 한 번씩 걸려올 뿐, 부모취급도 않고 챙기지도 않는 용도폐기물이 돼버린 부모들이야말로 이제라도 자식들 짝사랑만으로 헛살아온 사실을 깨달아야 합니다.

못 배운 자식은 고향 둥지를 천직으로 여기며 농사를 이어 받아 부모의 사랑과 정을 잊지 못하지요. 많이 배운 자식은 머리를 굴리며 오리려 불효하는 시대입니다.

'사람을 외모로만 보지마라'는 한 실화이야기입니다.

미국에 돈 많은 한 재벌 부부가 유산을 넘겨줄 자식이 없어 긴 여생 동안 쓸쓸하게 보내던 어느 날, 그 많은 재산을 장차 자라날 젊은이들 교육 사업에 쓰고 싶어 작정하고, 다음 날 미국의 명문 하버드 대학 정문 앞에 가 수위 분께 총장면회를 요청하였으나, 외모로 초라하게 보인 옷 모습에 불친절하게 따지듯 격멸의 언사로 "지금 총장님께서는 댁들을 한가히 만 날 시간이 없소."라고 해 돌아서나오다 다시 묻기를, "그러면 이런 큰 대학 하나를 설립하려면 돈이 얼마나 듭니까?"라고 물으니 대답하기를, "댁 같은 늙은이가 그걸 알아 뭐하게요? 난 그런 것 몰라요."라고 퉁명스럽게 답하자, 알았다고 말하 며 나중에 돌아오며 직접 학교를 짓기로 결심, 가진 전 재산 을 투자해 미국에서 제일 큰 대학중 하나인 스텐포드 대학 창 시자가 되었다고 하지요. 나중에 이 사실을 뒤늦게 안 하버드 대학 측에서 그날의 잘못을 반성하고 아쉬워했다는 의미로, 학교 정문 앞에 "사람을 외모로 취하지 말라"고 써 붙여뒀다 는 실화 이야기도 있습니다.

우리나라 사람들 대부분은 속이야 어떻든 겉만 번질나게 입 고 나가면 대우하지만, 허름하게 남 앞에 나서면 괄시하는 어조로 상대를 대합니다. 외국 사람들은 외모만을 보고 절대로 사람을 평하질 않습니다. 일본의 경우는 작업복 입은 사람을 더 우러러본다고 하지요.

그 한 예로 1970년대 시골에 살던 한 노부부가 자식이 미국에서 귀국 후 서울 롯데호텔 귀빈실에서 박사 환영식에 초청받아 갔다는데 시간이 되어도 부모가 안 보여 정문에 가보니 입장을 못해 거부당하고 있는 것을 발견하고 들어오게 했다는 일화도 있지요.

그런 허영과 사치들이 변질되어 오늘날 우리나라가 외모로만 치장하는 성형수술이 세계에서 1등 국가로 소문나 선진국에서까지 와 문전성시를 이루고 있다지요.

한 예로 외국 여인들이 한국에 와 느낀 소감들을 발표했다는데, 한 독일인의 경우,

한국의 여자들은 오로지 명품, 성형, 연예인, 사생활, 화장 등 경제발전에 전혀 도움이 안 되는 것에만 관심을 두고 살며, 개인주의만을 추구하고, 남에게 잘 보이기 위해 외모만 가꾸고, 남자가 다 챙겨주기만을 바란다며 국가발전에 도움이 되는 게 전무하다.

미국 여자들이 비난한 한국 여자는 성형에 눈이 멀어 대출까지 하는 여자는 한국여자밖에 없고, 얼굴은 공장에서 찍어 놓은 듯 전부 다 똑같아 보인다. 특히 한국 여성은 돈이면 사족을 못 써 loser(루저)인생을 살고 있으며 돈만 주면 잠자리도 손쉽게 할 수 있다고 생각한다.

또 스페인 여자들은 학생이 무슨 돈이 있다고 명품들에 환장해 명품가방을 사기 위해 밤에는 술집에 다니고, 낮에는 대학생인 척 하는 도무지 이해가 안 되는 한국여자들, 현실은 시궁창인데 겉치장에 들어가는 돈이 지나치다. 명품가방을 들고 있으면 마치 자기가 그 정도 되는 레벨인 줄 착각한다. 열등의식에 의존하고 사는 한국 여자들이 불쌍하게 보인다.

이웃나라 일본여자들이 본 한국여인들을 평하기를 일본여자는, 애인이 어디 가자고 하면 이유 없이 남자를 따르는 편인데, 한국여자는 계산도 한 푼도 치르지 않으면서 얻어먹기만 예사로 해놓고, 맛없으면 투정만 부린다. 일본 여자들은 애인 사이라도 더치페이(공동 부담)가 일반화되어 있어 남자가 돈을 내는 것은 여자로써 자존심 상하는 일이라 생각하는데, 한국 여자들은 남자들한테 바가지로 뜯어먹으며 그게 당연한 양 내조정신이 전혀 없고, 마치 자기가 신데렐라라도 되는 듯 떠받들기만을 바란다. 한국 남자가 소형차를 몰고 나오면 없이 사는 자로 취급해 깔보는데, 일본에서는 소형차의 편견이란 전혀 없다. 한국여자는 스마트폰을 쓰지 않고 폴더폰을 쓰면 이상하게 상대를 다시 쳐다본다.

한국 여인들의 경우 지나칠 정도로 허영과 사치와 낭비의 꼴불견 개인주의사회로 모든 것을 돈 중심의 가치로 환산해 남 앞에서나 tv드라마들에서 〈내가 누군데 '감히 너 따위' 가〉라는 단어를 쉽게 쓰며 인간차별로 좌시하는 설익은 떨 감여인들 모습을 많이 본다고 합니다.

어느 겨울, 59세의 간암 말기환자가 강원도 산속 호스피스 요양원에 커다란 가방 하나를 들고 들어와 원장님 앞에 내려 놓으며 말하기를, "사실 제가 길어야 5개월밖에 못산다는데 여기 가져온 돈만이라도 쓰다가 저보다 먼저 간 마누라 곁으로 갔으면 싶습니다. 저는 어려서부터 신문팔이, 껌팔이, 구두닦이, 나중에는 옷장사로 돈을 벌어 자식들 다섯을 다 여의고 나니 덜컥 간암에 걸렸는데, 자식 놈들은 지네들 살기만 바빠 한 놈도 오질 않고 오직 아버지 재산에만 눈독을 들이는 모습들이 역겨워 변호사를 통해 전 재산을 사회에 환원시키고, 현금 5천만 원만 가방에 넣고 내 마지막 안식처를 찾아 여길 왔습니다. 원장님이 제가 가는 날까지 쓰고 남는 돈은 돌볼 길 없이 병저 누운 외로운 노인들을 위해 써주시기 바랍니다." 그는 넉 달 뒤 자식들 얼굴도 보지 못한 채 양지 바른 언덕에 홀로 고독사로 쓸쓸이 세상을 떠났다지요.

돌아가시면서 원장에게 "사는 동안 버리는 연습보다 모으는 연습만 하며 살아왔는데 이제 사회에 다 돌려주고 가니 발 뻗고 죽을 수 있어 원이 없다."라고 했답니다.

지금의 60~80대 이상 분들은 효친사상이 몸에 밴 나이라서 오직 가족제도 속에서 부모공경과 자식들의 장래만을 걱정하며 살아온 마지막 세대라고해도 과언이 아니지요. 그러나 시대가 시대니만치 현대사회가 너무 살기가 버거워지다 보니 한 가족이 한 지붕 아래 함께 오순도순 살다가 여생을 마칠 수 없어 자식들과 어쩔 수 없이 뿔뿔이 떨어져 그리워하며 살아가야 하는 그런 아쉬운 시대가 돼 버렸습니다. 외국들에서는 그런 가족들을 많이 볼 수 있습니다.

더구나 살기가 힘들어지다 보니 부부간에도 가정 싸움이 잦아지고, 가정이 파괴되는 이혼율이 OECD 나라 통계수치 가운데 세계 제일이라고 하는데, 더구나 노인들까지 황혼이혼이 최근 갑자기 늘어나 전국적으로 4,800쌍 이상이 된다는 기사를 들으니 기가 찹니다. 가정이 무너지면 모든 것이 다 무너지는데 오죽하면 황혼이혼까지 해야 하는지? 참으로 남의 일이 아니듯 노인 병동에 가면 그런 한 많은 노인들로 가득 차있지요.

젊어 뼈 빠지게 농사짓고, 장사하고, 노동하며 자식새끼들 잘 되게 만들려고, 갖은 수모 다 견디며 피땀 흘려 일해 출세시켜 놓다보니 몸은 망가지고, 인생 마지막 종착지가 복지병원 침대 신세라니……. 마음은 훌훌 날아가고 싶은데 몸이 말을 듣지 않아 의탁할 곳이라야 노인 요양원뿐. 죽지 못해 질긴 목숨 끊지도 못하고 6년째 누워있어도 자식새끼들 나 몰라라 팽개쳐두고, 죽을 날만 기다리는 신세가 되었으니 한 많은 이 세상 뉘를 잡고 호소해보리오!

같은 병실에 함께 누워있는 여든아홉 살 할머니의 눈물의호소를 한 보호사에게 들어봅니다.

아들 다섯 딸 넷 모두 아홉을 낳아 딸 셋만 초등학교 졸업시키고, 아들 둘은 대학, 나머지 넷은 고등학교를 보내고 다 장가 시집보냈답니다. 그중 작은 아들은 박사도 있고, 변호사도 있지만, 문병을 처음 한 달은 아홉 자식이 다 잘 오더니 긴 병에 효자 없다고 5년이 지난 지금은 가뭄에 콩 나듯 그것도 한두 사람뿐, 반년이 다 지나야 한 번 정도 얼굴을 보인다며, 노인들에게 황혼에 찾아오는 파킨스 병과 중풍에 황혼이혼까지 해 홀로 머리와 손등과 고개가 흔들려 병원에 입원하기까지는 그래도 혼자 살던 고향 시골집이 좋았는데, 지금은 어떻게 됐는지? 차라리 거길 가 조용히 눈을 감고 싶다는 이 할머니.......

이제 다시 가기는 틀린 것 같은데, 90이 다 된 나이에도 아직껏 미련을 버리지 못하고 희망을 거는 그 모습이 안쓰럽기만 합니다. 더구나 변호사 아들이 꼭 데리러 온다고 언약했는데 전혀 얼굴도 못 보겠고, 일흔 두 살 장남 아들만 어쩌다 한 번씩 들린다고 합니다. 할머니는 복지사에게 휠체어에 좀 앉혀달라며 바깥바람을 쏘이고 싶다면서, 아! 봄이 됐네, 고향집 돌담 벽에 노란 개나리도 홍매화도 많이 피었겠고, 농사준비도 할 때로구나. 올봄 뒷산 언덕에 고사리도 많이 났겠지.......자식들 키우며 살던 그 시절이 몹시 그리운 양, 마냥 풍으로 고개를 설레설레 손과 함께 흔들며 웃는 낯으로 혼자 먼 산을 바라보며 중얼거립니다.

그러더니 할머니가 한숨을 쉬며 하는 말이, 인생살이 모두가 다 헛짓을 하고 산 것만 같다며, 양 볼에 눈시울이 가득 젖어 어깨를 들썩이며 흐느끼는 할머니의 힘없는 모습을 휠체

어로 끌어주는 복지사가 함께 눈물을 흘리자 하는 말이, '먼저 가버린 남편이나 자식보다 이젠 나 하나 걱정해야 하는데 어디 부모마음이 그리 된답디까?', 결국 이 할머니는 외로이 초봄을 지나며 갑자기 세상을 떠났지만 아홉 자식 중 한 자식도 임종을 지켜보지 못하고 눈을 감았다지요. 이 노인이 평소에 머리를 흔들흔들하면서도 흥얼거리던 노랫말이 생각나는군요.

'이승에서 나 죽으라고 등 떠밀고, 저승에서는 나오라고 손짓하는데, 나 이승에 무슨 미련이 이리도 아직 남아 저승에 가기 싫어 발버둥 치는가? 가면 그뿐인데 왜 망설이는가!'

그 할머니가 소원대로 죽으면 고향 뒷산에 묻어달라는 말에 병원에서 자식들에게 연락하니 아홉 자식이 다와 시신을 붙잡고 통곡하는 모습을 보며, 저런 자식 열이면 무슨 소용이 있겠습니까? 제대로 효도하는 한자식만도 못하는 걸 말입니다. 라는 말을 들으며 돌아왔습니다.

동족상잔의 6,25 사변 이후 세상이 너무 어려웠던 시절, 부모님 덕으로 필자가 1954년 서울에 돈암동 종점냇가 천주교 성당 곁에 하숙을 하던 대학시절입니다.

반야월 작사 작곡(1956년)으로 유행했던 대중가요 '울고 넘는 박달재'니 '단장의 미아리고개'가 전쟁을 겪은 서민들 아픈 가슴에 애절하게 남아있는 노래로 유행하던 가사인데, 그 중에 단장의 미아리고개는 더더욱 우리들의 심금을 울려주는 노래가사로 아직도 대중 속에 남아 불러지고 있지요. 필자가 그때 당시 하숙집을 가기위해 정릉과 월곡동, 종암동을 지나 돈암동 종점에까지 가려면 반드시 미아리고개를 걸어서나 버스로 매일 넘어 다녀야 했던 기억을 지울 수 없습니다. 한참 그때당시 유행했던 미아리고개 노래입니다.

미아리 눈물고개/임이 넘던 이별고개/화약연기 앞을 가려 눈 못 뜨고 해매일 때/ 당신은 철사 줄로 두 손 꽁꽁 묶인 채로/ 뒤돌아보고, 또 돌아보고/맨발로 절며절며 끌려가신 이 고개여/ 한 많은 미아리고개//아빠를 그리다가 어린 것은 잠이 들고/동지섣달 기나긴 밤/북풍한설 몰아칠 때/ (후렴)………

당시에 이 미아리고개는 서울에서 공동묘지 망우리고개나 신촌 언덕고개, 서울역 너머 공덕동(서정주 시인의집) 고갯길들이 많았지만 성북동 미아리고개길이 더 가팔라 버스가 고갯길을 넘는데 매연도 많이 나고 힘들게 넘어야 해서 애간장이 다 녹아내렸다던 눈물고개의 전설로 유명하다. 전쟁 당시 많은 사상자가 생겼던 자리로, 부모가 한 자식을 잃은 설음에 9 · 28수복 이후 시신이라도 찾기 위해 고개 근처 여러 곳을 파헤치며 울었다는 애절한 장소로, 지금은 그 곳에 철학관들이 많지만, 옛날 모습은 흔적도 없이 변하여 그 고개 정상에 위치한 곳에 노래비만 세워져있을 뿐이지요.

필자는 그 시절을 겪으며 너무 헐벗고 못살아서 많은 사람들의 애환이 넘쳐날 때입니다.

또 한 가지 어느 아빠와 아들의 감동적인 실화의 사실로 남겨진 '아내의 빈자리' 입니다.

아내가 간암으로 세상을 떠난지 3년이 되었지만 아내의 자리는 크기만 했다지요. 아들 하나는 여섯 살인데 유치원에 나오지 않았다는 선생님의 연락을 받고 회사에서 집근처에 가찾아보니 혼자 놀이터 구석에 앉아 돌아가신 엄마를 못 잊어울고 있기에, 사내 자식이 그렇게 맨날 울고만 있다고 화가나 아빠가 마구 때렸습니다. 그러나 아들은 말 한마디 대꾸도않고 맞기만 합니다. 그 일이 있은 며칠 후 아들은 유치원에서 글을 배웠다며 자기 방에서 꼼짝도 않은 채 글만 써대고있었습니다. 그런 후 1년이 되어 학교에 진학하던 어느 날 또한 차례 사고를 쳤습니다. 크리스마스 날 직장에서 일을 마치고 퇴근하려는 때 전화 한통이 걸려와 받아보니 동네 우체국출장소인데 받는 곳이나 주소지도, 우표도 부치지 않고 편지300여 통을 뒷면에 자기 이름만 써넣어두는 바람에 업무에지장이 있다는 우체국 직원의 전화였습니다.

아빠는 또 일을 저질렀다는 생각만으로 아들을 앉혀놓고 매를 드는데, 아들은 맞으면서도 한마디 변명도 않은 채 잘못했다고만 합니다. 우체국에 가 편지 전부를 받아와 왜 그런 짓을 했느냐고 매를 드니 아이는 손을 싹싹 비비며 잘못했다고울먹이면서 전부 엄마한테 쓴 편지라는 말에 아빠는 순간 말이 막혀 울컥 눈시울이 빨개졌습니다.

그럼 왜 한꺼번에 이렇게 많은 편지를 보냈냐고 그러자 아이는 그동안 선반에 키가 닿지 않아 써 올리기만 했는데 오늘 가보니 손이 닿아서 다시 돌아와 그동안 써 놓은 거 다 들고 갔다고 말하니 아이에게 무슨 말을 해야 할지 몰랐습니다. 그런 후 아빠는 엄마가 하늘나라에 언제나 거기에 계시니 다음부턴 편지를 적어서 읽은 후 태워버리면 엄마가 보거나 들을 수 있다고 말해줬습니다. 아빠가 밖으로 편지를 다 들고나간 뒤 보는 앞에서 라이터 불을 켜려다가 문득 내용이 궁금해 편지 하나를 뜯어보았다 하지요.

보고 싶은 엄마에게!

엄마, 지난주에 우리 유치원에서 재롱잔치 했어. 근데 난 엄마가 없어서 가지 않았어. 아빠한테 말하면 엄마 생각날까봐 하지 않았어. 아빠가 날 막 찾는 소리에 그냥 혼자서 재미있게 노는 척만 했어. 그것도 모르고 아빠가 날 마구 때렸는데 얘기하면 아빠가 그만 울까봐 절대로 맞으면서 까지도 얘기 안했어. 나 매일 아빠가 엄마생각 하면서 밤에 몰래 우는 것 많이 봤어. 근데 나도 이제는 엄마생각이 너무 많이 나는데 엄마 얼굴이 점점 기억이 안나. 보고 싶은 사람 사진을 가슴에 품고 자면 그 사람이 꿈에 나타난다고 아빠가 그랬어. 그러니까 엄마! 내 꿈에 한번만 나타나 줘, 그렇게 해줄 수 있지? 약속해야 해..........

아빠는 그 편지를 다 읽고 나더니 그만 눈시울이 뜨거워져 애절한 눈물을 흘리며 말했습니다. 하나님! 제가 아내의 빈자리를 아들에게 채워줄 순 없는 걸까요. 시간이 이렇게도 많이 흘렀는데도, 아직도 우리 아이는 사랑받기 위해 태어났는데, 엄마사랑을 못 받아 마음이 너무 아프답니다. 정말이지 아내의 빈자리가 이리도 큰 것임을 미처 몰랐습니다. 민수야! 우리 민수한테 정말 미안하구나. 아빠는 그런 것도 모르고 네가 사고 칠 적 마다 화가 나 아무 죄 없는 너를 때렸는데, 지금부터는 그리운 엄마의 빈자리를 아빠가 다 채워줄 수는 없는 걸까? 남자들끼리는 잘 통한다고 하잖니? 그러니 한번 손가락 걸고 약속해 보자, 민수야! 요즘에도 엄마한테 편지 쓰지? 너 하늘로 편지 보내는 거 말야. 이젠 그러지 말고, 생각해보니 집 근처 중앙교회에 일요일마다 너와 같이 나가서 하나님께 기도하고 또 거기서 바로 하늘나라에 편지 대신 기도하며 바로 보내도록 하면 어떻겠니? 그렇게 간절하게 기도하면 너의 뜻을 하나님이 다 아시고 기쁘게 착한 어린이라고 칭찬해주실 것 아니니? 아빠도 이제부터 너 때문에 교회 나갈게. 아빠랑 언제나 같이 할래?

  엄마가 그 편지 대신 교회에서 기도하는 소리를 다 들을 때 여간 기뻐하지 않을 것이고, 네 가 아주 의젓하게 예뻐서 때론 기뻐서 울기도 하겠지........나중에 열심히 기도하고 착한 사람이 된 먼 훗날 아빠랑 너랑, 엄마가 계신 하늘나라에 가면 만날 수 있을 거야. 민수야, 그러니 넌 엄마 사랑받기 위해 태어난 걸 알아야 돼. 그걸 잊지 말거라. 그러니 아빠가 널 때렸다고, 엄마가 민수를 놔두고 갔다고 절대 섭섭해 하지 마, 알았지? 아빠도, 하늘의 엄마도, 하나님 보시기에도 늠름한 내 아들, 이 세상에 하나뿐인 내 사랑스런 아들, 사랑한단다.

　# 사람들마다 살아가면서 체험했던 이야기는 그 고생을 다 경험하지 않아도 알고 보면 한권의 소설책 같아 태어나서 죽을 때까지 저마다의 이야기를 열심히 쓰고 있는 셈이지요. 파란만장한 인생살이 그 지나간 시간들을 모아놓은 세월의 무게란 참으로 무거울 것입니다.

자식들은
부모의 속을 너무 모른다

　필자의 나이 또래인 노인들은 오늘날의 사회현실을 뉴스로나 기사를 읽으며 날만 세면 세상이 아직 까딱없이 잘 돌아가는 것이 하도 신기하게 느껴져 실상 허파 뒤집힐 정도랍니다.

　마치, 과거 전두환 군사정권 당시 민주시민들의 항쟁 때 김영삼 대통령이 한 말을 기억해보면, '닭목을 비틀어도 새벽은 어김없이 온다.' 라고 했던 말이 오늘날 우리가 처한 현실에 비유 돼 김정은이가 오늘 내일 처내려온다 등등 큰 사건들이 마치 요지경 세상을 방불케 합니다.

　시골 한동네에 혼자 살던 노인이 죽었다지요. 자식들은 서울에 살고 재작년 가을에 아내는 세상을 먼저 떠나 자식들과 함께 산다는 것도 쉽지 않아 시골집에 내려와 혼자 살아가던 노인이 올해 결국, 79살이 되던 늦가을에 외로이 홀로 세상을 떠났다지요.

　남긴 유품 속에는 메이커 운동화 두 켤레와 오리털 잠바 두

벌, 속내의 한 벌 모두가 한 번도 신거나 입어보지도 않은 것들이라고 합니다. 장례식에 다녀온 분들의 말로는 '아껴서 무엇 하려고!'. 결국 신어보지도 못하고 저렇게 태워버릴 것을,,,,,,,, 자신은 막상 양말 구멍이 나도 기워 신으면서 뭣이 그리도 아깝다고 아끼고 아껴 남겨둔 메이커 운동화까지 사두고도 자식 오면 줄 것이라고 헌 점퍼 차림으로 나들이 다니던 이 노인더러, 같은 또래노인들 입에서 하는 말로 아껴 뒀다 뭐하려고 그러는지 모르겠다고 수근 대면, 모르는 소리 마시오, 작은 아들놈이 수원 그쪽에 사는데 아직 결혼도 못하고 막일로 살아가고 있어 주려고 그런답니다,

큰 자식은 잘 가르쳐 장가보내 잘 사는데 걱정 않지만, 항상 작은놈 생각에 잠이 오질 않는다나요. 부모의 마음이란 언제나 못 사는 자식 쪽으로 더 걱정이 깊어지게 마련이지요. 살아생전 그런 이 노인분의 말에 마음이 아파 혀를 찬답니다. 부모 속 썩히는 자식 놈들도 많은 세상인데 못 사는 놈에게라도 아껴둔 새 신발, 속옷 털옷을 입혀야 잠이 올 것 갔다나요. 부모 마음은 다 그런 거랍니다. 아마 머잖아서 한번 올 것이라고 하더라나요. 보고 싶어 밤마다 눈에 밟히네요.

아버지가 돌아가신 것을 늦게야 소식을 들은 작은 자식이 임종도 보지 못해 시신 앞에서 너무 슬퍼 우는 모습이 애처로워 보였다는 고인의 친구 분이시던 고 씨 어른의 말이, 돌아가신 후에 아무리 무덤 앞에 가 통곡하여 본들 무슨 소용 있겠는가! 살아생전 부모 곁에 자나 깨나 자주 들려봐야 복을

받고 하는 일마다 잘 된다는 사실을 명심해야지! 죄 중에 제일 큰 죄가 부모에게 불효한 죄란 사실을 현대 젊은이들은 깊이 깨우쳐야 합니다.

또 한 분의 시골 아버지는 어렵게 대학 다니는 아들에게 매달 꼬박꼬박 부치던 돈을 논밭때기를 다 잡혀 더 이상 부칠 수 없어 송금을 중단하고 말았다지요. 참다못한 아들이 급해서 전보 치기를, '당신 아들, 굶어 죽어감.' 아버지가 이 전보를 받고 온밤을 지새다 생각다 못해 답신하기를, '그래, 굶어 죽어라.' 화가 난 아들이 이후 이를 악물고 노동판에서부터 시작해 열심히 돈을 모았다지요. 세월이 한참 흐른 뒤 아들이 아빠의 답신전보 하나 때문에 인생의 전기가 되었다는 사실을 그때야 깨달았다고 합니다.

서둘러 고향집을 찾았으나 이미 아버지는 세상을 떠난 뒤였고, 유서 한 장만만이 남아있었다지요. '아들아! 내 아들아! 너를 기다리다 먼저 간다. 네가 소식을 끊은 뒤 하루도 고통스럽지 않은 날이 없었단다. 언제나 너를 사랑했었다. 아버지의 정이란 잘 밖으로 나타나지는 않지만, 실제로는 그만큼 자식을 사랑하는 속이 참으로 깊단다. 내 아들아, 너희들은 부모의 깊은 속을 정말 너무 모른단다.' 돌아가신 분 앞에 가 통곡하여본들 무슨 소용이 있으리오. 살아생전 부모곁을 자주 찾아보고 작은 위로라도 하는 것이 효도의 길이랍니다.

이 시대 아버지들 설 자리는 점점 좁아지고 있습니다. 이사

할 때 이삿짐 트럭에 아버지가 제일 먼저 올라앉는다는 서글
픈 우수개 소리는 혹여 아내와 아이들이 아빠를 버리고 갈까
봐 무서워서라나요. 가정에서조차 이젠 아빠들의 괄시로 밀
려나고 있는 이 시대에 몸 둘 곳이 어디인가 물어보고 싶습니
다. 마치, 백수의 왕 사자가 늙어 기력이 다하면 자기의 성역
을 수놈 아들에게 빼앗겨 쫓겨나 마지막 넓은 광야(a wide
field)를 헤매다 하이에나의 먹이 깜이 돼 버린다는 심정이 드
는 세상입니다.

어머니,
형님이 참 그립고야

　필자의 어린 시절, 대동아전쟁 말기, 굶는 것이 일상이던 때 온갖 고난의 설움 속에서 겪어야했던 극한의 상황을 지울 수 없어 더듬어 기억해봅니다.

　소나무껍질을 벗겨먹는 초근목피로 근근이 하루를 보내며 궁핍하던 어린 보릿고개 시절, 쥐들이 천정에 오줌을 싸 지도를 그려놓고 도장을 치던 때 어머니가 산에 나무하러 가면서 보리쌀을 삶아 쥐가 못 먹도록 마루 천장 높이 바구니를 매달아두고 갔는데, 내려 보려고 했으나 키가 짧아 닿질 않아 별 궁리를 다하던 때, 제가 형님을 불러와 높이 달려있는 보리쌀 바구니를 내려 먹자고 제안을 하니, 형님이 그럼 내가 엎칠 터이니 허리 위로 올라타 잡아내리라는 말에, 그러마라고 말하며 바구니를 잡기는 했으나 아래 엎친 형님이 몸을 움직여 그만 바구니 와 함께 땅바닥에 떨어지면서 뒹굴어 담아진 보리쌀이 흩어져 순간 어머니가 오시면 야단맞을 걱정에 손으로 쓸어 담으며 손에 피가 흐르는 것도 아랑곳 않고 형님과 함께 붙들고 섧게 울었던 기억을 지을 수 없습니다.

산에 나무하고 돌아오신 어머니에게 형님이 배가 고파 내리려다가 보리바구니를 땅에 엎었다고 솔직히 말하니, 괜찮다며 우선 내 다친 손부터 만지며, 약도 없던 시절, 부엌에 가더니 조선된장을 떠와 바르고 속치마를 찢어 실로 둘둘 감아주시면서 소리 없이 둘을 껴안고 섧게 우시던 그 모습을 도저히 잊을 수가 없으며, 당시가 한여름 때라 손등에 된장 바른 자리에 구더기가 생겨나 지금도 그 자국이 남아있답니다. 또 한 겨울 양말도 없이 짚으로 꽈 만든 조리신발에 동상이 걸렸을 때 조선간장에 탱탱 언 발을 대야에 담가 얼을 빼주시던 어머니, 늘 한결같으신 속 깊은 사랑의 숨결은 나무뿌리보다 더 단단하게 뿌리내린 인간의 정이며 모정의 사랑인 당신의 젖무덤에 파묻혀 더듬던 기억으로 되뇌어지게 했습니다.

당시 선친께서는 통영에서 여수로 살러오자마자 일본군 징용에 강제로 끌려가 여수에서 시오리길인 신월리 해군기지(지금의 한국화약 공장자리)에 가고 없을 때입니다. 우선 목에 거미줄 칠 수가 없어 공일날에는 어머니 따라 여수에서 만성리 굴을 지나 산에서 갈쿠리로 소나무 아래 쌓인 가래를 긁어모은 다음, 점심 대용으로 삶아간 고구마나 소나무 껍질 속에 하얀 살을 벗겨 씹어 먹고 물로 배를 채우며 허기를 달래고, 형님과 나는 지게에 한 짐씩을 만들어 지고, 어머님은 젖빨리던 셋째(또미) 여동생을 업은 데다 머리에는 가래까지 이고 캄캄한 굴을 지나 시오리 길에 땀이 범벅이 돼 지고와 경찰서 곁 동정시장 입구에 부려두면 장보러온 분들에 팔아 어머니는 그 돈으로 겨우 보리쌀 한두 되나 콩비지, 콩나물 정도를 사거나 시장에서 주어다 말린 배추시래기 된장국에 보리밥으로 끼니를 때우던 기억을 지을 수 없습니다.

살아있는 한 목에 거미줄은 칠 수 없어 배를 채워야했던 눈물겨운 몸부림으로 옛날 말에 닷새 굶어 도둑질 않는 자 없다고, 이웃들에서 밥숟갈 소리가 들리면 체면치레도 잊고 달려가 얻어먹던 그 시절을 도저히 지울 수 없습니다. 지지리도 굶기를 밥 먹듯 하면서 초년고생 원도 없이 한 셈입니다. 인간이기에 누구나 생존의 적나라한 갈구적인 발악이었으니까요.

필자의 어린 시절은 그런 엄청난 수난을 겪어야 했던, 눈물겨운 나라 잃은 설움 속에서 견디며 해방을 맞아야했던 어머니의 따뜻한 모정이 눈에 밟혀지기 때문입니다.

이후 어머님은 선친의 류마치스 관절염으로 고생하시던 10여 년간 온갖 정성을 다하시며 가족들의 무사안일과 아버님을 위하여 새벽 3시면 어김없이 일어나 세수한 후 장독대에 정화수를 떠다놓고 천지신명께 절하며 빌고 계시던 그 열녀(烈女)의 정신을 잊을 수가 없습니다.

생각해보면 산다는 것이 참으로 냉혹한 일이 아닐 수 없는 적자생존 속에서 자신의 존재가치를 발견하게 되고 다져지며 익숙해지기 때문이지요. 필자가 지금도 가신 분들을 못 잊는 이유 중 하나는 한 생애 동안 잘 먹고 잘 살 땐 모르고 넘겨졌지만, 어려웠던 그 아픈 어린 시절 고난의 기억은 도저히 지울 수가 없습니다. 삶이 고해(苦海)라고 하듯 아픈 눈물의 세월이 있었기에 그런 정곡을 찔리다보면 누구나가 눈물이 쏟아지기 마련이지요. 우리 인간들의 저력의 힘은 참으로 위대하다 못해 대단한 재기의 발판이 되기도 합니다.

삶의 가치와
부부(夫婦)의 정(情)

1) 부부간의 폭넓은 이해

부부란 남과 남이 하나로 맺어지는 날로부터 시작합니다.

전생에 많고 많은 인연들 중에서 맺어진 만남이기에 참으로 부부의 만남같이 깊고 진한 것이 또 어디 있겠습니까? 그래서 부부란 자기가 선택하는 것이 아니라 전생 인연의 흐름 따라 맺어진다고 하지요. 그러기에 모래알같이 많고 많은 인간들 속에서 하필 당신과 만나는 참으로 소중하고 귀한 큰 모습이기에 죽는 날까지 함께 사랑으로 승화시켜 검은 머리 파뿌리 되도록 영원히 함께 살아가야하는 것이 부부이기에 제 눈에 안경이듯 곰보 마누라를 만나도, 째보마누라를 만나거나 절름발이를 만나도, 다 제 짝이 있다는 사실로 부부란 전생에 3천 번 이상의 인연으로 이승에서 둘 중에 한사람을 언젠가는 꼭 만나게 돼 있는데, 독신자의 경우는 만남의 시기를 놓쳐버렸기 때문이지요.

　이런 속에서 한평생 살을 맞대고 살아가기에 스스럼없고 격의 없이 아무렇게 대하는 것 같아도 그 속에는 결혼 전에 서로가 살아온 부모라는 혈륜의 줄기가 습관이나 버릇이 남아 자신도 모르게 이어지게 됩니다. 그러다보니 남편은 아내에게, 아내는 남편에게 본심의 싹이 돋아나 나타나기 시작하면서 속을 보이게 되지요.

　그 본바탕을 쉽게 표현하자면, 강 상류에서 흘러 내려온 물은 반드시 하류로까지 흘러가는데 여기에는 맑은 물이라고 하는 청수도 있고, 오염된 흙탕물도 함께 흘러가듯, 자신의 본바탕이 선대로부터 나를 거쳐 후대자식, 손자로까지 이어갑니다. 그런 뒤범벅의 인연이 선하게 살아왔느냐, 혹은 나쁜 악연으로 자라왔느냐의 양면성에서 구분되어 자손에까지 영향을 미치기에 자손들이 그 버릇이나 습관을 이어간다는 의미지요. 그러므로 남남이 만난 사이에서 함께 살아가다보면, 사소한 생각 차의 습관적인 말버릇이 다툼의 불씨가 되고 맙니다. 그러므로 습관이란 일상생활 속에서 만들어지기에 고칠 수 있으나 버릇은 선대로부터 이어오는 것이라서 쉽게 고쳐지질 않습니다.

　언쟁은 서로가 존중하는 인사로 대화를 나누지 못하고 함부로 말을 내뱉는 데서부터 생겨나는데 좋은 일은 기억에 잘 남지 않으나, 나쁜 일만은 절대로 잊혀 지지 않고 있다가 그 약점을 이유로 걷잡을 수 없는 다툼의 불씨가 결국 폭발해 심하게는 폭력으로까지 확대되는 일로 전개되지요. 복잡한 현대 사회의 환경이나 나쁘게 수입된 서양의 무자비하게 오염된 전통적 가치관 때문에 날로 황폐하게 사라져가고, 인간답게 살아가지 못하는 살벌한 현실에 함께 휩쓸려 살아가기 마련입니다.

문제는 서로 한걸음씩 양보해야 하는데도 불구하고 상대에 대한 존경심의 범위를 벗어나, 상대에 약점을 너무 많이 노출해 버리면서, 자기중심의 이해를 떠나 함부로 대하는 행동에서 상호 존경심 자체마저 없어져 버린다는 사실이지요. 그것은 부부란 상대적인 관계이지 절대적인 관계가 아니기 때문에 돌아누우면 남이 된다는 뜻이 됩니다. 그래서 이혼을하지요.

옛날 어른들 말씀에 예쁜 여자를 만나면 3년은 안심이고, 착한 여자를 만나면 30년은 보장되며, 애교가 듬뿍 든 지혜로운 여자를 만나면 평생의 행복이 보장된다고 했다지요. 또한, 마음이 따뜻한 남자를 만나면 조상이 맺어준 복 받은 여자라 했듯, 부부간이란 서로간의 이해라는 양보 속에서 천한 부부냐? 어진부부냐? 의 갈림길(a branch road)이 결정된다고 했습니다.

세상이치가 남자는 하늘이고 여자는 땅입니다. 본바탕이 생리적으로 구분되듯 여자는 남자를 위해 태어났고, 남자는 여자 때문에 살아갑니다. 꽃에는 나비, 꿀에는 벌, 똥에는 파리라는 법칙과 같아 인간 세상에 부부란 쇠사슬로 꽁꽁 맺어진 보이지 않은 고리의 인연 탓입니다. 그 인연이 노름꾼의 남편을 만나는 것도, 대통령의 아내로 되는 것도, 거지가 되어 서로 만나는 것도 다 하나님의 섭리이자 조화랍니다. 그러기에 우리 인간은 살아가는 것이 아니라 살려지고 있다는 의미가 되지요. 그 이유는 내 몸을 하나님이 빌려주셨기 때문입니다.

그러므로 여자는 남편을 받들어 여자다운 애교의 모습으로 살아가야 하고, 남자는 남자답게 아내를 맞아 줘야합니다. 그런데 그러지 못하고 살아가지요. 부창부수(a way of life in which the wife follows the lead set by her husband) 란 남편이 주장하고 여자는 따른다는 뜻이고, 화합하는 도리를 의미합니다. 그러기에 여자란 센스 있는 여자가 더 아름답고, 웃음 짓는 애교를 싫어하는 남자는 목석과 다름없다고했다지요.

한마디로 부부란 음악소리에 맞춰 탱고 춤을 추는 멋들어진 모습으로 여자의 화려한 옷맵시에 휘감고 돌아가는 남자의 리드가 감칠맛 나게 밸런스를 잘 조화시키는 한 쌍의 무용수랍니다. 보통 부부의 언쟁은 남자가 70%를 잘못해 생기는 게 보통입니다. 그 이유는 남자라는 심리적 상태가 기본적으로 예쁜 마누라를 두고도 다른 여자를 넘보는 바람기 짙은 생리적 정복욕을 지녀서 생겨나거나, 아내의 지나친 질투에서 비롯해 성격 차의 경우라든지, 남자의 술버릇이 좋지 못해 폭행하는 습관, 자식들 앞에서도 인내치 못하는 관계 등 집안 불만들이 겹친 반항심이 쌓이고 깊어질 때와, 불륜이나 그리고 돈 문제가 대부분이 됩니다.

그런 언쟁 속에서도 서로가 최소한의 막말만은 절대 말아야 합니다. 그러므로 부부간의 갈등은 상호 한걸음씩 양보하는 폭넓은 이해와 미덕 속에서 살아갈 줄 알아야 행복해집니다. 도둑질하는 남편을 원하는 마누라야 없듯 부부란 남과 남이 만나 100% 만족이란 없기에 어쩔 수 없는 운명이라 여기고 양보하며 지고 사는 것이 현명한 방법입니다.

2) 센스가 있는 아름다운 현모양처(賢母良妻)

일본의 유명한 작가 에니스 아카라 씨가 말하기를 '가족관계는 모든 인간관계의 기본이다. 그렇기 때문에 가족을 소중히 여기는 사람은 기본적으로 남을 배려하는 마음을 가진 사람이다. 가족 사랑이 충만할 때 어떤 역경도 이겨낼 수 있는 용기를 얻게 된다.'고 했고, 시인 괴테는 '자기 가정에서 평화를 찾는 자가 가장 행복한 인간이다'고 말했다지요.

참으로 평범한 표현이지만 이 말들 속에는 함축의 의미가 내포돼 있습니다. 오늘날 젊은 세대들이 가정을 너무 경시하고, 가족을 소홀히 하며, 밖에서 즐거움을 찾으려 하나 그건 틀린 일입니다. 가정을 잃으면 다 잃는 것이니까요. 기본적인 부모의 가정교육이나 인성교육의 체계가 잡힌 집안은 절대 가정을 저버리지 않습니다. 가정 제일주의가 첫째이지요. 가정이란 삶의 뿌리이고 근본이며 원천이 됩니다. 가정을 저버리고 사회에 나간 사람이 절대로 큰일을 할 수가 없습니다.

가정을 잘 다스린 후에라야 다른 일들도 잘 풀려나갑니다.

가정의 제일 조건은 아내에 대한 서비스 정신과 양보라는 믿음이 행복의 첩경이지요. 그 이유는 가정이란 삶의 근본적 바탕이며, 고달픈 인생살이 안식처이고, 사랑의 보금자리이기 때문입니다. 논어에 나오는 말에 경애화락(敬愛和樂)이란 윗사람을 공경하고, 아랫사람을 사랑하며, 형제간에 화목하고, 부부간에 즐겁게 살라는 뜻입니다.

가정을 잘 지키는 아내는 정말 보기도 좋습니다. 남편이 귀가할 때 옅은 화장과 산뜻한 모습으로 맞아보십시오. 남편은 바깥에서 예쁜 여자들을 많이 보고 돌아오는 중이니까요. 수수하지만 믿음직스럽고, 예뻐 보이게 아늑한 집안 분위기에 취하도록 애교의 모습으로 대해 보십시오. 그리고 가정을 뭔가 다르게 꾸며 보십시오. 가령 화장실에 작은 시계나 꽃과 달력, 그리고 메모와 책을 읽도록 준비하는 일 같은 것 말입니다. 아늑하고 포근한 속에 시간 아끼는 방법과 이야기 나눌 안식처의 공간을 차분히 만들어 보십시오. 남편을 아빠라고 부르지 마십시오. 당신의 아빠가 아니잖아요. 좀 다정한 표현으로 여보야! 자기야! 당신 등 산뜻한 표현의 호칭으로 바꿔 보시지요. 또 화장을 너무 진하게 하지도 마시고, 남편이 바라는 아내의 수수한 모습으로 돌아가십시오. 여성이 지닌 덕은 온유(metaphorical)함과 믿음이 주는 차분한 사랑이 돼야 합니다. 여자가 손톱이 너무 긴 것은 일하지 않은 증거입니다. 음식은 남편의 입맛에 맞도록 맞추십시오. 남편의 건강을 책임지려면 부엌에서 머리를 짜거나 tv 요리강습 등에도 온 정성을 바쳐 보십시오.

남자란 일생을 살아가며 가장 어려운 일 중의 하나가 있다면 그것은 주위에 많은 여자들의 유혹을 뿌리치는 일입니다. 잘못하다가는 그 유혹에 빠져 발걸음이 그쪽으로 가 버린답니다. 남자는 가정을 지킨다는 신념이 중요하지요. 그리고 조강지처를 버리면 벌 받는다는 마음을 굳게 다져야 합니다. 필자의 경우 선친께서 조강지처를 버리면 천벌 받는다는 정신이 머리에 지금까지도 꽉 박혀 있답니다. 가정을 잃으면 다잃는 것이지요. 좋든 궂든 인연으로 만난 사람 분복대로 행복을 만들고, 가꿔서 살아가야 합니다. 그러고 보니 필자도 손한번 잡아보지도 못하고 부모님의 중매로 한 달만에 식을 올린 지가 벌써 53주년이나 되는군요.

필자가 지금은 춤과 완전히 결별했지만, 젊을 적에 사업상밤에 나이트클럽 카바레에 가 앉으면 모르는 여인이라도 음악에 한두 바퀴만 돌아주면 홀라당 반해 친숙하려고 들지요. 그런 일들을 숱하게 격어 봤기에 아무리 노력해도 그 유혹에서 쉽게 헤어나지 못하는 것이 남자이고, 필자도 집사람에게 변명하는 짓들로 애를 많이 먹기도 했답니다.

유흥적인 춤이나 담배, 술과 마작의 경우 한번 유혹에 빠지면 영원히 헤어날 수 없는 아편과도 같습니다. 그래서 살아가며 세 뿌리(입, 발, 그것)를 조심하라고 하지요. 아내는 남편이 밤에는 무조건 집에 들어오도록 머리를 짜는 아내의 지혜가 절대 필요합니다. 건전한 오락의 한가지라면 부부가 바둑을 배워두십시오. 바둑은 정신수양과 사교에 으뜸입니다. 필자는 청소년 시절 선친의 권유로 바둑에 입문, 현재 아마추어 5단 정도입니다. 애교라면 간도 빼줄 듯 아양을 부리는 그런 일본 여자들 같이 한번 돼 보십시오. 틀림없이 남편을 포로로 잡아 둘 수 있는 센스 만점의 현모양처(a wise mother and good wife)가 될 것입니다. 여자에겐 태어나면서부터 남편을 잘 받들라는 의미로 하나님이 애교를 담아줬고, 남자는 세상을 다스리지만 여자는 남자를 지배할 수 힘이 있기 때문이지요.

아내란 평생의 반려자로 미더운 친구 같고, 무관한 말벗이며, 온갖 정을 주고받을 수 있는 가장 아늑한 안식처인 상대자로 남편을 사랑스럽게 감싸고, 인내하며, 이해로 받아줄 줄 알아야한다는 뜻입니다. 어떻게 보면 남자란 생각의 범위가 단순하기에 속이 깊고 세심한 여자에 오히려 많이 배워야 합니다. 고약하게 인상 써 과격한 욕이나 막말은 절대 마십시오.

다시 말해 남자는 하늘에서 내려주는 수성, 즉 양인 물이요, 여자란 화성, 즉 음인 불이기에 불이 나면 물이 꺼주듯 그 오묘한 자연의 섭리로 화합하여 남성은 여성인 묘판에 자식을 심어 부부의 정을 듬뿍 담아 예쁜 아이를 생산하듯, 사랑을 두둑하게 확인해준 뒷날 아침 곤히 잠든 남편의 듬직하고, 두툼한 가슴이 한없이 믿음직스럽고 자랑스러워 보일 것입니다. 그런 속에서 부부의 정은 소리 없이 날로 날로 깊어만 가는 게지요.

그래서 부부란 마치 '멍에'와 '쟁기'에 두 가닥 줄을 걸어 끌고 당기며 산비탈을 갈고 있는 화전민처럼 한세상토록 많은 애환의 영욕을 함께 굽이굽이 참고, 견디며 땀으로 범벅하면서 말없이 강하를 건너야 하니까요. 천생연분 혹은 진실한 나의 배필이란 이승에서 헤어져도 저승에서 서로 만나고 싶거나 다시 태어나도 함께 살고 싶다는 뜻입니다.

3) 부부란 사랑을 확인하는 쉼터

세월이 화살 갔다는 말이 거짓말이 아닙니다. 어제 같은 한 해의 시작이 이 해의 마지막 송년의 종소리가 울려퍼집니다. 60살 때는 60키로 속력이라 그래도 안심이 되더니 이제 80줄에 넘어서니 80키로 로 더 빨리 숨 쉴 여유도주지 않고 달아나버립니다. 참으로 하루 가는 것이 두려워도 어쩔 수 없는 날들 앞에 이겨낼 장사는 없나봅니다.

둘이서 때때로 꽃밭이나 산과 바다의 자연으로 나서서 가까운 곳부터 먼 기차여행까지 새로운 공기를 허파에 자주 담아 보십시오. 한결 몸이 가벼워질 것이고, 부부의 정이 더 돈독해 질 것입니다. 집에 가훈을 만들어두십시오. 자식들에 참 좋은 교훈이 됩니다.

알게 모르게 자녀들에게도 영향을 끼치고, 자기가 낳은 자식들에도 전수되지요. 또 인사법을 철저히 가르치십시오. 남 앞에 공손하게 인사로 대할 때마다 상대는 우러러 달리 보게 되며, 오히려 당신을 더 멋있게 볼 것입니다. 절대 외면하고 스쳐가지 마십시오. 자녀들의 좋은 인성교육은 부모의 부러운 행복한 모습을 보고 배우며 깊은 의미를 거기서 찾는 길이니까요.

세월과 함께 떠나버린 청춘을 한번 생각해 봅니다.

자식들이 부모 곁을 떠나 먼 곳에 살 듯 부모 또한 세월에 이긴 장사 없나 봅니다. 유수같이 흘러간 날들로 이젠 자식들이 옛날 아버지가 되었고, 부모 또한 옛날 어릴 때 듣던 이야기처럼 꼬꼬랑 할아버지가 돼 버렸답니다. 돌이킬 수도 없는 흘러간 청춘. 아직도 할 일이 많이 남았고, 가고 싶은 곳도 많은데 이젠 마음도 몸도 전과 같지 않게 말을 잘 듣지 않습니다. 누구도 대신 살아주지 못한다는 것을 진즉 좀 알았더라면 그 멋들어진 청춘을 그렇게 덧없이 흘러 보내지 않았을 것을 말입니다.

이젠 우리가 조금 남아있는 인생길이지만, 다시 후회치 않도록 멋지고 보람되게 내 자신과 당신만을 위해 결코 후회하지 않는 그런 삶을 말입니다. 그러려면 우선 나쁜 생각을 머리에서 지우고, 맑고 좋은 생각만 가슴에 새기고, 돈에 얽매인 노예에서 해방돼 마음을 비워 하늘 저 끝으로 훌훌 날아가는 도요새가 돼 보시지요.

아침에 눈을 떠서 타 지역에 멀리 살고 있는 자식들과 영상의 모습을 쳐다 보며 잘 있어? 행복해? 네 잘 주무셨어요? 가족 간에 인사하는 대화를 통해 그날의 얼굴모습으로 사랑을 확인하며, 이 세상에 살아있다는 가장 귀하고 따뜻한 쉼터의 모습이 바로 그게 아닐까요?

이 살기 좋은 세상에 태어나 왜 꼭 이혼을 해야 하고, 지지고 볶고, 송사하며 살아가야 하는지 참 기가 차는 노릇입니다. 한 걸음씩 양보하고 이해할 때 온 사회가 행복해질 것입니다.

미래를 위해 저축하는 사람은 행복의 주주가 되고, 당장 쓰기에 바쁜 사람은 불행의 주인공이 된다는 말을 자식들에도 종종 강조해 줘야지요. 오늘 하루를 좋은 날로 만들려는 정신으로 나중에 또 하려고 미루는 사람은 불행의 하수인이 된다는 의미를 자식들에 일러줘야 합니다. 살아있을 때 사랑의 소중함을 확인해야 하기에 우리는 가까운 가족일수록 이별의 때늦은 후회를 정말 남기지 말아야할 것입니다.

삶의 철학은 저마다의 아픔이 있겠지만, 아픔을 보듬어주고 산다는 것이 여간 쉬운 일만은 아닙니다. 오직 남은 가족들까지라도 서로가 이웃을 알고 아픔을 보듬어주는 사랑으로 승화되었으면 얼마나 좋을까요. 거센 회오리바람에 주저앉은 저마다의 순환을 다 겪어왔기에 사는 것이 어찌 보면 비극의 소용돌이면서도 소꿉장난 같은 지난날들이라 하겠습니다. 진정 부부의 사랑을 확인하는 보금자리는 부부애와 가족화합이 제일이랍니다.

4) 부부가 행복하면 가정은 천국

요즘 세상에 잘 배우고 잘 가르쳐둔 자식들일수록 불효하는 확률이 훨씬 더 많다고 하지요.

왜 그럴까요. 이유는 간단합니다. 아는 게 많아졌으니 머리 굴리는 방법이 천문학적으로 잘 돌아가 효도라는 방법을 역이용한다는 것이지요. 부모덕으로 외국에 나가 배우고온 자식들이 공부에만 열중했지, 온갖 불효하는 더러운 서양풍만 익히고 돌아왔기 때문입니다. 진정으로 이 세상에 나를 태어나게 하여 준 감사한 마음이 아니라 부모가 서로 좋아 기분내다보니 나를 만들어놨으니 잘 키우고 가르쳐야하는 것이 당연한 의무사항인데 효도라는 그 엄청난 명목과 이유를 달아 자식들을 너무 못살게 구박하고, 왜 압박하며 강요시키느냐는 것입니다. 한마디로 부모가 뭔가 옛날 고리타분한 생각들만으로 시대적 착오 같은 허튼 억지수작을 부리며 효도라는 그 이유 하나만을 달아 자식들의 자유를 억압하고 못살게 구느냐는 것입니다.

자식들은 당연히 내 멋대로 살아갈 의무와 자유가 엄연히 보장돼 있으니 재발 방해하지 말라는 것이지요. 나야말로 이제 완전히 내 위주이고 모든 사회질서나 윤리기강 속에 구속될 필요가 없다는 것입니다. 꼭 그런 이유를 주장한다면 처음부터 낳지 말아야 함이 당연한데 일단 낳은 이상 부모가 잘 키워야하는 것이 부모의 도리고, 책임이니 더 이상 자식들에 강요를 말아달라는 말입니다. 세상이 이렇게 변해버린 속에 살아갑니다. 그러니 기가 막힌다는 말밖에 더 할 말이 없지요. 부모들은 앞으로 자식을 그렇게 알고 대처해야하는 세상이 됐습니다.

그러나 자식들은 하나만 알지 둘을 모른답니다. 세상에 낳아만 두면 저절로 크는 것이 아닌데 그걸 모르고 불효하는 소리입니다. 한마디로 속빈 강정이듯 철없이 억지 부리는 짓이지요. 그런 자식들이 부모가 막상 돌아가신 후에야 비로소 불효했던 깊은 참뜻을 깨닫고 돌아올 수 없는 무덤 앞에서 한없이 서럽게 운다는 통계발표지요. 그러니 이제부터라도 다음에 글들을 깊이 읽고 또 읽으며 명심해주기 바라는 부모들의 심정을 필자가 대변합니다.

부모란 하늘보다 높고, 따뜻이 감싸 안아주는 모성인 어머니의 사랑이며 하늘보다 높은 지아비 부(夫)자는 하늘 천(天)자보다 더 높다는 뜻이 숨어있습니다. 우리 민족은 백의민족이라 하여 말 그대로 남의 나라를 침략해본 일도 없고 침략만 당해온 조상대대로 예의범절이나 삼강오륜을 제일 으뜸으로 가장 올바르게 여기며 살아온 윤리도덕이 세상 단 한곳에 남아있는 순수한 민족이랍니다.

그러나 1945년 해방이 되면서 미국 자본주의가 들어와 돈 많은 사람이 큰소리치고 우선이다 보니, 너나없이 부자로 살려고 앞뒤 가리지 않고 부정해서 그 돈으로 자식들이라도 잘 가르쳐보려고 미국 등 외국에 내보내 빨리 출세 시키려다보니 미국 같은 후레자식 천국인 더러운 서양풍만 본받아 들여와 배웠다는 자식일수록 부모알기를 개 취급하고 돈 앞에서는 살 인도 서슴없이 해버리는 무자비한 아사리 판 세상으로 변해버 려서, 이젠 더 이상 그런 위정자들이 높은 자리에 많이 깔고 앉아있어 고칠 수도 없는 개판 사회로 전락돼 버렸지요.

오히려 배웠다는 고위직분들이 성폭력에서부터 이권의 먹 이사슬로 얽히고설켜 사회가 마치 대도(大盜)들로 천문학적 돈들로 판을 쳐 어떤 놈들부터 잡아 족쳐야할지 아사리 판을 방불케 하듯 한 놈을 잡아 족치면 굴비엮어 올라오듯 안 엉켜 진 자가없으니 기가 차는 현실이지요.

본래 농경민족이던 우리민족은 땅을 일구며 살아오다보니 사는 게 어려워 없는 사람들은 논 밭 소까지 다 팔아가며 자 식들 뒷바라지하느라 왼 종일 일만 해 자식을 가르쳐야했습 니다. 그래서 자식을 위하는 일이라면, 허리가 휘도록 부모는 하루 종일 밭에서 쟁기질하며 죽어라 힘들게 일하고 땀 흘려 도 당연히 되는 줄로만 알았고, 또 찬밥 한덩이 만을 부뚜막 에 앉아 대충 때워도 돈을 아껴 자식들을 위하는 일이라면 되 는 줄 알고, 한겨울 냇가에서 맨손위정자들이 직접 한번 농촌 체험을 해 보시면 80%의 분들이 허리가 휘어있고, 팔다리 관 절에 고생합니다.

실상, 우리나라 농촌의 농사짓고 재래시장 바닥에서 하루살이 삶을 살아가는 그런 서민들의 삶이 진정으로 참신한 국가 민족을 위하는 사람들인데, 이런 불쌍한 서민 분들만 감옥에 잡아넣고 있으니 대한민국만의 유행어로 무전유죄, 유전무죄 라는 말이 거짓이 아니고 송사리들만 옥살이로 파닥거려봤자 찍소리 못하는 더러운 세상입니다. 큰 나라도둑질을 한 자들 은 왕파리 놈들이라 법망을 우습게 알고 웃고 들어가 1년도 채 안 돼 유유히 빠져나옵니다.

참으로 지금 시대가 많이 변한 것은 정말 없는 것 없이 사는 세상이라 돈만 많으면 한국같이 살기 좋은 나라도 없다고 한 다지요. 정직하게 돈 번 사람을 제하고 나면, 눈에 불을 쓰고 라도 도둑질 한탕만 잘해 튀어보자는 심리가 젊은 세대들까 지도 만연합니다.

효자효부란 다른 곳에 있는 것이 아니라 바로 당신 곁에 있 습니다. 아이들 소리 듣기 좋다고만 즐기시지 마시고 부모의 앓는 소리 듣기가 싫지만, 언제나 부모 곁에서 살펴보는 것이 효자 효부랍니다. 자기자식 대소변은 손으로 주무르면서 부 모님의 충고 말씀을 잔소리라고 싫어하지 마세요. 개가 병들 면 가축병원에 가면서 늙은 부모가 중병이 들어도 노환이라 여기며 골방에 잠재우고, 기력 약한 부모에 따뜻한 고기 한 근 사서 대접할 생각해 봤는가요? 어린 자식 위해 쓰는 돈은 한도 없이 쓰지만, 부모 위해 쓰는 작은 돈도 아까워서 벌벌 떠는가요?

정말 우리민족은 정(sentiment)이 넘치는 민족이었습니다. 그런데 왜 우리 민족이 이리도 더러운 시대에 살아가게 돼 버렸는지요? 깊이 반성해야할 때입니다.

늙은 것도 원통한데 천대받고 괄시받는 부모님들 위해 살아생전 당신만이라도 먼저 살아계시는 부모님들에게 효도 한번 제대로 해보소. 그래야 자기 새끼들이 복 받는다는 이치를 꼭 깨우치게 될 것입니다. 그래서 지금 자기자식이 그렇게 소중커든 먼저 부모은덕부터 생각하고, 가정의 행복은 오직 부모 효행에서부터 시작한다는 만고불변(permanence)의 진리를 자식들에게 느껴지게 돼주기를 바랍니다. 돌아가신 후에 탄식 말고 살아생전 부모에 정성껏 효도함이 복 받고 가정은 천국이 될 것임을 깨우쳐주길 바랍니다.

평생의 동반자와
인생의 동반자

우리 인간이 공기의 소중함을 모르고 살듯 부부간에도 같이 있을 때는 모르다가 이혼을 하거나 사별하게 되는 경우 빈자리의 귀함을 절실히 느끼게 되고 후회한다고 하지요.

그 한 예를 들어보지요. 밖에서 스트레스가 잔뜩 쌓여 들어온 남편에게 아내가 바가지 긁는 말만 해대니 참다못한 남편이 화가 치밀어 마누라에게 "보기 싫으니 당장 집 나가버려"라고 고함을 치니 마누라가, "좋아, 내가 나가라면 못 나갈까봐!". 보따리를 싸 집을 나간 한참 후 마누라가 집에 다시 들어오니 화가 덜 풀린 남편이 "왜들어 왔어?"라고 하니, 마누라가 아주 중요한 것 하나 빠뜨려서 가지러 왔다라고 말하니, "그게 뭔데?", "그건 당신 마음이야"라고 해 서로 웃으며 화해했다지요. 한쪽이 지면 다 해결되지요.

행복이란 은행저축통장에 맡겨 둔 많은 돈이 아니라 당신 얼굴이 얼마나 활짝 웃느냐와 마음씨 곱게 애교를 얼마나 잘

부리느냐에 달렸답니다. 경우에 따라 남자가 져주는 건 남자의 아량과 도량이며 당연한 의무지요.

그런 연약한 아내가 좀 잘못해도 감싸 안아주지 못하고 폭언, 폭행까지 서슴없이 하는 이기적인 남편이 되어 이 지구상에서 우리나라가 세 집 걸러 한 집으로 이혼율이 1등 국가라니 참으로 부끄럽고 한심스런 일입니다. 한순간의 사소한 결심이 영원한 파탄으로 헤어져 서로가 뒤안길에서 울어야 합니다. 이에 딸린 자식들의 안타까운 책임의 죄 값은 모조리 부모들의 몫입니다. 자식을 버린 부모의 천벌이라는 것이지요. 그런 무서운 이혼이란 단어를 불륜이 난무하는 이 현실사회에서 쉽게 생각해버리는 현실이 진정 괴로울 뿐입니다. 잘못 만난 악연이라 해도 인간이기에 서로의 감정을 삭이고, 한 걸음 양보하며, 이해하고, 배려하면서 존경심을 서로 가질 때 마음은 차츰차츰 화기애애해지고 즐거워지게 마련입니다.

부부란 젊은이들에게는 언제나 연인이요, 중년에 들면 친구이고, 노년기엔 서로의 간호사가 된다고 하지요. 인생 최고의 행복은 부도 명예도 그 어떤 것도 아닌, 사는 날까지 서로 당신먼저 양보하고 이해하며 웃으면서 살아가는 그게 바로 부부가 만든 진정한 행복이랍니다.

행복은 절대 먼데 있는 게 아니라 언제나 당신들 곁에 있습니다. 필자가 새벽 산책길에 아내와 두 손 꼭 잡고 산을 오르다보면 젊은이들이 참 보기 좋다고들 하더군요. 사는 날까지 사랑을 나누다가 한 사람이 먼저 가더라도 '당신만나 참 행복했소.' 라고 나눌 수 있는 말이라면 더할 나위 없는 이상적 부부가 될 것입니다. 이 세상에 가족보다 더 귀하고 소중한 것은 없습니다. 곁에 사랑하는 가족이 없다면 아무리 많은 재물이 쌓여 부귀영화를 누린다한들 무슨 사는 의미와 즐거움이 있을까요? 자기들 분복대로 만족하고 살아가야 탈이 없습니다. 설상 무심하고 무뚝뚝한 남편이고, 맨날 바가지만 긁는 아내라 해도 서로가 보이지 않는 마음의 버팀목인 것만은 사실이고, 당당하게 살아갈 수 있는 힘의 원천이고 동반자가 됩니다.

공자님의 말씀에 그 사람 곁에 가까운 친구를 보면 그 사람을 알 수 있다고 했습니다. 진실한 친구는 우연히 거저 얻어지는 게 아니고, 자신이 좋은 친구가 될 수 있도록 살아온 정성 여하에 따라 상대편도 같아진다고 하지요. 사기꾼이 곁에 있으면 함께 사기꾼이 되고 맙니다. 끼리끼리 유유상종이듯 사람 사귀는 것같이 어려운 건 없습니다. 비바람 눈보라 몰아쳐도 한세상토록 뜨거운 눈물을 함께 나눌 수 있는 그런 진실하고 진솔한 동반자라면 그 사람은 참 행복하게 성공한 인생입니다. 당신도 그런 사람을 꼭 셋만 만드십시오. 앞날이 훤할 것입니다.

한세상을 사는 동안 어느 땐 곁에 아무도 없이 너무 외롭다거나 삶이 버거워 앞이 막막할 때도 있답니다. 자신이 한없이 초라해지기도 하고, 하던 일이 잘 안 풀려 힘겨울 때 이렇게 한번 해 보십시오. 추운 겨울 포장마차에 들어가 어묵 한 줄에 소주 몇 잔 쭉 들이 키고, 국수 한 그릇 둘둘 말아 훌훌 삼켜보시면 속이 후련해질 것입니다. 누가 뭐래도 내 인생은 내가 사는 것이기에 내 멋에 겨워 사는 자신의 마음을 만들고, 달랠 줄 알아야 합니다.

필자는 멀리 외국에 간 내 아들이나 사위들을 한 번씩 만날 적엔 서민들의 모임장소인 포장마차 집으로 가 남자들만의 회포를 한잔씩 나누며 서로간 인생의 아픔을 달래보기도 합니다.

그리고 하던 일이 꼬이고, 잘 풀리지 않아 날마다 죽고만 싶은 심정이 들 땐, 큰 병원의 중환자실로 무작정 한번 찾아가 보십시오. 죽어버리려 했던 정신이 번쩍 들며 고개가 숙여질 것입니다. 흔히 파리 목숨이라지만 쇠심줄보다 질긴 게 인간의 목숨이기에 숨 딱 끊어지는 그 순간부터 다시 한 번 하고픈 대화란 영원히 없어진다는 사실을 느끼게 될 것입니다.

변화는 인간의 생기를 불어 넣어주지요. 핸드폰 소리도 다 끄고 한 며칠 깊숙한 곳에 잠수해 버려 보십시오. 아내와 난 서로 눈빛만으로도 알아차리고 무작정 길을 나선답니다.

여행에는 많은 돈이 필요 없습니다. 서민들 속에 깊숙이 파묻혀보는 것이 제일 편한 즐거움이지요. 그런 만남 속에 인연은 쌓이고, 진정한 행복을 느낄 때 답답했던 일들도 밤하늘 수많은 별들 속에 파묻혀 보면 자기도 모르게 어느 날 문득 다 풀어져버리고 만답니다. 그 까닭을 캐놓고 보니 다 채울 수 없는 마음의 항아리에 욕심을 버리고 채울 만큼만 하나님이 채워 주신 까닭이 그게 바로 분복대로 살라는 의미였고 참 행복임을 알게 되지요. 그런 후부터는 활기찬 내일이 다시 당신 앞에 살며시 놓이니 제2라운드 인생길을 당신은 힘차게 설계하며 나서게 될 것입니다.

남편 병 수발
40년 할머니

　이런 순애보 같은 사랑의 실화가 또 있을까요. 다음은 지역 방송에 오른 기사였습니다.

　"부부싸움 한번 해봤으면 남들은 어떻게 그럴 수 있냐고 혀를 차지만, 나는 지금도 여보라고 부를 것만 같아요. 자고나면 내일은 좀 더 나을라나……그런 마음으로 살아가는 거예요."

　지난 1967년, 지금은 아득하게만 먼 그 옛날, 결혼 3년차에 접어든 부부에게 날벼락 같은 일이 벌어졌답니다. 뺑소니차에 사고를 당한 남편, 더 이상 걸을 수도 움직일 수도 없게 된 남편의 팔과 다리가 되기 위해 아내는 뱃속 아기까지 포기하며 남편 곁을 지키기로 결심했습니다. 그렇게 희망을 놓지 않는 세월이 40년! 꽃 같았던 아내는 백발의 주름이 가득한 칠순 할머니가 됐고, 야속한 남편은 여전히 병상에 누워 있답니다. 자녀도 없이 서로의 존재를 확인해온 이옥금 할머니(73세)와 이문영(73세) 부부, 부부의 날을 맞아 지역 방송을 통해 소개된 할머니의 사연이 잔잔한 감동을 주고 있습니다.

할머니의 바람은 단 한 번의 따뜻한 눈길과 다정한 말 한마디가 전부, 평생 수고로운 일을 하루도 거르지 않고 살아왔건만, 마음도 몰라주고 자꾸만 굳어가는 남편의 손과 발을 대할 때면 먹먹해지는 가슴을 어찌할 수가 없습니다. 자손을 갖지 못했으니 병상의 남편과 수발하는 아내는 세상의 오롯한 일심동체랍니다.

특별한 수입이 없는 할머니, 부부를 위해 하나병원은 8년 전부터 병실을 내주고 있다지요. 할머니 부부의 주소가 병원인 이유도 이 때문이며, 의학적으로 불가능한 일이지만 할머니는 기적을 믿는다고 합니다. 그래서 지금도 남편이 깨어나 자신을 알아보지 않을까 하는 걱정이 앞선다고 하지요. 맑은 얼굴의 새색시는 세월이 안겨준 골 깊은 주름의 할머니가 됐지만, 마음만큼은 새색시 순정을 잃지 않고 있다고 합니다. 이런 순애보 같은 실화가 또 있을까요.

세월은 신혼생활의 단꿈도 앗아가 버렸다고 하는군요. 너무 오래 되어 기억도 나지 않는 시절, 링거액 방울방울 떨어지는 그 아래, 긴 잠에 빠져있는 남편과 지금처럼 함께 할 수 있는 것만으로도 할머니는 행복을 발견한다고요.

저렇게 한번 걸어 다녔으면 좋겠다는 생각도 있고, 말이라도 했으면 싶고, 안타까운 마음이었지, 그런 마음 없으면 사람도 아니게.......

오랜 병원 생활에 가족 친지들과도 소식이 끊긴지 오래지만, 병원은 이웃한 새로운 가족을 알게 해줬답니다. 늘 혼자만 힘든 잠을 자고 사는 줄 알았는데 다른 사람들의 모습을 보면 이별하지 않고 함께 할 수 있는 시간도 감사하게 생각한다고요.

짧은 외출에도 온몸에 땀이 고이고, 숨이 턱에 차오르던 당신의 이별을 준비했던 고비 고비를 잘 넘겨준 남편이 그저 고맙기만 하다고요. 길고긴 기다림의 시간, 할머니는 언젠가 깨어나 맘 놓고 부부싸움을 해보고 싶은 게 소원이라는군요. 참 대단한 열녀입니다.

한 남루한 행색의
할머니 보따리 두 개

　거리를 헤매는 남루한 행색의 할머니가 보따리 두 개를 들고 길거리에서 한 시간 째 왔다 갔다 하는 모습을 이상하게 보던 한 분이 파출소에 신고를 하였다지요.

　경찰관들이 이것저것 여쭤봤지만 할머니는 자신의 이름도 딸의 이름도 기억하지 못하고 보따리만 꼭 껴안고 조급해하고 계셨습니다. 얼마 후 할머니는, "우리 딸이 애를 낳고 병원에 있어요."라는 말씀만 반복했습니다.

　경찰관들은 할머니가 슬리퍼 차림인 것으로 봐 인근에 사는 주민일 것으로 판단하고, 할머니의 사진을 찍어 동네에 수소문해보고, 마침내 딸이 입원했다는 병원까지 알아내 순찰차로 모시고 가게 되었답니다. 갓난아이와 함께 침대에 누워있던 딸이 작은 목소리로 외쳤습니다.

　"엄마!"

　엄마라고 불린 할머니는 주섬주섬 보따리를 풀었다지요. 거기엔 다 식어버린 미역국, 나물반찬 흰밥이 들어있었습니다.

"어여 무라......."

헬쑥한 얼굴의 딸은 엄마를 보고 가슴이 미어집니다. 치매를 앓고 있는 엄마가 기억하는 단 한 가지가 오직 자신이었기 때문입니다. 결국 병실은 눈물바다가 되고 말았습니다. 기억을 잃어버리는 병을 앓고 있으면서도 잊어버리지 않았던 사실.

"내 딸이 아이를 낳는구나!"

어머니의 사랑이란 이런 것이 아닐까요.! 죽음의 직전, 혹은 죽음의 순간까지도 사랑하는 자녀를 걱정하는 것. 그것이 부모의 끊을 수 없는 천륜(Natural Law)이랍니다.

헨리 워드 비처는 "내가 부모가 됐을 때 비로소 부모가 베푸는 사랑의 고마움이 어떤 것인지 절실히 깨달을 수 있다."고 했다지요.

아름답고 감동적인 실화
두 가지

　자살을 기도했던 30대 가장 두 명이 로또에 당첨되고, 이를 둘러싼 미담이 미국 방송 CNN, 일본, 영국 등과 인터넷을 통해 뒤늦게 알려지면서 전 세계 국민들을 감동시킨 사건이 우리나라 젊은이들에게서 생겨나 인터넷에 오르고 우연히 필자도 인터넷 검색창을 열어보다가 알게 돼 여기에 실려 봅니다.

　사건의 발단은 2015년 5월 어느 날, 한강다리 북단 다리 아치 위에서 시작됐다. 서울 성북구 장위동에 사는 김 씨(38)는 이날 자신의 처지를 비관하고 자살하기 위해 한강다리 대교 아취 위에 올라갔다. 때마침 또 한쪽에서 자살을 기도하던 박 씨(38세, 영등포구 대방동)를 만났다.

　그러나 주민신고를 받고 119구조대와 용산경찰서가 긴급 출동해 1시간 만에 자살소동은 종료됐다. 경찰 조사결과 김 씨는 평범한 회사원으로 지난해 8월 건설업을 하는 친구 원씨 (37)의 보증을 섰다가 3억 원의 빚을 떠안은 것으로 밝혀졌다. 또한 박 씨는 두 달 전 교통사고로 아내를 잃는 슬픔을 당했지만, 죽은 아내가 가해자로 몰리자 법정싸움에 지쳐 자살을 결심하고 한강을 찾은 것으로 밝혀졌다. 당시 경찰은 다시는 이 같은 일을 하지 않겠다는 다짐을 받은 후 두 사람을 훈방 조치했다.

서로의 처지를 알게 된 두 사람은 이날 늦게까지 술을 마셨고, 그 후로는 자주 만나 술을 마시며 절친한 친구 사이로 발전했다. 어느 날 둘이는 술이 거나한 김에 강남대로 한 로또매점에서 각각 1만원씩 내 복권 20장을 사 당첨이 되면 반씩 나눌 것을 구두로 약속했다. 그중 한 장이 2등에 당첨되어 3억 원을 받게 된 김 씨와 박씨.

천성이 착한 두 사람은 그 돈으로 가정을 수습하라며 서로에게 양보하며 건네줬지만 서로 결론을 내지 못하자 우선 김 씨가 당첨된 로또 용지를 갖게 됐다. 그날 밤 김 씨는 자신의 마음을 적은 편지 속에 당첨된 로또 용지를 넣어 대방동 박씨 집 편지함에 넣고 왔다.

박 씨와 김 씨의 주고받은 편지 내용 일부를 공개한다.

박씨, "이보게 친구, 제발 내 마음을 받아주시게나. 나야 이미 아이 하나고 다시 돈을 벌어 빚 갚고 살아가면 되지만, 자네는 상황이 나보다 좋지 않아. 아이들 엄마 떠난 것도 큰 슬픔일 텐데 엄마 없이 아이들하고 어찌 살려고 그러나. 이 사람아! 우선 이 돈으로 가정을 추스르고 내일을 모색해 보게나. 자네 자꾸 이러면 다시는 자네 안 볼 걸세. 명세하게."

김씨, "무슨 소린가 친구. 간 사람은 간 사람이고 산 사람은 어떻게든 살아야지. 우선 이 돈으로 자네 빚부터 갚게나. 나는 아직까지는 먹고 사는데 큰 지장이 없지 않은가? 우선 자네 빚부터 갚고 살길을 찾아봐야지. 빚 때문에 고민하다가 또 한강다리에 올라 갈 텐가? 그렇게 자네를 잃긴 싫네. 제발 이러지 말게나, 어찌 그리 내 마음을 몰라주는가."

다음날 이 사실을 안 박 씨 또한 친구를 생각하는 마음에서 정성스레 편지를 써 장위동 김 씨 집 편지함에 로또 용지와 함께 편지를 놓아뒀다.

친구를 배려하는 감동의 다툼은 이후에도 서너 차례 반복됐다. 그런데 이날도 거나하게 술이 취한 김 씨가 박 씨의 편지함에 넣는다는 것이 엉뚱한 집 우편함에 편지를 넣고 온 것이 또 다른 사건의 발단이었다. 박 씨 빌라 바로 위층에 사는 진선행 씨(28세, 여)가 뜻하지 않은 횡재를 한 것. 그러나 편지 속의 애틋한 사연을 알게 된 진 씨는 당첨된 로또 용지와 함께 편지를 모 신문사에 제보했고, 감동의 미담은 인터넷을 통해 삽시간에 번졌다.

미국의 CNN 방송은 '한국 사람의 배려와 인정은 전 세계 최고다.' 라는 타이틀로 이 소식을 긴급 타진했다. 영국의 BBC 방송도 '자살 기도자 2명 로또 당첨으로 절친한 사이가 되다' 라고 보도했고, 일본의 요미우리신문 인터넷 판은 '두 사람의 배려, 끝은 어디인가' 라는 제목으로 이 소식을 톱기사로 올렸다.

자살 때문에 한강을 찾은 두 사람, 이렇게 친구가 됐다. 한편 은행측은 당첨금 3억 원과는 별도로 김 씨의 보증 빚 3억 원을 대신 갚아주는 한편 억울하게 교통사고 가해자로 몰린 박 씨 가족에게 국내 최고의 변호인단을 무료로 선임하는 등 대대적인 법적 자문을 통해 박 씨 가족의 억울함을 풀어줬다.

이 은행 대외협력팀 유모 팀장은 기자와의 전화 인터뷰에서 "우연찮게 타인으로 만난 두 사람의 우정이 눈물겹고 또한 자신이 이득을 취하지 않고 제보를 해준 양심 바른 진 씨에게도 무척 감사드린다."며 이번 조치 배경을 설명했다. 또한 좋은 나라운동본부 김진실 대표는 "로또 당첨되면 가족끼리도 불화가 생기는 경우가 많은데 이렇게까지 서로를 배려하는 모습에 눈물이 났다."며 말을 잇지 못했다.

한편 이들의 감동실화를 접한 영화제작사의 한 관계자는, "이 감동을 그냥 가슴속에서만 간직하기엔 너무 아쉬워 영화로 만들 계획"이라며 "감동사연의 실제 주인공 두 명을 섭외해 주연배우로 출연시키는 방안을 적극 검토 중"이라고 밝혔다. 우리의 옛 의좋은 형제의 동화 같은 현대판 실화입니다. 우리가 사는 세상이 아직은 희망이 있습니다. 매일매일 이렇게 상쾌했으면 좋겠습니다.

상기의 감동적인 두 친구 분의 다툼을 읽어보며 필자가 젊을 적에 한창 무역업으로 일본 나들이가 많을 당시, 1980년 어느 해 연말의 일이 기억나 여기에 밝혀봅니다.

한겨울 처마 밑에서 얼어 죽은 80대 노파의 시신을 검시해

본 결과 주머니가 나와 그 속에 구겨 넣은 몇 만 엔 지폐와 동전, 그리고 은행에 저금한 몇 십 만 엔의 통장이 있었는데, 종이쪽지에 '나보다 더 가난한 사람을 위해 이 돈을 써 주시오'라고 써져 있었고, 더 놀란 사실은 이 할머니의 시신을 검시해본 결과 추위에 얼어 죽은 게 아니라 굶어 영양실조로 죽었다는 결과가 나왔다고 하는데, 은행가에서는 그 해의 저축왕으로 선정돼 장례를 거창하게 치러줬다는 신문기사를 읽었습니다.

필자는 그때 당시 너무나 큰 쇼크와 충격을 받아 나도 저 할머니처럼이야 못하더라도 나머지여생 동안 사회에 뭔가 좋은 일로 표시 없이 남겨야겠다는 각오로 하던 사업을 모두 접은 일이 있습니다. 그렇게 20여 년을 지내던 어느 날, 돈을 벌기 위해 새벽 노량진 수산시장에 나가던 길에 한강 인도교를 건너는 중인데, 어떤 젊은 분이 한강에 투신 일보 직전에 구출해 사정을 들어보니 모 회사 경리인데 은행에서 사원월급 줄거금을 찾아오다가 날치기 당해 회사에 가서 사장께 말해 봤으나 변상해야 하는데, 못하면 보증인의 재산을 압류할 방법밖에 없다하여 모든 것을 포기하고 자살하려는 순간임을 알고, 당시 필자가 옥수동 판자촌에 어린 가장 집에 할머니 병원비 때문에 가지고갈 돈뭉치까지 미루고, 부산에 위탁생선물품 대 송금액 전부를 이유도 묻지 않고 이 젊은이에게 손에 잡혀주며 자살을 막고 힘내라고 격려시켜 보낸 기억이 납니다. 이 젊은 친구는 이후 나를 무척 찾았겠지만 일체 신분을

▲ 팀 버크(Tim Burke)

알리지 않았지요.

미국 뉴욕 메츠의 투수이자 몬트리올 엑스포의 구원투수로 명성을 날린 유명한 야구선수 팀 버크(Tim Burke)의 이야기도 감동적입니다.

메이저리그에서 명성을 떨치던 이 선수가 서른네 살, 한창 잘 나갈 때 직업과 돈을 버리고 어느 날 야구계를 조용히 떠났습니다. 그 때 받고 있던 연봉은 200만 달러, 한국 돈으로 22억 원이었습니다. 은퇴를 발표하는 기자회견도 전혀 없이 조기 은퇴의 길에 들어섰습니다. 그가 은퇴한 이유는 매우 간단했으나 놀랍습니다. 그는 다섯 명의 아이들을 입양했는데, 그 아이들을 돌보기 위해 은퇴를 결심했던 것입니다. 더 놀라운 것은 그가 입양한 아이들 모두가 장애가 있다는 것입니다.

큰 딸 스테파니는 한국에서 조산아로 태어나 심장에 구멍이 뚫려서 부모에게 버림을 받았습니다. 그녀를 수술시키고 자기 딸로 입양했습니다. 둘째 라이안은 과테말라 남자 아이로, 갑상선에 문제가 있고, 정신질환이 있는 아이입니다. 셋째 니콜은 첫째 스테파니처럼 한국 여자아이로 태어날 때부터 오른손이 없고, 심장에 문제가 있으며, 간질이 있어 하루에도 수십 번 발작을 하기 때문에 부모가 버렸다는 소식을 듣고 데려와 입양한 아이입니다. 넷째 웨인은 다리에 장애가 있는 베트남 남자아이로 길거리에 버려진 아이였답니다. 다섯째는 둘째 라이안처럼 과테말라에서 태어난 여자아이입니다. 이 아이는 입술이나 입천장이 갈라진 채로 태어나는 구순구개란 소아 선천성 질병이 있어서 버림을 받았다는데 딸로 입양한 후 치료해 주었습니다.

버그 부부는 앞으로 다섯 명을 더 데려오기 위해 방이 9개 달린 집을 지어 놓고 준비 중에 있습니다. 지난 91년 7월에 몬트리올 한 병원에서 니콜이 심장 수술을 받았는데, 그 때 그는 몬트리얼 엑스포트 팀에서 뉴욕 메츠로 이적이 되었다는 통지를 받고 떠나야 했습니다. 수술을 받은 지 1시간도 못되어 사경을 헤매는 딸의 생명을 지켜보느라고 안절부절못하는 아내를 남겨두고 뉴욕을 향할 때에 그는 은퇴를 결심했다고 합니다.

내가 있을 곳은 야구장이 아니고 아이들과 아내가 있는 가정이라고 느꼈던 것입니다. 버그는 이제 아이들 곁으로 돌아갔습니다. 낳은 부모도 돌보기를 꺼린 버림받은 생명들을 스스로 맡아서 돌보기 위해 그는 관중들의 환호와 인기와 돈과 직업 전부를 버린 것입니다. 그는 그를 찾아간 기자들에게 이렇게 말했습니다.

"내가 없어도 야구는 잘 돼 나갈 것입니다. 그러나 내 아이들은 이 아버지를 필요로 합니다. 그 애들을 돌봐줄 사람은 나밖에 없기 때문입니다."

그리고 곁에 있던 버그의 아내도 조용히 이렇게 말했다고 하지요.

"우리 아이들은 세상이 원치 않는 아이들일 거예요. 그렇지만 그 생명을 누군가 돌보아야 한다고 믿습니다. 우리는 뜨거운 가슴으로 그 일을 해낼 수 있을 것입니다. 우리는 불쌍한 이 아이들의 운명을 바꾸어 놓았습니다. 왜냐하면 이 아이들은 아무도 돌봐주지 않으면 죽을 아이들이었기 때문이니까요. 그러나 이 아이들을 키우면서 우리 부부가 깨달은 것은 오히려 이 아이들이 우리의 운명을 바꾸어 놓았다는 사실입니다. 이 아이들은 우리에게 감사라는 걸 알게 하고, 행복이 무엇인지를 깨닫게 해 주었습니다."

작은 일에도 고마움을 느끼고 그것을 허락하신 분께 감사를 표하였더니 더 커다란 축복을 내려 주시더라는 것입니다. 정말 대단한 믿음의 사람들입니다. 한 아이도 아니고 다섯이나 되는 아이들을, 그것도 정상인도 아니고 고아요, 장애인 아이들을 입양해서, 자기의 모든 것 다 내려놓고, 아이를 돌보느라고 시합 나가고 그러면 아이를 돌볼 시간이 부족하니까, 그냥 한창 잘 나가는 때에 은퇴하고 아이들을 돌보면서 사랑을 실천하고 있는 그들 부부는 진정 아름답고 많은 감동을 가져다줍니다.

위의 글을 보내주신 천안 모산 김상돈 선생님께 감사말씀 드립니다.

주는 마음이
후회 없는 인생길

아픈 만큼 인간은 성장한다.

흐르는 물이 고이면 썩어져가듯 인생살이 자신의 움직임이 정지되면 마음속에 잡초가 무성하게 자라나기 마련이지요. 사업을 하다 쫄딱 망해 버렸다거나, 남의 보증을 서 길거리 노숙자 지경에 이르거나, 선거에 출마해 쓴 잔을 들어야 했을 때, 세상과 단절하고 어떤 일에도 두려워 마음을 꽁꽁 걸어 잠궈 놓고 잡초가 무성하게 자라도록 그대로 둔다면, 언젠가는 폐인이 되고 말기에 그럴 바에야 차라리 세상에 나가 상대와 어울리도록 마음을 열어 보는 것도 훨씬 좋은 방법입니다.

듣거나 보기도 싫고, 가진 것, 있는 것, 세상만사 다 싫어 자살까지 생각이 들 때도 있지만, 그래도 마음을 다시 홀가분하게 비워버리고 가까운 곳이라도 한 바퀴 휑하니 돌고 나면, 매서운 칼바람이 소용돌이로 아픔 속 깊숙이 들어와 앓고 난 상처만큼 생체의 리듬이 살아나 고인물이 다시 흐르기 시작하면서 생기로 살아나 아픔 이상으로 인생을 성장시켜 주기에 우리네 인생사를 가리켜 고해(苦海)라고 표현하지요.

그런 가운데 서로가 의지하면서 살아가며 조화로운 인간관계를 갖는 중요한 이유로 상대에게 먼저 나 자신을 낮추는 행위는 열린 마음에서부터 시작되지요. 나 자신이 먼저 낮춰서 평지 같은 마음이 되면 다른 이들이 쉽게 건너갈 수 있어 편해지기에 경계나 울타리가 필요 없고, 장애도 없어집니다. 그리고 아무런 시비 거리가 되질 않지요. 안 그래도 어렵고 힘든 세상 그게 잘 살아가는 하나의 요령 같아 그저 보고 싶으면 보고 싶다고, 사랑한다면 사랑한다고 마음 열고, 고개 숙이고 낮추며 지고 사는 인생 공부가 제일이랍니다.

결국, 인생은 아픈 만큼 다져지고 성장된다고 하지요. 우리는 서로 기대 사는 인생이기에 배운 사람이나 그렇지 못한 사람이나 생각의 차는 따지고 보면 백지장 하나 차이랍니다.

필자가 강진에 처음 살러 와 칠량면 한림마을에 정착하여 그때 친해졌던 동갑내기 친구 최정식, 안종남 그 친구 둘이 지금까지도 돈독한 사이로 유지되고 있는 이유는 내가 먼저 낮추는 마음을 실천했기 때문입니다. 사실 이들 둘은 시골 농촌에서 농사를 천직으로 평생을 살아오며 부모님께 받은 농토로 자식들을 위해 모두 장가 시집보내며 한평생을 농사지으며 법 없어도 사는 분들이지요.

과거 어려운 시절, 초등학교도 제대로 나오지 못한 무학자들로 배움이 없었으나, 필자는 그래도 부모덕으로 대학을 나와 배우고 이들보다 세상을 좀 더 깨우친 것뿐인데 자존심 같은 내색이나 잘 배운 티를 내 본적이 한 번도 없이 이날까지도 장날에는 강진읍내 장터 주점에서 어묵이나 해장국에 막걸리 한 사발씩으로 따뜻한 정을 나누며 스스럼없이 먼저 낮추고 이들도 나와 같아지니, 그 모두가 자기하기 나름이지요.

먼저 고개 숙이고 이해하며, 이득을 가리지 않고 허심탄회하게 지내는 나날 속에 서로의 인간미가 신뢰라는 믿음으로 해를 거듭하게 되는 것은 신뢰와 믿음이란 울타리가 넓어지고 편편한 넓은 길이 됐다는 의미입니다. 울타리가 좁으면 울타리를 넓게 벌려 치면 되고, 더 이상 쌓고 싶으면 아예 울타리를 허물어버리면 그게 바로 열린 마음이 되지요.

그러나 돈 좀 가졌다고 껍적거리는 신흥졸부들이나 서울 강남지역 역삼동이나 방배동 압구정동이나 장충동 등지 부자촌에 가보면 아방궁 같은 호사스런 집에 성벽 같은 담장으로, 그것도 마음이 놓이지 않아 철조망을 2중3중 두르고, CCTV까지 설치하고 개미새끼 한 마리도 얼씬못하게 살고 있는 그런 어설픈 자들을 보며 한심한 생각이 듭니다. 일본이나 외국의 집들은 경계만 있을 뿐 울타리가 없는 것이 특징이지요.

세계에서 아파트가 제일 많은 우리나라가 아파트가 없던 시절에는 이웃과 호박넝쿨 인심마냥 담장 너머 제삿밥도 밤에 깨워서까지 나눠 먹으며 잘도 지냈는데, 오늘날은 비둘기 통마냥 아파트들마다 문을 꼭꼭 잠그고 살아가기에, 이웃에 잔

인한 살인자 놈이 살고 있는지조차도 알 수 없어 인심이 야박하고 살벌해져 버렸습니다.

지구상에서 단일민족으로 따뜻한 정을 나누며 살아가던 그 시절이 그리울 뿐입니다. 돈이 많아야 꼭 행복하게 잘 사는 것만도 아닌데 이젠, 돈 없고 권력 없고, 배경이 없으면 찍소리 못하고 살아가야 하지만, '그래도 난 정의롭고 행복한 삶이었다.'고 담담하게 말할 수 있는 당신이라면 복 받은 사람입니다. 그러므로 행복이란 돈 많은 순서대로 매겨지거나 성적순도 아니요, 내 자신이 살아온 생애를 돌아봐서 아무 후회가 없이 바른 삶을 살아온 그런 인생이라면 진짜 행복한 사람이 아닐까요?

따지고 보면 우리 모두가 물거품 같은 인생사, 언제 쓰러질지도 모를 풀잎 끝에 이슬 한 방울인데, 사는 동안 이기적으로 꼭 살아가야만 하는지 부끄러운 모습들입니다. 강진 영랑 생가 뜰에 은행나무 두 그루는 200년이 넘었다는데도, 인간을 비웃기라도 하듯 봄이면 푸른 잎 새가 돋아나 열매가 가득하더니 어느새 가을이 되니 누렇게 물든 이파리가 바람에 뚝뚝 떨어져 쌓이며 뒹굴어 앙상한 가지만 남아도 그 자태를 뽐내는데, 우리네 인생은 채 100년도 제대로 버티지 못하고 살면서도 지지고 볶고 싸우고 욕심 부리면서 살아가야 하는 것인지? 갈 때는 누구나 한 푼도 가져갈 수 없게 하나님이 만들어 놔버렸는데도 인간들은 그걸 다 알면서도 개도 안 먹는 그놈의 돈 때문에 자식이 아버지를, 아버지가 자식을 서로 감옥에 넣고 죽이기까지 하는 세상으로 변해 버렸는지? 참으로 우리가 너나없이 죄인임을 자복하고 살아가야 합니다.

탐욕이 화를 부르고,
화가 독(毒)이 된다

　여자인 경우 남자에 배신당하거나 억울한 일에 한이 맺힐 때 그 원한이 오뉴월 서리발로 변한다는 말처럼, 목에서 끓는 화가 타서 독이 되어 뱉어내는 하얀 침을 지네의 대가리에 뱉으면 얼마 후에 결국 죽습니다. 그처럼 인간에게도 보이지 않는 무서운 독이 있지요.

　신앙적으로는 죄가 되고 죄가 쌓여 지옥 간다고 표현합니다. 속을 끓이거나 스트레스를 심하게 받거나 분노가 극에 달할 때 화로 가득 차 그게 독으로 변한 다음 인체의 모든 기관에 병의 원인 인자가 생겨나지요. 그 크고 작은 온갖 증오, 분노, 배신감, 배타심과 탐욕에 따라 복수를 하거나 참는데서 오는 병의 종류 또한 수 천 가지 질병으로 나타나게 됩니다. 과거에는 병의 종류가 2,400여 종이라 했다는데 과학문명이 발달한 현대세상에서 질병의 종류는 더 늘어나 9,000여 가지나 된다고 합니다.

이러한 괴로움의 행위는 자기만을 생각하는 이기심에서 생겨나는데, 참을 인(忍)자는 칼(刀)자 밑에 마음 심(心)으로 가슴에 칼을 얹고 있다는 표현으로 힘껏 참는다는 의미여서 진정한 승리자는 자신의 분노와 미움을 참아(忍) 이겨낸 사람입니다. 분노가 화가 되고 화가 독이 되며 원한이 복수가 돼 살인이 살인을 낳습니다. '참는다는 것', 그 자제력과 인고의 고통은 우리 인간을 다시 만듭니다.

본래 우리민족은 정이 많은 한(恨)의 나라로 표현하고, 일본 민족을 에도시대에 성주를 위해 복수를 했던 원(怨)의 민족으로 낙인이 되어 있으나 오늘날의 우리나라가 오히려 원의 민족같이 탈바꿈되고 있는 실정이지요. 그 이유는 오늘날 살아가는 현실사회가 마치 요지경 세상 같아 분노가 쌓인 원한의 복수들로 극에 다다라 삭히고 참을 길 없어 스트레스가 쌓이고 쌓여 병원들마다 환자들이 들끓는 실정이고, 살기가 어려워지면서 사회기강이 무너져 자고나면 크고 작은 사건들이 겹겹이 쌓이며 터지고 있는 현실입니다. 가장 양심적으로 살라고 외치는 종교인들마저도 완전히 기복신앙이 되어 돈 많이 내면 극락, 천당 간다고 인간을 차별화시키니 바른 신앙심이 심어질 리가 없지요.

2015년 초 조계종 자승 스님의 말씀 중에 "도대체 우리 불교가 중 정신(성직자의식 부재)이 없다. 50년간 불교가 사회에 해준 게 뭐있나? 목숨 걸고 참선 포교하겠다는 정신이 전혀 없다."고 질타했다지요. 그것은 종단 교직자들이 바른 길에 참선을 하지 않고, 잿밥에만 눈이 먼 듯 보이는 안타까운 현실을 개탄해본 사실적 표현입니다.

실상 목사, 스님, 신부나 원불교 원사님들을 일컬어 본래 기본을 갖춘 구도자라고 말하지요. 이들은 무엇을 생산하는 직업인들도 아니요, 백성의 보살핌을 받고 사는 절대 소비자들로 중생들이 가져다바친 시물(施物)에 의존해 살아가며, 오직 중생들의 평온한 구복과 구원을 바라는 길 안내자일 뿐입니다. 그런 큰 뜻에서 신부의 검은 옷은 세상과의 단절이요, 죽은 자의 상징이며, 중들의 삭발은 속세와의 단절, 즉 절연을 의미하는데 오늘날 이들 교직자들 중에는 참된 수도의 길은 가질 않고 세속인들보다 더 호화호식하거나 그럴듯한 구실로 외국나들이 혹은 재산을 증식하고 살아가면서 그것이 당연한 공짜인양 하고 살아갑니다.

필자가 사는 곳의 모 주지스님은 강연장에 자주 나와 수백 명의 공식적인 행사장에서 참된 구도의 언사발언보다 연로한 분들 앞에서까지 반 토막 혓바닥인지 반말로 지껄이는 모습을 보며 참 어중간하게 덜된 구도자임을 스스로 자처하는 모습을 보았고, 심지어는 지역 국회의원에까지 나무라는 어투의 표현을 쓰는 참 맹랑하고 가관인 중놈이로구나라고 느낀 바가 있지요. 이들에 바치는 시물이란 실로 참된 삶의 구원을 바라는 의미의 정성 금인데 마치 그게 당연하고 공짜인양 생각해버리는 이들 교직자들의 도가 지나칩니다.

한 예로 2012년 경에 정의구현사제단이란 단체의 젊은 일부 신부, 목사, 스님들이 좌파들과 합세해 촛불집회를 벌이고 사회혼란에 앞장서는 꼴을 보며 통탄했지요. 백성들의 고난과 평화를 위해 마땅히 기도하고 선도해야할 이들이 하라는 구도의 길은 가질 않고 죄파 이념자들과 결탁하여 외친 구호는 '광우병때문에 미국과 동맹을 끊어야한다.' 나요. 나라가 어지러운 시절 과거 선조임금께 올린 율곡의 상소문 만언봉사(萬言封事)에서 '조선은 하루가 다르게 붕괴되어가는 한 채의 집'으로 표현하여 부후일심지대하(腐朽日甚之大廈)라고 했다지요. 이 뜻은 '나라가 나라가 아니다'는 직언의 상소문으로 당시 목숨을 담보한 직설로 올린 글로 유명하지요. 또 7년에 걸친 임진왜란 동안, 당시 6년 7개월 영의정을 지낸 유성룡은 "하늘이 돕지 않고는 나라가 다시 일어날 수 없고, 다시 만날 수도 없는 그런 나라가 바로 조선이다."고 직언을 해 당시의 나라꼴이 엉망이었다는 사실을 증명합니다.

그런데 오늘날의 우리나라 대한민국 현실이 마치 당시 과거 조선 말기 500년 때와 비슷하게 돼가고 있다 해도 과언이 아닙니다. 정부와 국민, 국민과 계층 간에 신뢰형성이 사라지고, 부정적 사고로 들이찬 이념정치 누리꾼들은 깽판과 이간질과 당파싸움질로 네가티브가 활개치고, 정치악, 사회악, 종교악, 인간악이 하늘을 치닫고, 종북 친북세력들이 득실거리는 이때 정부가 아무리 좋은 정책을 내놓고 대통령이 입법에 아무리 호소해도 결과가 없는 실상이고, 한국 관료사회와 재벌 족들의 밀착 부패와 민생법안은 산더미 같은데 통과 시켜

주지도 않고 당파의 밥그릇 질 싸움들로 기강이 만연하여 백성의 신뢰는 땅에 떨어지고 있는 한심한 이때, 우리가 제일 먼저 해야 할 일은 우리 사회의 '인간개조' 입니다.

인생은 죽을 때까지 배운다
공부를 해야 되는 이유

필자의 막내여식이 10년 전에 영구 귀국해버린 부모를 떠나보내고 외로이 지내다 못해 피지(fiji)에서 살기가 너무 외롭고 쓸쓸해 못살겠다며 이들도 귀국해서 경기도 용인에 자리 잡은 아파트 집들이 날에 집사람과 간 일이 있답니다.

피지에서 초등학교 5년까지 다니다 온 손녀가 저에게 다가오더니 심각하게 묻기를, "할아버지, 공부를 꼭해야 되는 이유가 뭐지요?"라고 밑도 끝도 없이 묻는 질문에 "왜? 한국에 오니 공부가 싫어졌니?" 물으니 한마디로 예, 라고 분명히 말합니다. 다시 묻기를 이유가 뭔데? 하니 대뜸 하는 말이 피지에 있을 때는 학교공부보다 노는 날이 더 많고 학원도 가지 않고 좋았는데 한국에 오니 학교수업도 매일 6시간이고, 끝나면 한국어 언어학원, 개인수업(피지에서 출생한 때문), 미술학원, 피아노 학원, 컴퓨터 학원까지 통 놀 시간이 없다며 정말 지겨워 죽겠다는 하소연입니다. 먹고 싶은 과자나 초코파이, 떡볶이, 라면은 많아 좋은데 잠도 실컷 더 자고 싶은데 엄마가 잠만 많이 잔다고 맨날 야단치고, 배운 학교공부 예습복습 안한다고 야단치고, 그래서 공부에 지쳐 정말 싫으니 엄마에게 말 좀 잘해 주세요, 네! 이럽니다. 애원하듯 매달리며 말하는 손녀의 심정이 너무 안쓰러워 보이기까지 해, 그래 꼭 말해주마! 그런데 할아버지가 지금 네가 공부만은 꼭 해야 되는 이유를 말해줄까? 그건 간단 하단다. 공부란 모르는 것을 알게 해주기 때문에 너의 엄마 아빠 할아버지 할머니도 옛날부터 너같이 그렇게 하기 싫은 공부를 매 맞아 가면서까지 열심히 해서 모르는 것은 책에서 배우고 읽고 알게 돼 살아온 것이란다.

하기 싫은 공무를 도대체 왜 꼭해야 하는가? 라는 물음은 마치 철학적 질문과 진배없었습니다. 그래서 이 애에게 네가 공부 등 뭐든지 열심히 하면 커서 훌륭한 사람이 되니까 시작하라는 거야! 그래서 네가 지금부터 공부를 마치려면 (앞으로 대학졸업까지 15년은 더 남았다는 말은 참아 가여워 할 수가 없어 겨우 말하기를) 이제 겨우 시작하는 거란다.

그러니 그냥 해, 너네반 애들도 안하면 안 되는 건 줄 아니까. 그러려니 생각하고 다 하잖니! 공부는 지겨워도 꼭 해야 되는 거야. 그 말에 손녀가 그래도 난 하기 싫은데 하며 눈가에 눈물이 글썽글썽해 금방이라도 울음보가 터질 것 같은 표정에, 그럼 넌 공부 안하면 뭘 할 건데? 이 물음에 할아버지!

나 돈만 많이 벌면 되지 뭐. 그래도 돈 많이 벌려면 돈 버는 방법이나 모르는 일상의 모든 일을 책속에서 알려주기 때문에 공부는 해야 하는 거야. 그러니 열심히만 하면 같은 반의 친구들보다 노력한 만큼 1등도 할 수 있단다. 알겠니?

내 반 짝꿍남자 지수 엄마는 공부 안했다는데 시장에서 장사만 잘해 돈 잘 번다고 하던데요? 그 말에, 공부라는 건 말야! 모르는 걸 더 알게 만들기에 오랜 옛날부터 책속에다 어떻게 돈이 만들어졌고, 어떻게 돈을 벌고, 피아노는 어떻게 치고, 그림은 어떻게 그리고, 네가 가진 전화기 스마트폰이나 컴퓨터를 처음 누가 발견해 만들고, 책은 누가 쓰고, 집을 어떻게 짓고 하는 것들을 네가 이 세상에 오기 전 옛날 옛적부터 이미 만들어진 것들이 무지 많은데, 그 책속에 써진 것을 배우는 것이 공부란다. 여기 할아버지가 쓴 책도 있지 않니, 봐라!

수하야! 네가 한국에 와 자주 보는 연속극이나 다큐멘터리 속에 아프리카 원주민들이 옷을 훌러덩 벗고 사는 것 봤지? 그건 배우지 못했고 옷 만드는 것을 모르기 때문이란다. 아, 그래요! 하며 그때서야 어느 정도 이해가 가는지 고개를 끄떡거립니다. 그러니 사람은 죽을 때까지 공부도 하고 뭐든지 배우면서 살아가야 훌륭한 사람이 되는 거란다. 알겠니?

수하야! 사람이 처음 아무것도 모르고 태어나 엄마젖 빨고, 그 다음 밥 먹는 것까지, 전기와 더불어 전화기나 컴퓨터도 발견했듯이 세상 모든 것을 배우지 않으면 발견할 수 없어.

벌거벗은 원시인처럼 살 수밖에 없잖니, 그러니까 공부를 해야 모르는 것을 알게 되는 거란다. 아빠, 엄마, 할아버지, 할머니도 옛날에 발명된 것들을 다시 다 알아가는 과정인 거야! 그제야 좀 알아들었는지 묻기를, 그럼 늦게 태어날수록 손해네, 공부할 게 많으니까요? 꼭 그렇진 않고 요즘에는 네가 모르는 것들을 인터넷에 검색해 보면 다 알게 된단다. 네가 지금 제일 궁금한 것을 한번 검색해보면 그 답을 알려주게 되지, 그러니 그 찾는 공부가 얼마나 재미있겠니? 그렇지? 예. 그렇게 말해 주는 할아버지의 말에 손녀는 안도의 한숨을 쉬면서, 그럼 난 뭘 찾으면 좋을까? 라고 해서, 그러지 말고 오늘부터 학교 친구들하고 놀던 하루일이나 뭔가 너 혼자 생각나는 것들을 매일같이 일기로 한번 써보기로 하면 아주 재미있고 쉬운 공부가 될 것이란다. 그래요? 헐! 그럼 오늘부터 나 일기 쓸래요. 다음 할아버지와 만났을 때 그동안 쓴 일기 보여주기 손가락 약속할까? 약속할게요. 그렇게 손가락 걸고 바닥까지 비볐답니다.

　손녀와 이런 대화를 나눈 후 생각해보니 실상 옛날 같으면 필자의 나이가 팔순이 넘어 벌써 고려장되고도 남을 나이인데, 세상 오래 살아가다보니 손녀와 나눈 말들이 새삼 나에게로 옮겨지면서 느껴지는 감정은, 실상 내 자신도 아직까지 깨우치지 못하는 것들이 산더미 같은 미완성 투성이로, 공부하고 익혀야할 일들이 가마득히 남아있음을 실감하며 이러다 죽어버리면 얼마나 아쉬운 일일까 생각해 보면서, 살아있을 때 미루지 말고, 열심히 해 봐야겠다고 다짐해 봅니다. 그것은 잃어버린 세월을 복구하는 일보다 남아있는 세월을 더 잘 관리하겠다는 정신이 중요한 것임을 깨달았기 때문이지요.

그래서 아직은 집사람과 둘 다 건강이 허락하기에 안달하지도 않고 계획한 공부에 착수하고 있지요. 집사람과 난 남 잠 잘 때 글 읽는 공부부터 시작하며 우선 모르는 것을 읽어 깨우치기도 하고, 아직 더 배워야하는 어중간한 영어나 일본어 공부, 성경읽기나 종교서적, 음악, 그리고 고등학교 때부터 배워둔 바둑을 인터넷 넷마블 게임으로 낮에 시간 나면 즐기고 하면서 신문사에 칼럼까지 한밤중에도 열심히 글 쓰고 있답니다.

그런 와중에 매년 김인 국수배(강진 출신) 국제시니어바둑대회가 이번 차 9회(2015년 11월6~9일까지) 열렸는데 전국의 50세 이상 아마추어 백전노장들 200여 명과 외국 7개국들에서 참여해 개인 단체 시합을 하는데 필자는 군민대회 개인부에 참여해 준우승을 해 청자 쟁반 트로피와 상장을 받았습니다. 다들 노익장으로 참여해 좋은 성적이라며 격려해 주더군요.

집 사람이나 제가 초저녁잠이 많아 8시면 잠들었다 11시경에 일어나 그때부터 독서를 시작하고 거실에서 날이 새도록 컴퓨터를 두드립니다. 독서광인 집사람이 현재 읽고 있는 책을 보니 영혼을 두드리는 작가 파울로 코엘료의 장편소설 〈브리다(brida)〉였고, 나는 꿈꾸는 이는 결코 길들여지지 않는다는, 역시 코엘료의 〈알레프〉라는 책입니다.

마치 인생살이가 사는 연습처럼 평생을 익히고, 배우고, 느끼고, 깨우치면서, 이렇게 공부해도 죽을 때까지 배워도 끝없이 남아있으니 말입니다.

어느 날 건강한 80줄
노익장들의 모임

　옛날 같으면 벌써 고려장되고도 남을 나이인데 아직도 팔팔한 죽마고우 80줄 나이의 여섯 친구가 오랜만에 한자리에 모였습니다. 서울에서 세 사람, 여수에서 한 친구, 그리고 손죽도 한 친구와 나까지 여수에서 6명이 집합, 녹동 항구에서 1박하고 배에 차를 싣고 거창하게 뱃길로 여수 아래 거문도와 나라도 섬 옆에 손죽도 섬으로 2015년 5월26일 초여름, 망중한을 함께 즐기는 5박6일 동안의 바다낚시부터 꽃동네 우정의 잔치가 시작되었습니다.

　친구들 중에 유다르게 농담 끼가 많으면서 유머 섞인 우수개 소리를 잘하는 특출한 조용환 친구는 서울 한복판하고도 값비싼 노른자위 보광동 이태원에 9층 빌딩을 가지고 있는 자로 언제나 호탕한 웃음으로 유명한데 야! 너 이들 그거 아니?, 뭐 말인데? 말해 봐..........

　전직 대통령 둘이 저승 파티 장에서 우연히 만났다네. 누구

누군지 한번 맞춰봐? 그야 이승만, 최규하, 박정희. 김대중. 노무현이던가? 노태우든가? 헷갈리네.......이 사람아! 노태우 그 양반은 아직 안 돌아가시고 깔딱깔딱 숨은 잘 쉬고 있으나 나라 돈을 못다 갚아 눈을 감지 못해 좀 위태롭다는 소문이대만, 그 분 말고 말이시.......높은 바위위에서 용기 있게 거꾸로 '사까다찌(영어로 다이빙)' 한 그 양반 말일세.

아! 그렇지 참? 헌디 그 양반이 오랜만에 저승파티 장에서 우연히 만난 '최0실'을 보더니 반가워 춤 한번 추실까요? 그때 김대중 분의 눈에도 '여0계' 씨가 보여 역시 손을 내밀어 돌아가는 삼각지로 한 바퀴씩 돌아가는 중간 파티가 끝나갈 무렵 잠깐 쉬는 시간, 화장실에서 다시 노, 김 두 분이 만나니 김대중 대통령이 몹시 섭섭하다는 표정으로, 그래도 내가 당신 선임자인데 내게 젊은 최0실을 양보해줘야지.......그게 예의 아닌감? 그러나 노무현이 경상도 어투로 껄껄거리더니, 선배님과 나완 파가 영판 안 다른기요? 그게 무슨 싸가지 없는 소리당가 잉? 허기사 우리 둘 다 잘 통하는 그쪽 김일성 형님 좌파이긴 해도 말이시.........

이때 노무현이 썩 웃으며, 선배님, 오해 마이소. 좌파 우파 당파가 아니라 여기 저승에서 부르는 파가 완전히 안 다른 기요. 나와 최0실로 말하면 그래도 스스로 목숨을 끊은 자살파고, 선배님과 여0계는 병들고 비실비실 처진 늙은 촌닭 병사파가 아닌 기요? 그러니 내와는 완전히 다른 녹살 병 든 촌닭들이라 차별이 많을 것이나 염라대왕님께서 내게 미리 귀띔으로 당부하기를 두 촌닭 선배들 오랜만에 만나거든 잘 위로 대접해 주락꼬! 하데 예. 그러니 섭섭하게 생각 마이소. 야.........히 히 하 하 하.......

이렇게 웃음보가 터진 자리에서 김갑환 친구가 질세라 심각한 어조로 그럼 나도 한마디 헐 것인 게 잘 들어 보시 랑께 잉..........

소개로 만난 남자와 여자가 서로 궁금증이 생겨 먼저 남자 분이 묻기를 혹시 담배는? 저 그런 건 못 피워요. 술은? 어머 입에도 못 대요. 그럼 지금까지 연애는? 전 아직 남자도 모르고 살았걸랑요. 그럼 무슨 낙으로 사시는지요? 그러자 여자는 미소를 지으며, 호호호 난 거짓말하는 재미로 산답니다. 참 취미도 괴상하네요. 그럼 남편은요? 같은 거짓말쟁이긴 하지만 그것만은 똑 소리 나게 해 준 데니까요. 호호호..... 그게 뭐 당가요. 아따! 그 거시기도 몰라요?

또 한춘성 친구가 입이 간질간질했는지 말을 끄집어내기를,

한 불교 젊은 신도가 스님! 글씨 내말 좀 들어 보시시오. 사실 제가 한 여자가 너무 예뻐 홀라당 반해 미치게 좋아하는디 속옷을 좀 벗겨보려고 그동안 무지하게 돈도 많이 투자하고, 공갈도 처보고, 술도 먹여보고, 잠 못 잠시 롱 뜨거운 찜질방에까지도 다려 가고, 별짓으로 꼬셔 봐도 이 여자가 아랫도리에 자물통을 채워 논 것인지 꿈쩍도 않습니다.

스님! 옷 좀 벗기는 방법을 가르쳐 주시오. 잉?

그 말에 스님은, 오냐 알았다. 넌 아직 멀었구나. 내가 시범

을 너 앞에서 똑 소리 나게 한번 보여줄 모양이니 날 뒤따라만 오거라. 예.........

여자에게 점잖게 다가가더니 스님이 귀에다 대고 뭐라 뭐라 소곤거리니 고개를 끄떡거리며 그러마라고 대답합니다. 그 방법은 고스톱 한판 칠 때마다 스님이 지면 점수대로 돈을 따따불로 줄 것이고, 대신 스님이 이기면 아가씨는 점수 따라 입은 옷 하나씩만 벗기로 합시다. 그런 타협 후 처음부터 돈을 많이 일어준 뒤 다시 고스톱을 시작한 스님이 이번이다 싶어 시작하는 디, 쓰리 고에, 피박에 옷 둘을 벗긴 다음, 따따불을 하고 나니 여자가 어쩔 수 없이 자물통까지 끄르더니 훌러덩 벗어 버릿당께요. 엉겁결에 놀란 스님이 눈이 휘 둥글해지며 그러면 안 된당께, 해군본부만은 숨기셔야지요? 그 말에 이왕지사 버린 몸 다 벗어 버릴 랑께 실컷 봐 버리시시요.....다급한 스님이 워메워메 큰일 났시야 .... 재발 앞이나 좀 가리시랑께요.

그걸 보던 젊은 신도가 얼이 빠져 침을 질질 흘리다 말고 납작 엎드려 절하며, 도도, 도사님!! 나 인자 소원 풀었으니 얼른 저 여자 옷 입혀 주시시오.......잉!

이렇게 우정의 밤은 웃음꽃으로 깊어 가는데 술이 빠질 수야 없지요. 제일 연상 봉회 친구가 손녀를 부르더니 푸짐하게 잡은 도다리에 감생이를 회로 뜨게 하고, 뽈락, 쏜뱅이는 매운탕으로 끓여 오래 살다보니 이런 깊은 우정의 꽃도 피었답니다.

첫날 갯가바위 근방에서 짜릿한 낚시질과 뒷날은 6톤 얀마 디젤 배로 섬 근교에서 낚아 올린 뽈락, 감생이, 우럭, 도다리, 놀램이 할 것 없이 팔뚝만한 고기들을 푸짐하게 잡는 동안 날씨마저 좋아 즐거운 망중한을 보낼 수 있었답니다.

손죽도에서 노년에 잉꼬부부라고 소문난 박봉희 친구(83)가 자식들 4남매가 다 효자고 둘째 아들놈이 미국에서 큰 사업으로 성공해 미국까지 초청받아 다녀왔다고 자식자랑을 늘어놓다가 미국 다녀온 한해 뒤에 아짐씨가 갑자기 심근경색으로 쓰러지더니 세상을 떠났다며 복받치는 울음을 참지 못해 숙연해진 자리에 함께 위로해 주기도 했답니다.

실을 이 친구가 고등학교 1학년 시절 손죽도에서 족두리 쓰고 혼사를 치룰 때 필자가 직접 섬에까지 가서 축사를 읽었던 기억을 더듬으며 그 깊고 진한 우정의 돈독함을 확인해봅니다.

가져간 각종 술로 한 잔씩 거나하게 나눈 후라서 기분도 전환할 겸 가수가 되고도 남을 서울 가락시장 중매인번영회회장이던 한춘성이가 한 곡조 뽑는 디....... '물어물어 찾아봐도 내님은 간곳이 없네......' 로부터 시작하더니 연속 일본 노래 "나미다노 사께"(눈물의 술)을 마치니 이어서 봉희 친구가 '잃어버린 30년' 이 구수하게 흘러나온 뒤 조용환이가 질세라 '남자라는 이유로 묻어두고 지낸 그 세월이 너무 길었어.' 를 부르더니 또 '와도그만 가도 그만', '충청도 아줌마' 노래까지 끝내주게 부릅니다.

참으로 80줄 노익장들의 발악 같은 환희의 밤은 새벽 1시가 넘어서야 한두 명이 코를 골기 시작하는데, 나와 용환, 춘성이 셋이 밖에 나가 하늘에 총총한 별들을 보다말고 파도치는 모래사장 해변을 함께 거닐어 봅니다.

이야기꽃은 끝없이 어린 시절 고생하며 자라던 일들을 주고받다 말고, 내가 피지에 이민 갔을 때의 이야기로 돌아가 아내와 피지 세라톤 호텔에서 망중한을 즐기던 날, 지는 환상의 석양해변 모래사장을 아내와 손잡고 거닐 때 부르던 노래 '갈대에 순정' 장면을 한국 KBS 방송국이 피지 현지에 직접 와 취재 해갔던 2002년도, KBS 제2방송 VJ특공대에서 이민 간 외국 교민사회 현지생활상 이모저모를 대사관에서 필자를 선정해 추천했다며 찾아와 촬영해 TV에 실리게 된 일을 한 춘성 친구가 한국에서 밤 10시에 직접 화면을 봤다며 반가운 전화가 왔었답니다. 피지에 사는 동안 춘성이 친구는 비싼 외국 전화요금도 아랑곳 않고 자주 했습니다.

특히 김갑환 친구는 1970년대 당시 일본에서는 유명한 레슬러 안토니오 이노끼를 상대로 대적한 한국인 역도산의 제자 박치기 왕 김일 레슬러를 직접 처음으로 한국에 데리고 와 시합을 시켰던 유명한 친구로(김종필 총리 당시), 지금도 우리나라 오락기 계통에 원조로 애니메이션 회사에서 100여 명을 거느린 회장으로 있으며, 과거 여수에서 38명 집안분의 아들로 유명하지요. 그 관계를 간단히 밝혀보면 평(枰)자 돌림 38명 중에 초대 이승만 정부 당시 미국 유학에서 돌아온 김우평 씨는 당시 부흥부 장관을 역임했고, 김문평 씨는 여수 초대 국회의원이었으며, 김수평 씨는 여순반란사건 당시에 여수경찰서장으로 있다가 나중에 남로당에 거물이 되어 북한에 올라가 김일성과 대좌한 자리에서 의견충돌로 재떨이를 던져 버리고 왔을 정도로 남로당 남쪽 총책으로 활약했던 집안들로 그 조카 환(煥)자 돌림의 족보 있는 친구입니다.

우정의 망중한은 손죽도(巽竹島) 섬으로 초대한 박봉희 친구가 손죽도에 대한 전설의 충렬공 이대원 장군의 임진왜란 당시의 전적사를 밝혀 들어보기로 했습니다.

이대원 장군은 경기도 평택 출생으로 선조 16년(1583) 무과에 급제하고, 1586년 선전관으로 있다가 나이 21세에 녹도만호가 된 후, 전라남도 수군절도사로 임명되었으나, 다음의 전과를 올리고 22세의 나이에 전사당한 후 병조참판에 추증되고, 이대원사당 충렬사가 손죽도에 전라남도 문화재 제239호로 지정돼 있습니다.

한려수도 거울같이 잔잔한 바다 여수미항에서 어린 시절 우리들 소꿉동무들은 깨댕이 홀라당 벗고 구 어판장 앞에서 바다로 뛰어들어 장군도 섬 물살에 떠밀려 아래 종포(종화동) 구등대 아래 오동도 입구에까지 떠내려갔던 그런 친구들이, 헐벗고 배가 고파 소나무 껍질을 벗겨먹으며 배를 채워 초근목피로 연명하며 자라났던 대동아전쟁 말기 어린 시절, 숫한 고난이 많았던 기억을 더듬어보며 초등학교 4년 때 해방을 맞고 중학 1학년 땐 여순반란사건으로 죽을 고비도 넘기고, 2년 뒤 6 · 25전쟁으로 중학 3년생이던 때 학도병 지원으로 먼저 간 친구(金逸煥)는 상이용사가 되고, 그 뒤로 지원입대 일보 직전에 휴전과 피난생활 속에 나라가 혼란하던 소용돌이 속에 많은 수난을 격은 80~90대 노인들의 피눈물 나던 어린 시절이었습니다.

그런 속에서 지금껏 살아남은 우리들 아름다운 우정들이 고난의 세월들이었기에 진정 허물없이 오늘에 이르도록 건강하게 살아준 만남에 감사함을 새삼 느낄 뿐입니다. 이런 만남의 우정이 따뜻한 마음 한줄기로 오염되지 않은 말 그대로 맑은 영혼의 친구들로 굳이 말이 필요치 않아도 가슴으로 느낄 수 있는 그리움이 설령 멀리 떨어져 살아간다 해도 언제나 가슴에 담아져 있는 그런 진정하고 간절한 마음들의 우정이니까요.

그런 말이 있더군요. 잘 나간다고 가까이 하고, 어렵다고 멀리하지 마라, 한번 인맥은 영원한 인맥으로 백년을 넘어서 대를 이을 사이를 만들라고 했다지요. 그처럼 진실한 우정에는 먼저 주고, 줄 땐 조건 달지 말고, 받을 거라 생각 마라, 어려울 때 함께 눈물 흘려주고 작은 봉투로라도 보탬이 되는 그게 바른 우정이고, 진실한 친구 사이는 서로가 허물없는 전화 안부부터의 첫마디가 사심 없이 야 이! 산적아, 해적아! 로부터 시작하여 어린 시절로 돌아가 허물없는 대화를 나누는 인간관계들이 될 때입니다.

이제 얼마쯤 후에 하나둘 헤어질 기약 없는 날들일지라도 다 담을 수 없는 이승에서의 우정을 진솔한 눈빛으로 나누며 황혼 길에 연연치 말고, 사는 날까지 마음의 동반자가 되어 언제나 그 모습그대로 희, 노, 애, 락을 함께 하는 지란지교 (芝蘭之交) 같은 우정들로 가는 날까지 진정으로 만수무강하시기만을 기원할 뿐입니다.

제2부

삶의 풍경

삶의 풍경
– 한번뿐인 우리 인생(人生)

인간은 부모로부터 태어나 한번뿐인 인생을 살다갑니다. 당신은 승자로 살고 싶습니까? 패자로 남고 싶습니까? 이렇게 물으면 패자로 남고 싶다는 사람은 아마도 없을 것입니다. 인생을 승자로 살아남아야 하기 때문이지요. 파울로 코엘류는 "무언가를 구하는 매 순간이 곧 그것을 만나는 순간이기에 꿈꾸는 동안만은 누구나 승리자가 될 수 있다"고 말했지요. 포기는 곧 죽음과 같기 때문이라 했습니다.

인간은 누구나가 자유의지대로 살아가는 동안 수많은 선택을 해야 하며, 그 목적을 위하여 인생의 사명이 무엇인지가 분명할 때 행복한 길이 열릴 것입니다. 그러나 한번 살아가는 인생길에는 죽는 날까지 많은 비바람을 만납니다. 그러니 변화란 곧 도전이지요. 어떤 일을 하느냐에 따라 열정과 의지가 달라질 수 있겠지요. 대나무가 매듭이 지어져야 성장하듯 우리 인생도 모진 풍랑 속 많은 경험의 순환 매듭이 거듭되는 동안 성장되기 때문입니다. 집중력과 성취감, 매듭은 참된 경력이며 새로운 도전의 출발점이 될 것입니다.

우리네 인생길이 고통의 바다라고 하지만, 세상사 애착에 너무 머물지 말고, 탐욕에서 벗어나 살아가는 삶일 때 참된 인간미가 형성될 것입니다. 우리가 이 세상을 떠날 땐 시간이라는 모래밭 위에 무엇인가 남겨 둬야할 발자국을 깊이 기억해야 합니다. 살아가는 동안 신앙생활은 당신을 바른 길로 성품을 참되게 만드는 길이며 그것은 당신이 의지하고 믿는 신앙심 속에서만이 바른 인간으로 성장되는 과정이기 때문입니다. 영적인 무능함이란 포악한 길로 결국 세상살이 낙오자가 되고 말지요.

최근 뉴스에 보면 돈을 줬네 안 받았네 딱 잡아떼면서 진흙탕 싸움질을 하는 더러운 정치판을 보면서 서민들은 꿈도 꿀 수 없는 천문학적 뇌물을 받아먹고도 뻔뻔스런 낯짝들로 오리발 내미는 이들의 모습들이 참으로 가련하고 처량해 보이기까지 합니다.

돈, 권력, 명예를 이들은 행복의 조건으로 우선순위로 잡고, 일단 챙겨놓고 난 다음 성공했다는 깃대를 높이 드는 양두구육 같은 자들이 판을 치는 세상으로 전락돼 마치 아사리판 들쥐들이 득실거리는 모습들을 보고 사는 속에서도 정의롭게 살아가는 분들도 많습니다. 자신의 장기를 떼어주고 묵묵히 살아가는 사람, 뒷골목 자선의 길에서 봉사하는 젊은이들, 어려운 이웃을 내 일인 양 살피는 그런 고마운 분들을 많이 보면서 정말 눈물이 날 지경입니다. 이 시대를 살아가는 양심 없는 분들이여! 손바닥으로 하늘을 다 가릴 수는 절대 없습니다.

서강대와 성균관대에 재직하는 두 교수분이 서울시에 거주하는 대학생들 1,613명을 대상으로 똑같은 설문조사를 나눠 한 내용 중, 아버지에게 원하는 것이 무엇인가?, 라는 질문에 46%가 돈만을 원할 뿐이라는 대답이었고, 그리고 부모가 언제쯤 돌아가시면 가장 적절한 때라 생각하는가?, 라는 질문에 63~5세가 제일 적절하다고 말했다고 합니다. 그 이유가 뭔가?, 라는 질문에 은퇴하신 후 퇴직금을 많이 남겨놓고 가는 것이 가장 이상적인 시기이기 때문이라는, 자본주의 세상에 아주 걸맞은 대답이었습니다.

어쩌다 이 시대 젊은이들이 자립으로 스스로가 잘 살아가려 하기는커녕 부모가 피땀 흘려 이뤄놓은 재산에만 호시탐탐 노리는 칼 안든 강도가 되어버렸는지?, 한숨만 나온다는 두 교수분의 대답이었고, 한편으로 자립정신으로 성공하도록 유도치 못한 부모나 선생님들의 잘못이나 책임이 크다는 사실을 깨달아야 한다고 했다지요.

유교경전에 신체발부(身體髮膚)는 수지부모(受之父母)라 했듯 내 몸과 피부는 모두 부모로부터 받았습니다. 그래서 자식은 어버이 섬기는 것이 효의 시작이요, 끝이라는 의미입니다. 하나님의 뜻에 따라 너는 한 부모의 몸을 빌어서 자신을 이 세상에 태어나게 하여 주신 가장 존귀하고 고마우신 분으로 부모와 자식관계란 천륜으로 맺어진 부자자효인 관계 때문에 부모는 자식을 사랑하고, 자식이 부모에게 효도하는 것은 인간으로서의 기본입니다. 일찍이 2,000년 전 성인이신 맹자께서는 "부모님의 병 구환으로 효자는 얼음 위에서 잉어를 얻고, 눈 속 대밭에서 죽순을 얻는 것과 같다"고 했다지요.

부모를 기쁘게 해 드리는 일은 물질적 봉양보다도 정신적 노력이 필요하지요. 언제나 부모님에 감사하고 공경하며 기쁘게 해드려야 합니다. 돈으로만 부모를 만족하기에 앞서 인간이 되라는 뜻입니다. 효도는 마음에서 우러나는 정성이야말로 행실의 근본이 됩니다. 공자님께서는 '효자가 부모님을 위해 흘린 뜨거운 눈물로 묘 앞의 소나무를 말라 죽게 했다'는 말씀과 허벅지의 살을 베어 병환 중에 계신 부모를 구해 병을 낫게 하였다는 효담도 있지요.

그러나 이제 힘없는 부모는 남들 앞에 불효한 자식 때문에 기가 죽을 수밖에 없고, 심하게는 자식에 폭행당하거나 죽임을 당하기까지 하는 무서운 세상이 돼 버렸습니다. 그런 자식이 무서워 집을 나온 노인들은 갈 곳이 없어 거리를 방황하거나 서울 한복판 종로 네거리 종묘 앞에 가면 갈 곳 없어 힘없는 노인들이 가득하고, 무료급식을 위해 줄 서 있습니다. 그런 모습들을 자식들이 한 번씩 가 현장을 보면 어떤 심정이 들까요. 필자도 서울에 가 돈 떨어져 일부러 여러 차례 줄섰다 무료급식을 받은 경험이 있답니다.

그런 어려움 속에서도 부모는 세상 사람이 다 손가락질하는 잔인한 살인범이 되었다 손치더라도 그래도 내 새끼라고 돌아서서 따뜻한 눈물을 흘립니다. 그것이 동양과 서양이 다른 정과 눈물이 많은 부자유친의 관계지요. 부모의 일생은 오직 내 자식 하나뿐인데 왜 자식들은 이런 부모님들의 마음을 모르는 것일까? 참으로 이 노후의 눈물은 누구의 탓일까요?

자식을 사랑하는 부모의 마음은 한결같아 한부모가 열 자식을 거느릴 수 있으나 열 자식은 한부모를 모시지 못합니다. 자식 버리는 부모는 없어도 부모 버리는 자식은 많습니다. 천벌이 따로 없습니다. 한 예를 들어봅니다.

필자가 직접 겪은 먼 사돈뻘 되는 분이 모 대학총장 사모님이신데, 친구들과 골프 치러 갔다가 갑자기 골프 치는 도중에 하늘에서 번개가 치더니 벼락이 골프채 끝에 닿아 급사했다지요. 필자도 장지에 가 고인을 위로하고 돌아왔지만 하늘의 그 천벌을 누가 알겠습니까? 부모는 오직 자식들만을 위해 한평생 동안 헐벗고 못 먹어도 자식만은 굶기지 않아야 한다고 긴긴 세월동안 뼈 빠지도록 자식 위해 헌신합니다. 그러나 부모에 효도하는 자식은 요즘 세상에 열 명에 한두 명에 불과하니 기가 차는 노릇이지요. 불교에서는 인간의 3,000가지 죄 중에 제일 큰 죄가 부모에 불효한 죄인데 저승에 가면 불구덩에 넣어버린다고 하지요. 거기서 살아나오면 아주 추한 더러운 벌레로 태어난다고 합니다.

잘 살고 못 사는 것은 자기분복이기에 부모를 원망할 하등의 이유가 없습니다. 다 크도록 그만큼 키워준 것에 감사할 줄 알아야 복을 받습니다. 불구로 태어나지 않은 것만으로도 고마움을 느껴야합니다. 어릴 때 갑자기 눈이 먼 헬렌 켈러나 호주 출신의 정신장애인 닉 부이지치는 날 때부터 두 팔, 두 다리가 없고 작은 발가락 두 개뿐이었지만, 그러나 그는 정상인처럼 키워준 부모 덕분에 대학을 졸업하고 수영과 악기 연주를 했다지요. 그는 지금도 세계를 순회하며 자기보다 못한 장애인들을 위해서 힘내라고 응원하며 이 세상에 태어나게 하여 주신 하나님과 부모님께 고마움을 표하며 열심히 살라고 외치면서 진실한 부모의 섬김과 감사한 믿음만 있다면 된다고 했습니다. 부모에게 불효가 그 얼마나 천벌 받는 짓인지 느껴가며 살아가야 합니다.

요지경 세상(世上)

1) 오늘의 나라 현실을 보며 눈물 흘립니다

필자 나이에 아직 살아 글을 쓸 수 있어 망정이지만, 없이 살던 어린 시절(70여 년 전쯤)에는 정말 인간 자체가 순수하고 순박함 그대로 오염되지 않았습니다. 아무리 못 먹고 헐벗고 굶주려 깨 벗고 살아갔을망정 인간다운 정이 넘쳤지요. 개천가 빨래터에 아줌마가 약에 쓴다고 그릇에다 오줌을 싸주며 눈깔사탕(오다마) 하나씩 주며, 어! 이놈 봐라, 자지 크네, 커서 뭐 할래? 이렇게 물으면 예, 하늘에 날리는 연 만들어 팔래요, 했던 기억이 납니다.

그렇게도 순박하게 자라던 시절과 지금 시대를 비교해 보니 하늘과 땅 차이입니다.

놀라는 일들이 너무 많은 세상이라 어느 땐 가슴이 두근두근 떨리고 기가 차 눈물까지 흘러내립니다. 자식이 부모를,

부모가 자식을 돈 때문에 죽이고, 집에 불 지르고, 어린이 보호사가 남의 아이를 무자비하게 폭행하고, 정신병환자를 돌봐야할 보호사가 힘없는 노인을 때려 숨지게 하고, 최근 2015년 보험금 10억 원을 노려 두 남편과 딸을 먹는 음식 속에 농약(제초제)을 조금씩 넣어 죽게 만들고, 그러면서도 그 돈으로 초호화 1,000만 원짜리 스키 구입등 호화생활을 하면서 부모를 학대하고, 견디다 못한 노인 자살률이 10만 명당 123,3명으로 OECD국가들 중 가장 높고, 부모의 이혼율이 세계 1등 국가로 집안 파산 자식들이 갈 곳 없어 청소년 자살률이 24배에 가깝다고 합니다. 나라를 지키라고 주문한 차세대 전투기, 잠수함 등 방위산업 비리의혹이 끊이질 않고, 장성급 인사들이 성폭행 추행사건으로 줄줄이 쇠고랑 차고, 대학 교수가 제자를 성폭행해 사회에 추잡하게 이름이 오르내리고, 민중의 지팡이 경찰관을 예사롭게 폭행하고, 기업, 정부, 정치권의 대기업간 뇌물과 집착비리가 굴비 엮어지듯 만연해져 완전히 아사리 판 현실사회를 보면서 우리나라가 과연 어디로 가고 있는지? 지금 내가 꿈을 꾸고 있는 것이나 아닌지 착각이 들 때가 있습니다.

날로 살벌해져가는 세상, 정말 우리나라가 이래야 되는 겁니까? 우리 사는 사회 속에는 나날이 서로간의 불신이 깊어져 거짓말과 가짜와 사기가 판을 치고, 심지어 먹는 음식물에까지 불순물로 제조하는 사회로 문밖에만 나가면 모조리 도둑놈으로 봐야한다는 말이 유행어처럼 번지고 있습니다. 마치

30~40년 전에 신출귀몰했다는 대도(大盜) 조세형을 잡아 족치니, 그가 고백하기를 "나는 좀도둑에 불과하지만, 서울 강남에는 큰 도적들이 우글거리지요. 숨겨놓은 금송아지, 금붙이에서부터 금팔찌, 다이아몬드, 물방울반지 등 수두룩한데 그 중에 일부를 내가 훔쳐와 없는 사람들 나눠주는데 그게 무슨 잘못이냐?"고 재판장 앞에 대들며 오히려 당당히 반문했던 말을 당시 국회 대 질문 때 신순범(야당 최고의원, 필자의 여수고등학교 2년 후배)가 이 사실을 밝히며, 과연 누가 진짜 대도인가라는 발언이 한때 서울 장안에 유행어가 되어 들썩들썩 웃음꺼리가 됐던 일이 기억납니다. 그가 다시 풀려났으나 몇 개월도 못가 제 버릇 개 못준다고 또 도둑질하다가 붙잡혀 쇠고랑을 찼다는 뉴스를 봤습니다.

스탕달의 소설 〈적과 흑〉에서 중세 유럽의 온갖 비리의 부정부패, 피의 음모 속에는 깊숙이 신부들이 관여돼 있음을 고발당했다. 고려 34대 공민왕으로부터 왕위실권을 빼앗아 조선 태조(1335~1408년) 임금이 된 이성계는 당시 중들이 나라를 판칠 때 온갖 현장을 보다 못해 〈중을 모조리 천민으로 취급하여 격하〉시켜버린 일이 있고, 조선 10대왕 연산군(1476~1506년)은 폭군으로 무오사화, 갑자사화, 병인사화를 일으켜 많은 선비를 죽여 중종반정으로 폐위가 되었지만, 나라의 기강을 세운 임금으로 남아 있고, 전두환 대통령은 부정축재자로 낙인 찍혀 감옥까지 간 오명을 씻을 수 없으나 청송

보호감호소를 만들어 깡패 족들을 소탕해 사회의 어지러운 기강을 잡은 공로는 인정되나 죄 없이 억울한 양민들을 마구 잡아넣어 고통을 주게 만든 오점을 남긴 분이며, 반공을 국시로 하는 대한민국에 김대중, 노무현 두 대통령은 친북세력 좌파 이념자 들을 옹호, 국가보안법을 폐지하자고 국회에 상정까지 한 분들로 이적단체(이석기 등) 등 그 잔당들이 남아 지금도 나라를 혼란시키고 있습니다.

오늘 날 우리 사회에 인륜도덕이란 단어가 어느 시대에 있었던 소리인가조차 모를 지경에 이르렀습니다. 국가의 근본은 영토와 국민, 그리고 주권이지요. 세계 유일의 우리나라 땅 덩어리가 일본 놈들과 강대국들 장난에 의해 두 동강이 나 있는데 국민들은 정신들을 못 차리고 어디로 가고 있는 건지? 중병으로 깊이 앓고 있습니다.

월남이란 나라의 이름이 흔적조차 사라져버린 상황에서 그 국민들은 이국에서 나라 없는 설움을 겪듯, 우리의 현실이 그런 처지를 겪지 말라는 법도 없게 돼버린 게 오늘날의 현실입니다. 차라리 그렇게 북한을 옹호하는 그런 빨갱이 불순분자들을 추려서 모조리 북한 땅으로 보내면 그곳에서 대환영 받을 것입니다. 전쟁이 그 얼마나 무서운 것인지 직접 피부로 겪어보지 않은 젊은이들이라 진실로 나라 앞날이 걱정됩니다.

참으로 공산당이란 이 지구상에 단 한 곳 남아있는 북한 3대 세습에 김정은까지 오늘도 호시탐탐 정복의 기회만을 노리고 있는 것쯤을 느끼고 정신들 똑바로 차려야 할 때이지만,

북한의 현 김정은의 실정이 붕괴 일보직전으로 중국마저 등을 돌려 박근혜 정부에서 신년사 때 발언한 대박론이 진실로 남북통일로 될 조짐이 커져가고 있습니다.

2) 인터넷에 오른 '한국의 부끄러운 세계 1위들'

필자가 2015년 현재 한국의 오늘에 현실이 어떻게 돌아가나 싶어 인터넷 검색창을 우연히 클릭해 보니 너무 부끄러운 측면들로 세계 제1위라는 사실에 충격을 금할 수 없어 그 내용을 여기에 한번 실어 봅니다.

1) 폭력배들을 국회의원으로 잘못 뽑아놔 의사당에서 이들 폭력배들이 난무하는 나라.
2) 대로(大路)에서 확성기로 한 달 내내 떠들어도 아무도 안 잡아가는 나라.
3) 데모 때 경찰차를 쇠파이프로 부수고, 경찰을 거지보다 더 얕잡아보는 나라.
4) 광우병(狂牛病)은 구경도 못했으면서 잊을만하면 촛불집회하며 제일 무서워하는 나라.
5) 공산국가도 아니면서 좌익 빨갱이들이 제일 날뛰고 판치는 나라.
6) 대통령 알기를 초등학교 반장 정도로 아는 웃기는 나라.

7) 남한을 때려잡겠다고 무기를 열심히 만드는 북쪽에 아낌 없이 주는 나라.

8) 교육비는 제일 많이 쓰면서 되먹지 못한 아이들만 양산 (量産)하는 나라.

9) 세계에서 제일 험한 욕지거리를 서슴없이 공공연하게 입 맛대로 써먹는 나라

10) 국가와 교육이념이 다른 집단이 학교를 쥐고 흔들어도 도무지 어쩌지도 못하는 나라.

11) 새장 같은 아파트가 폼 나는 독립주택보다도 훨씬 비싼 나라.

12) 아무리 떠들어도 눈 하나 깜짝 안하고 자기할 짓만 하 고 있는 사람이 너무 많은 나라.

13) 자기 멋대로 뉴스를 만들어서 온 국민에게 마구 방영해 도 아무 책임도 안지는 나라.

14) 웬만한 개인 빚은 조금만 기다리면 국민세금으로 다 탕 감해주는 멋진 나라.

15) 국민의 돈을 몽땅 집어삼킨 웬만한 죄도 기념일 몇 번 만 기다리면 다 없어지는 나라.

16) 방사능 오염으로 땅 바다가 70%이상 썩어가는 일본의 농산물을 쉬쉬하며 수입하는 나라.

17) 일본인 상당수가 몰래 다른 나라로 이민가고, 케나다, 호주는 일본 비자 발급을 중단하고 있는데, 한국인들만 이 일본 전역을 뱃심 좋게 돈을 물 쓰듯 관광 다니는 멋

진 나라.

18) 오염된 일본 방사능 물 캔 맥주를 한국산 맥주보다 더 선호하며 수입하는 정신 나간 나라.

19) 교통사고 세계1위를 10년 넘게 이어가고 있어도 대책 하나 없는 무서운 나라

20) 나라 안에 있는 모든 종교(천주교, 개신교, 불교등) 지도자라는 사람들이 투쟁에 맛 들려 좌와 우로 나뉘어져 아귀다툼을 해도 신도(신자)들은 맹목적으로 끌려 다니는 나라.

#어이하다 나라꼴이 이 모양 이 꼴로 되어버렸는지? 원..........

모두 정신 차렸으면 좋으련만 돈으로 선진국 되나? 정직하고 법을 지켜야 선진 시민이 되지.......이상의 인터넷 댓글을 읽으며 한심한 앞날의 나라 장래를 걱정해봅니다.

3) 나라가 망할 때 나타나는 7가지 사회악

인도의 성자 간디가 남긴 말입니다. 나라가 망할 때 나타나는 7가지 사회악을 밝히면,

1)원칙 없는 정치(politics), 2)노동 없는 부(riches), 3)양심 없는 쾌락(pleasure), 4)인격 없는 교육(education), 5)도덕

없는 상업(commerce), 6)인간성 없는 과학(science), 7)영성 없는 종교(religion) 등으로 이상 7가지를 읽으면서 마치 오늘날 우리나라에서 느끼는 자화상 같습니다.

실상, 학교에서 배우는 것이 지식이라면 사회에 나와 배우는 것은 인간의 지혜입니다. 그렇다면 우리가 과연 어떻게 해야 되는지? 일본과의 정신적 차를 예로 비교분석해 보며, 일본(日本)이 왜 우리보다 더 잘 사는 이유가 무엇일까를 하나씩 밝혀봅니다.

1) 한국인은 남 앞에 정장으로 좋은 옷 입고 나가는 것을 자랑으로 여기나, 일본인은 평범한 근무복이나 작업복 입고 다니는 걸 더 자랑으로 여긴다.

2) 한국인은 잘 먹고 큰집에 떵떵거리고 살며 호화호식 하는 것을 성공했다고 알지만, 일본인은 공기 밥에 단무지 세 쪽, 김 세 장, 된장국(미소 쓰이) 정도면 충분하다고 여긴다.

3) 한국인은 크고 으리으리한 집이나 고급 승용차를 갖고 사는 걸 자랑으로 여기나, 일본인은 재벌이나 수상도 20평 정도로 충분하다고 자족하며 사는 정신이 일반화되어 있다.

4) 한국인은 비싼 외제 승용차를 몰고 다니며 남 앞에 자랑스럽게 뽐내지만, 일본인은 소형 마티스나 자전거를 타고 다니는 것을 상식으로 생각한다.

5) 한국인은 탈세, 감세로 거짓신고가 다반사이나, 일본인은 나라에 내는 세금만은 꼬박꼬박 정직하게 납부하며

공금을 무서워해 걸리면 집안 망한다는 걸로 생각한다.

6) 한국인은 무조건 한탕으로 일확천금해 혼자만 잘 살면 그만이라 생각하지만, 일본인은 개미 같이 부지런히 단합해 일한 임금을 받아 저축하며 사는 것을 감사히 생각한다.

7) 한국인은 9번 잘하고 한번 잘못하면 손가락질로 따돌림을 당하지만, 일본인은 9번 실수해도 한번 잘한 것을 칭찬하고 격려해 준다.

8) 한국인은 조금만 알면 더 이상 배울 필요도 없다고 꽉 들이찬 물병인데, 일본인은 아무리 알아도 또 공부하고 묻고 노력하는 빈 병이다. 그래서 모르는 것을 여러 사람에게 배운다. 일본말에 "바가 산닌 아스맛대 닛꼬 히도리 가쓰"(멍청한 사람 셋이 영리한 사람 하나를 이긴다)는 속담같이 노벨상 수상자가 수십 명인데, 우리나라는 김대중외 한명도 없다.

9) 한국인은 자신을 높이고 과시하며 상대방을 깔보지만, 일본인은 자기를 먼저 낮추고 상대방을 높인다. 알면 알수록 고개 숙인다(일본 속담, 이누와 미네루호도 아다마오 사게루).

10) 한국인은 수단방법을 가리지 않고 내가 먼저 출세해야 자손이 잘 된다고 생각하나, 일본인은 열심히 노력하며 절약해야 자손도 본받아 더 잘 살게 된다는 근검절약 정신이 몸에 배어있다.

11) 한국인은 무조건 빨리빨리 1등, 최고 메이커 제품만 선

호하는 병에 걸려있으나, 일본인은 천천히 상대에 양보하는 정신이 몸에 배어 차량 사고가 적다. 서둘지 말고 천천히 하세요 (오찌쓰이대 육꾸리 시나사이), 바쁘면 돌아가라(이소게바 마와레).

12) 한국인은 나라를 잘 비판하고 대통령을 욕하기 일쑤고 개인위주이나, 일본인은 나라를 중하게 여기고 일단 수상에 당선되면 바보허깨비 총리라 해도 무조건 존경하며 바르게 듣고 따른다(둘 이상만 모이면 단합 정신이 철저하여 서로 양보한다).

13) 한국인은 모르는 것도 아는 체 단독으로 일을 처리하다가 실수하지만, 일본인은 아는것도 동료와 협의한 후 처리하고, 그래도 어려우면 전문가의 조언을 경청한다.

14) 한국인은 외국에 나갈 때 많은 돈을 낭비하며 외제를 사 돌아오지만, 일본인은 자국 상품을 들고 나가 홍보하고 돌아올 땐 빈 가방으로 돌아올 정도로 준법정신이 강하다.

15) 한국인은 높은 자에 약하고, 아부기질이 많아도 아랫사람에겐 강하나, 일본인들은 높고 낮은 차별 없이 깍듯이 대한다.(공과 사를 뚜렷이 가린다)

16) 한국은 3권 분립이 엄격하지 못하나, 일본의 검, 판사는 칼날같이 엄격해 질서가 있다.

17) 한국은 불량식품을 예사롭게 생각하여 제조자를 크게 벌주지 않으나, 일본의 경우 아무리 오래 이름난 큰 식품회

사라 해도 엄격해 회사를 폐쇄시켜 재생 못하게 해버린다.

18) 한국인은 안 먹어도 배부른 척, 없어도 있는 척, 책임 있어도 없는 척 오리발 내밀지만, 일본인은 큰 사건이 터지면 서로 자신의 책임이라고 대신 자폭해버린다(명치시대 셋뿌꾸 정신). 예로, 우리나라 노무현 대통령이나 1980년대 일본 다나카 수상의 비행기 제조회사 록키드 사건에 1급 참모가 책임지고 자결해버려 비리가 종결 돼 버림.

19) 한국인은 낭비성이 심하고, 개개인의 사치나 저축 열이 없고, 대통령이 바뀔 적마다 나라 빚이 눈덩이처럼 불어나 국민의 세금을 선심 쓰듯 써 빚이 불어나 뱃속아이까지 갚아도 못 갚을 1천2백조 원이 넘는데, 일본인은 사는 것이 그저 평범하나 개미같이 부지런 하고 저축심이 강해 그 저축한 돈을 나라에서 외국에 빌려줘 이자로 살아가는 나라.

20) 한국은 중소기업이 빈약해 대기업 눈치나 들러리만 서는 실정이나, 일본은 대기업보다 중소기업이 활성화돼 일제 부품을 구입하도록 만들어 놓음. 한국의 경우 장사가 앞으로 남고 뒤로 밑지는 이유가 비싼 일제 부품을 어쩔 수 없이 구입해야하기 때문에 실속만 챙기는 나라다.

21) 한국노조는 회사가 2천 억 이상 손실이 나도 성과급 달라고 파업하는데, 일본노조는 흑자가 나도 회사의 앞날을 생각하여 임금동결을 자처하며 끝까지 공생한다.

22) 한국인은 못하는 욕이 없이 욕 잘하는 것을 자랑으로

여기지만, 일본인은 남에게 상소리나 기분 나쁜 욕지거리 하는 사람을 저질로 보고 절대 상대하지 않는다.

23) 한국인은 상대야 어떻든 우선 이겨놓고 보며 질서를 무시해 버리지만, 일본인은 정직과 질서를 생명으로 여기고 자존심을 낮춰 남에게 폐를 끼치거나 무시하는 짓을 하지 않는다. 인간만사 처신하기가 동전의 양면과 같다고 생각하면 만사가 편하다.

24) 한국인은 귀한 손님을 밖에서 비싼 외식으로 대접하나 일본인은 귀한 손님일수록 자기 집으로 초대해 있는 그대로 정성을 다해 대접한다. 한 예로 배관계통에 세계굴지의 제일 고주파 나가이 사장이 일과가 끝난 뒤 회사차를 두고 지비겐까지 독큐센(급행열차)로 1시간 거리를 필자와 함께 타고 간 후 개인주택에서 직접 아내와 함께 상을 차려나와 검소하게 정성껏 대접하는데 놀랐다.

25) 한국인의 주량은 가히 세계인들이 놀라나 일본인들은 절대 과음치 않는다. 술 먹다 남으면 술병에 이름을 써뒤 다음에 가서 그걸 먹는데 한국인은 비싼 양주를 앞은자리에서 병째 둘러 마셔버리는 뱃장 두둑한 주정꾼들의 나라다.

26) 한국인은 의리 찾기가 진정으로 어렵지만, 일본인들은 의리를 지키기 위해 목숨 바치는 것을 자랑스럽게 여기며 공과 사가 분명하다.

27) 한국인은 전철 칸이나 거리나 할 것 없이 스마트폰으로

께임을 하며 독서량은 거의 없지만, 일본인은 독서를
많이 하고 공공장소에선 공공질서를 철칙으로 지킨다.
28) 한국인은 잘못하고도 무조건 오리발 내밀지만, 일본인
은 잘못했을 때 끝까지 책임진다.
29) 한국인은 약속을 떡 먹듯 어기지만, 일본인은 목에 칼
이 들어와도 지킨다.
30) 한국인은 자식을 추울 때 옷으로 겹겹이 입혀 뒤뚱거릴
정도지만, 일본 어린이들은 모진 추위에도 반바지를 입혀
학교에 보낸다. 그 이유는 추위에 이기는 극기 훈련이다.

4) 박근혜 대박 발언이 통일에 근거를 두고 한 말인가
- 탄허 스님의 예언을 종합해 보면

마의 태자의 예언

충주호에 있는 월악산은 신라 마지막 왕족인 마의 태자와
덕주 공주의 한(恨)이 서린 곳이다. 마의태자가 이곳을 "월악
산이 물에 비치고 항구 골에 배가 닿을 때 구국의 한이 풀릴
것이다"라는 예언을 남겼다고 한다.

1300여년이 지난 현재, 그의 말대로 월악산 아래 넓은 충주
호가 생겨서, 영봉의 그림자가 호수에 비치고, 선착장이 만들
어져 산 아래까지 유람선이 출입하게 되었으니, 마의 태자 신
라 천 년 사직의 통일조국이, 현세에 남북통일로 이루어질지

기대된다. 이에 뒷받침하는 탄허 스님의 예언발언을 밝혀본다.

탄허 스님이 1975년 무렵 월악산 자락인 제천시 한수면 송계리에 있는 덕주사(德周寺)를 들렀다고 한다. 덕주사는 신라 마지막 임금이었던 경순왕의 딸인 덕주 공주가 머물렀던 절이다. 탄허가 왔을 때 덕주사 주지를 당시 맡고 있었던 월남 스님과 이런저런 이야기를 나누던 중에, 이 풍수도참에 기반을 둔 예언이 나왔다는 것이다. 당시 이 이야기를 접한 사람들은 황당한 이야기로 여겼음은 물론이다.

"월악산 영봉 위로 달이 뜨고, 이 달빛이 물에 비치고 나면 30년쯤 후에 여자 임금이 나타난다. 여자 임금이 나오고 3~4년 있다가 통일이 된다."

그런데 1983년경 충주댐이 완성되는 게 아닌가! 충주댐에 물이 차기 시작하니까 월악산 달이 드디어 물에 비치게 된 것이다! 1983년부터 30년을 계산하면 2013년이다. 이때 여성인 박근혜의 임기가 시작되었다. 2015년은 집권 3년차에 해당하는 해이다.

월악산 예언대로라면 올해부터 통일을 향한 어떤 조짐이 나타나야 옳다. 과연 이 예언이 실현될까? 월악산 예언은 과연 맞을까? 박근혜가 대통령이 당선된 이후 신년사에서 '대박'이라고 발언한 것이 과연 맞아 떨어질까? 월악산이라고 하면 충북의 제천과 충주에 걸쳐 있는 산이다. 월악산 일대 장년 식자층 사이에서는 통일을 예언하는 이 풍수도참(風水圖讖)이 진작부터 전해지고 있었다. 이 예언의 출처를 추적해보니 불교계 고승이었던 탄허(呑虛.1913년~1983)가 그 발원지였다 (출처, 프리미엄 조선, 모산 김상돈 선생의 글 참조). 탄허 스님의 그 외 예언 발언에는 '인류의 구원은 한국에서 이루어진 다.'는 이야기도 있다.

1995년 1월 3천3백여 명이 넘는 사망실종자를 낸 일본 고 베 대지진 사건이 터졌을 때 생전에 주역을 풀어 미래세계를 예언하는데 탁월한 능력을 보여주셨던 고 탄허 스님은 생전 에 불교뿐만이 아니라 유교, 도교 등 동양사상 전반, 특히 그 중에서도 난해하다는 화엄경과 주역의 으뜸 권위자로 평가받 은 당대의 학승이다.

1983년 자신의 임종시간을 불과 10시간 차이로 예언하고 열반, 몸에서 13과의 사리가 나온 고승으로 6·25전쟁과 울 진, 삼척 공비침투사건을 사전에 예언하고, 재난에 대비함으 로써 자신의 예지능력을 입증한 일은 널리 알려진 사실이다. 그는 베트남 전쟁 당시 미국이 베트남 전쟁에서 이기지 못하 고 물러날 것임을 예언했다.

탄허 스님의 예지가 다시 화제가 된 배경은 이번 대지진이 그가 생전에 예언한 일본열도 침몰의 전조가 아니냐는 관측 때문이다. 일본 열도의 침몰에 관해 탄허 스님은 '일본은 손 방(巽方)으로 손(巽)은 주역에서 입야(入也)로 푼다. 들 입(入) 자는 일본 영토의 침몰을 의미한다.'고 설명했다. 또 현재 지 구는 지축속의 불기운(火氣)이 북극으로 들어가 빙산을 녹이 고 있는데, 북극의 얼음이 완전히 녹게 되면 일본은 영토 3분의 2 가량이 바다로 침몰하게 된다는 것이 탄허 스님의 주역으로 본 일본 운명론의 골자이다.

5) 나라가 있어야 이 민족이 있다(일본의 만행을 잊지 말자)

– 독일과 유대인, 일본과 한국인을 비교한(재미교포 한인 교육학자 명지대 객원교수 현용수 박사) 글과 일본의 식민사관 증명 조사자료 참조.

일본인 전범들은 국민에게 영웅으로 추앙받으며 호화롭게 산다. 어떻게 이런 사회에 정의가 살아있다고 할 수 있는가? 유대인 인권단체들은 4년 전부터 일본의 역사교과서 왜곡을 바로잡기 위해 일본을 방문하고 세계여론을 움직이려고 노력하고 있다.

최근 일본의 안보리 진출을 막은 것도 유대인의 영향이 지대함은 물론, 독일의 나치 정권하에서 죽어간 사람은 총 1,500만 명, 주변국 국민이 900만 명이고, 나머지 600만 명이 유대인이다. 그런데도 나치의 만행을 만천하에 알리는 일에 유독 유대인만이 특출한 이유는 무엇인가? 그들은 고난의 역사를 거역하는 교육을 시켰기 때문이다. 사회정의를 세우고 다시는 이런 비극이 세계 여러 곳에서 재발되지 않게 하기 위해서이다.

나치 게슈타포의 아이히만을 15년간 추적해 아르헨티나 농촌에서 가명으로 숨어살던 자를 1960년에 체포, 이스라엘로 압송한 뒤 사형을 선고하여 유대인 학살의 죄를 물었다. 그뿐인가. 수많은 유대인 변호사가 독일에 집요하게 요구해 엄청난 배상을 받아냈고, 스위스에 숨겨놓은 유대인 조상들의 은행계좌도 찾아내 후손에게 돌려줬다. 또 유럽에 상재해 있는 집단수용소 역사현장을 그대로 보존하게 해 세계인들에게 보여주고 있다. 미국에도 200여 개소의 대학살 박물관을 만들어 났다. 뿌리가 뽑힐 때까지 집요하게 물고 늘어진다.

왜 똑같은 전범국가 일본이 자신들의 침략을 미화하는데도 독일은 처절하리만큼 사죄하고, 또 사죄하는 입장을 취할 수밖에 없는가? 독일인과 일본인들의 국민성에도 그 이유가 있겠지만, 유대인의 집요한 투쟁이 한몫을 담당했기 때문이다. 그렇다면 투쟁만 갖고 되는가? 힘도 있어야 한다. 그 돈은 미국의 수퍼파워를 업고 일한다.

유대인의 대학살 박물관에 가면 안내자가 묻는다. 어떻게 해야 자유를 얻을 수 있나요? 정답은 "자유와 평화는 싸워서 얻는 것이지 공짜로 주어지는 것이 아니다."

왜 나치와 같은 학살의 인간들이 그렇게 오랫동안 수많은 생명을 앗아갈 수 있었나요? 그것은 "나를 비롯한 세계인이 잠잠하고 있었기 때문이다."

우리나라의 선열들은 일본군에게 잔악하고 악랄하게 무자비하도록 총칼에 순직하였다. 그런 일본이 1880년경부터 불법으로 우리나라에 주둔하여 만행을 자행한 후 결국 나라를 송두리째 빼앗아 점령하더니 36년간이나 자행한 만행도 모자라 지금도 독도를 자기들의 영토라고 주장 하는데, 왜 우리나라 위정자들은 우리나라 땅인 대마도를 멀쩡하게 뺏어갔는데도 내놓으라고 말 한마디 주장하지 못하는지 개탄치 않을 수 없다. 최근 2015년 9월에는 헌법을 다시 고쳐 전쟁을 할 수 있다고 했으니 교수나 국민들이 들고일어나도 그때뿐, 미국과 짜고 만들어버린 아베 정권의 속셈을 또 3년간 정권연장까지 신임을 받아놓은 상태이다.

　씻을 수 없는 일본군들의 만행 중에는1945년 8월 22일 일본이 미국에 항복한 후 일본에 많은 우리 교포들이 해방과 동시에 고국으로 돌아가기 위해 대기하던 당시, 일본 정부는 4,000명을 수용할 수 있는 일본의 선박 우키시마 호에 조선인 12,000명을 돌려보낸다는 명목으로 선박에 실려 산 채로 폭파하여 수장시킨 대학살극을 밝히지 않을 수 없다. 출항하여 8월 24일 오후 5시 20분쯤 일본 교토 북부 와카사만 서쪽 이즈루 해역에서 배가 폭발한다. 그 자리에서 배에 타고 있던 조선인이 수몰된다. 그러나 이 비극이 그냥 마무리되는 듯했으나 일본 천황(히로히토)은 조선인을 고국으로 돌려보내주는 감사의 마음을 가지기는커녕 도리어 죽이려했다는 소문을 퍼뜨릴 것이 염려돼 수장시켜 버린 야만적 만행을 저지른 것이다. 그러나 이 사건의 진실이 이후에 밝혀지자 미국의 지뢰폭발 때문이라고 얼버무렸으나 당시 승선해 도망친 일본 승무

원과 조선인 50여 명이 배를 탈출하며 일본정부의 계획적인 폭파로 꾸며낸 조작이라고 용감한 일본인 〈중시나다 시게루〉의 증언으로 밝혀지기도 했다.

이제 한국은 역사왜곡에 어떻게 대응해야 하는가? 그 답은 정의와 평화를 사랑하는 세계인이 함께 일어나 일본의 잔악한 횡포를 막아야 하기 때문이다. 이를 위해 한국인은 일본을 능가하는 힘을 키워야 한다. 그리고 과거를 잊는 것이 아니라 과거 고난의 역사를 끊임없이 기억하며 일본의 죄상을 파헤치고, 전범들을 국제사회가 심판하게 만들어야 한다.

여기에서 일본의 식민사관 뿌리에 대해 자료 조사한 바에 따르면 일제는 한일합방조약으로 대한제국을 강탈했고(1910년), 영구 식민지로 만들려고 조선사편수회를 설립(1922년)했으며, 식민사관을 날조한 증거가 있다. 총독부 정무총감이 편수회장, 한국인 역대 고문과 위원은 이완용, 박영효, 권중현, 어윤적, 최남선이었다. 수사관 3명과 수사관보 4명은 일본인 이마니시 류우(今西龍)를 비롯하여 홍희, 신석호, 이병도 씨 등이다.

일제는 〈일본신화 4천년사〉에 맞춘(조선 4천년) 책 858쪽으로 우리 역사를 왜곡하여 한글과 한자 혼용으로 발행(1918년)된 식민사관을 보급했다. 그 내용이 한반도가 고대 일본 영토였다는 내용이다(상기 자료는 겨레의 시조 황궁 천제원, 일봉 곽춘근 선생이 보내준 자료임). 그 내용은 '일한합방은 일한의 정치적 복고(復古)니, 그 역사는 즉 대일본제국 일부의 역사가 되니라. 신라왕국은 일본인이 건설한 것이요, 가야 금관국의 수로왕은 일본의 황족(중략), 만주는 증전(曾前) 아(我) 고구려 고(高)씨의 옛 영토임을 설 하니라.' 등이다.

편수회는 식민사관을 날조했고, 우리 고서들을 수거하여 불태웠다. 광복 이후에도 편수회 수사관보였던 이병도 씨의 저서 〈한국사대관〉, 〈한국사 고대 편〉은 금과옥조처럼 사학 강단을 식민사관으로 물들였다. 이병도 박사는 40년 후 '단군은 신화가 아닌 우리의 국조'라고 조선일보(1986,10,9)와, 〈조선상고사 1988년〉를 발표했다. 식민사관 거두가 회개했음에도 그 후세들이 모르는 척 지금까지 외면해온 부끄러운 사학이다. 그러나 식민사관 회개는 우리 역사 광복운동 시작의 종소리였다고 한다. 또한 고증 조사 자료에 의하면 1965년 일본은 한국을 대신하여 강압적으로 행사했던 간도협약이 무효라고 선언했다. 그 이유는 일본이 만주를 침략할 목적으로 철도건설권을 따내기 위해 간도협약을 체결하고, 간도의 길림지역을 청나라(중국)에 떼어주었다. 조선 말기의 남북을 합친 땅의 3분의 2가 넘는 땅을 일본이 제멋대로 떼어주고 잘못했다고 하면 그 땅이 되돌아올 것인가? 간도는 현재 중국 연변 길림지역을 말하며 우리 민족 교민 175만 명이 살고 있다. 그곳은 우리 땅임이 틀림없다(자료 1831년 바티칸 천주교 교구분활도, 출처 프랑스, 까또라즘 앙꼬레).

우리 민족은 이때부터 일본의 철저한 침략으로 인한 처절한 아픔을 당했음에도 그 깊은 상처만을 안고 나라를 되찾을 생각조차 갖지 못하는, 침략만 당한 민족이다.

한편, 한국은 이상의 자료를 밝혀내 세계만방에 호소하여 일본의 망국적 만행의 근성을 밝혀야 하고, 대학살 박물관을 만들어 미국을 비롯한 세계인들에게 하루속히 보여줘야 한다. 원수를 갚기 위해서가 아니라 정의와 자유가 넘치는 세계의 보편적 가치를 지키기 위함은 물론 우리 고유의 땅을 찾기 위해서라도 우리는 궐기하고 하루 빨리 서둘러 시행해야할 첫째의 임무여야 한다.

일본의 마지막 외무대신 마모루 시게미쓰가 천황 히로히토를 대신해서 동경 만에 정박 중이던 미조리 함상에 미국 측 대표 맥아더 장군 앞에서 항복문서에 서명할 당시 일본국 중장 우매주도 함께 서명했다. 그런 패망의 전범 나라 일본이 그때의 굴욕을 잊고 있다. 현재 야스쿠니 신사에 태평양전쟁 A급 전범 도죠 히데키(東條英機)를 비롯하여 14명을 비밀리에 합사시켰고, 기시 노부스케 외 330명의 전범 명단을 알 수가 없다. 따라서 포츠탐선언에 근거, 극동 국제재판소 소례 제5조항에 근거 유죄판결 받은 14명외에 마지막 조선 총독 아베 노부유키(그의 친손자가 현재 일본의 아베 총리)는 어떤 인물인가.

1879년 일본 이시가와 현에서 태어난 아베 노부유키(阿部信行)는1944년 7월 24일 일본 제9대 조선총독으로 부임해 우리나라 일제 강점기 마지막 시기 조선 총독을 지냈던 인간이다.

*참고: 필자가 초등학교 4학년 시절 일본인들이 1945년 8

월 15일 해방으로 항복하던 며칠전 한국을 떠나가면서 일본 이름(오야마 지로, 大山 次郎)을 사용하던 당시 여천소학교(麗川小學校) 담임 기무라 여자선생이 교실에서 했던 마지막 말을 지금도 똑똑히 기억한다. '고주넨 아도 미마쇼, 가내모찌산가 되끼대 구루, 소노도끼 미마쇼 네(50년 뒤에 만나자. 돈 많이 벌어 그때 온다)' 라는 말을 남기고 눈물을 흘리던 당시의 의미를 어려서 무엇을 뜻하는지 몰랐다.

아베 노부유키는 1897년 일본 육군사관학교를 마치고, 육군 참모본부, 총무부장, 군무국장을 거쳐 1929년 육군차관에 임명, 1939년 일본 제36대 수상이 되었지만, 5개월 만에 총사퇴한 후, 여러 직을 거치다가 1944년에 제10대 마지막 조선총독으로 취임하여 전쟁물자를 지원키 위해 인력과 물자를 일본으로 강제로 착취해갔다(이유는 비행기와 군함 건조에 필요).

*참조: 필자 집에도 당시 수저, 놋식기 등 제사용으로 조상이 쓰던 그릇 등 두 자루를 구장(지금의 이장)을 동행해 일본 헌병이 집안을 샅샅이 뒤져 강제로 착취해 가고, 선친은 강제 징용에 끌려갔음(여수 신월리 해군기지). 이때가 물적, 인적 자원수탈에 혈안이 돼 총력을 기울이던 때이고, 징용 및 근로보국대라는 명목으로 마구잡이 색출, 당시 여자 정신대 근무령도 공포해 만 12살 이상 40세 미만의 여성에게 정신

대 근무 명령서를 발부해 이에 불응시는 국가총동원 법에 의해 헌병대로 끌고 가 고문하거나 징역형을 내리기도 했다.

그런 이후 한국과 수교가 되던 해 1965년 일본에서 그에 대한 보상액을 포함해 다줬다고 떼를 쓰고 있다. 당시 임무를 수행했던 우리 측 김종필 씨 등이 차관 금 3억불에 넘어가 도장을 찍어줘 버려서 그때의 약정한 서류를 들고 나오는 실정에 우리 정부가 큰 소리 치지 못하고 있는 실정이다.

아베 노부유키는 미국이 우리나라에 들어오자 총독부에서 마지막으로 항복문서에 서명하고 일본으로 돌아가게 되는데 그 때 이 자가 남긴 유명한 말이 있다.

"우리는 패했지만, 조선은 승리한 것이 아니다. 장담하건데 조선국민이 제정신을 차리고, 찬란하고 위대했던 옛 조선의 영광을 찾으려면 100년이라는 세월이 훨씬 더 걸릴 것이다. 우리는 조선국민에게 총과 대포보다 무서운 식민교육을 심어놓았다. 결국은 서로 이간질하며 노예적 삶을 살 것이다. 보라! 실로 조선은 위대했고 찬란했지만, 현재 조선은 결국 신민교육의 노예로 전락할 것이다. 그리고 나 아베 노부유키는 다시 돌아온다."

이 얼마나 무서운 말인가? 우리는 그저 코웃음만 치고 그냥 넘어갈 일이 아니다. 일제 마지막 강점기 조선총독 아베 노부유키(阿部信行, 1875~1953)가 한반도를 떠날 때 한 말이라 정말 어이가 없기도 하고 한편으로 두렵기도 하다.

아베 총독은 일본 육사를 나와 독일유학을 다녀왔고, 군 중앙부서 요직을 거쳐 1933년 육군대장, 1939년 일본총리가 됐다. 이 자는 조선총독에 임명돼 조선인에 대한 식민지교육을 철저히 진행한 자이며, 일본 주둔 맥아더사령부가 광복직후인 1945년 12월 11일 아베를 심문할 때 그는 일본 식민정책은 한국인에게 이득이 되는 정책이었다며, 한국인은 아직도 자신을 다스릴 능력이 없기 때문에 독립된 정부형태가 되면 당파 싸움질로 다시 붕괴할 것이 틀림없다며, 남북 공동정부 수립을 적극 반대했다는 사실도 드러났다. 아베 사돈인 기시 노부스케((岸信介, 1896~1981년)는 만주국을 건설하며 일본이 아시아를 지배하려는 전략을 세웠다. 이 과정에서 철저하게 중국인과 조선인의 항일투쟁을 무력화시켰다.

현재 일본 총리인 아베 신조(安信晉三)는 바로 아베 총독의 손자이자 기시 노부스케의 외손자이고, 고조부는 정한론자로 악명이 높은 요시다 쇼인의 제자이고, 아베는 그 정한론자를 가장 숭배한다고 했다. 우리 민족에게 씻을 수 없는 상처를 안겨준 두 사람의 피를 고스란히 이어받은 우리 민족 원수의 손자인 것이다.

아베가 현재 헌법을 바꾸려는 이유가 아시아 국가와 태평양 국가의 이중정체성을 갖고 있다는 사실을 알면 쉽게 풀린다. 미국에 노골적으로 구애를 던지고 아시아 국가들은 무시함으로써 일본은 아시아를 벗어나 태평양국가로 한걸음 더 다가섰다. 이런 아베라는 자는 전후세대라서 전쟁의 아픔을 모르고 은혜갚음(온 가에시)을 전혀 무시해버린 전형적 쪽바리 침략근성으로 최후의 발악적 섬놈이기 때문이다.

일본 유명 주간지 〈슈칸문슈〉(주간문춘)에 따르면 아베 총리가 최근 말하기를 "중국은 어처구니없는 나라여도 그나마 외교 게임이 가능하지만, 한국은 그저 어리석은 국가일 뿐이고 한민족 자신을 다스릴 능력이 없다."고 했다. 이에 대해 일본 당국자들은 사실이 아니라고 전면 부인했다. 설사 이 말이 100% 사실이 아니더라도 그간 아베의 행보를 추리해 보면 두 할아버지의 잘못된 역사인식을 그대로 이어받아 답습, 간직하고 있다는 것을 알 수 있다.

필자가 앞에서 밝혀둔 한국과 일본의 비교 12항처럼 일본이란 나라가 허수아비 수상을 세워둬도 일단 수상인 지도자가 되면 그 말을 절대 따르는 민족이다. 그 한 예를 비교해 본다.

필자가 1980초년 경 무역업 당시 동경 궁성 옆 이름난 훼야몬드 호텔에 투숙, 자주 출입할 때, 명절날 보여주는 사무라이 영화 중에 '주신꾸라' 라는 영화(일본사극)로 간담이 서늘할 정도의 영화라서 아직도 잊을 수 없어 여기에 간단히 밝혀본다.

일본 쇼와지다이(昭和時代) 때나 메이지지다이(明治時代)때 있었던 사무라이 역사실화로 그 내용의 핵심을 간단히 밝혀보면, 각 곳의 성주(城主)들끼리 땅 싸움질할 때 한 성주를 위해 목숨을 바쳐 상대의 정보를 캐기 위해 심지어 자기 마누라까지 상대편에 바치며 정보를 수집하여 복수하는 영화인데, 기

어이 복수로 승리를 끝마친 무사들이 성주에 충성심을 확인하는 맹세의 하나로 '애도가와(江戶川, 동경의 옛 지명이며 도쿄 중심가를 흐르는 큰 강)'라는 곳에서 성주가 하사한 복수의 칼로 47낭인무사 모두가 차례로 할복자살(셋뿌꾸, 배를 갈라 창자를 뿌리는 짓)을 하는데 간담이 서늘할 정도이다.

실제로 일본이 패망할 마지막 당시 천황 히로히토가 하사했다는 독주 한 잔씩을 받아 마시고 미국 항공모함 굴뚝 속으로 줄줄이 직행 자결하니 미국인들이 기절초풍했다는 사실의 기록과 그 모습이 남아 있다. 여름에 보면 일본 번화가 신쥬꾸 가부끼쪼나 아사구사, 아끼하바라, 유락쬬 혹은 오사카 남바 한복판을 일본도 긴 칼을 옆에 차고 늦은 밤에 높은 게다짝에 훈도시만 하고 활보하는 미친놈들 같은 모습을 많이 볼 수 있다. 일본 여인들이 입고 다니는 쓰무기 기모노는 여자들이 속 팬티를 입지 않아 언제든지 남자들의 성노리개로 지금까지 전래되고 있다.(필자가 일본 여인을 겟세까이(별세계)라는 요정에 사업차 갔을 때 같이 간 하나모토(花本)가 직접 보라며 노 팬티를 확인해 본 바 깜짝 놀랐다.)

피는 못 속인다고 아베 이 자가 바로 이런 못된 피를 물려받아 아직도 집권기간이 몇년이나 남아 있는데, 우리를 아주 가볍게 보고 독도가 자기들 것이라 우기는데 우리도 빼앗긴 우리 땅 대마도를 내놓으라고 왜 못하는지 화가 치미는데 우리 정치인들까지 정신 차리지 못하고 있는 꼬락서니들로 당파싸움질이나 이권개입에만 눈이 멀어있으니 정말 한심할 뿐이다.

여기에서 일본 여인들의 성 개방관계를 필자가 조사해 아는 대로 다시 밝혀보면 다음과 같다. 16세기 당시 각 지역 성주들의 전쟁으로 남자들이 전쟁에 나가 많이 죽게 되자 일본을 천하 통일한 도요토미 히데요시(豊臣秀吉)는 과부가 많이 생겨난데 대한 대책으로 천황의 명령을 내려 "모든 여자들은 외출할 때 배꼽 아래(팬티)는 입지 말고 등에는 담요 같은 것을 언제나 갖고 다니다가 모르는 남자라도 자빠트리면 아무데서나 반항치 말고 누워 아이를 만들게 하라. 그것은 애국운동이다."라고 선언했다. 그게 일본인의 성개방 시작이다. 그후 2차세계대전에 패망했던 일본은 초근목피로도 살아가기가 어려워 있을 당시 일본에 입성한 미국인들에 여인의 몸을 팔아 그 돈으로 나라 건설에 큰 힘의 일조를 단단히 했다.

이후 여인은 굽 높은 게다짝을 신고 다니게 했고(도망가지 못하게), 나중에 그것이 일본 전통 기모노(쓰무기 옷 천 생산지 동경 아래 작은 섬 이름을 따)가 전통의상이 된 것인데, 등 뒤에는 반드시 스스럼없이 아무데서나 응해주는 담요를 지참했다가 자리에 깔고 했던, 순 쌍놈의 나라 전통이 오늘날 성이 개방된 나라로 사촌끼리라도 결혼하고, 사위가 장모를, 시아버지가 며느리를 붙어먹는 요지경 성관계여도, 일본 지역에 고온다습한 관계 때문에 목욕이나 온천에 매일 가야하기에 가족이 들어가 시아버지 등도 밀어주는 개판 사회지만, 배꼽 아래 사건이나 데모에 관계되는 사건은 신문에 단 한 줄도 보도되질 않는 것이 일본의 특징이며 전통이다. 그 옛날부터 지금까지 여인이 기모노 입을 때는 팬티를 입지 않는 것을 당연시한다. 일본 공중 전화박스에는 여자들의 벗은 몸 광고로 얼마짜리라고 선전 돈만 주면 즐길 수 있다.

일본에는 남자들에게 그런 특권이 부여되어 어느 여인 할 것 없이 남자의 종이며 노리게 감으로 남자들을 하늘같이 모시는 관습이 내려오고 있으며 성문제에 상호 간섭치 않는다. 그래서 아버지가 누군지 몰라 이름을 지을 때는 누웠던 정사(情事)의 장소, 주로 논밭이나 산야등지에서 정사한 장소를 기억해 내서 성(姓)씨를 붙였는데, 예를 들어 나무아래에서 했다면 기노시다(木下), 산속에서라면 야마모도(山本), 대나무 숲속이면 오다께(大竹), 콩밭에서면 오타(太田), 우물가에서면 무라이(村井), 야산에서면 야마노(山野), 개천에서면 가와베(川邊), 밭에서면 (中田), 오동나무 밑에서면 기리모도(桐木), 작은 숲속이면 고바야시(小林), 가까운 바다에서면 우추미(內海)등으로 성을 지었다. 이 밖에도 예를 들자면 얼마든지 들 수 있으나 이 정도로 충분히 이해할 만하다. 이것이 지금까지 전래된 일본인들의 성씨가 된다. 그래서 일본이란 나라는 세계에서 가장 많은 성 씨를 가지고 있는 나라로 무려 10만 개의 성이 있다. 우리나라의 경우는 중국에서 건너온 성까지 합쳐도 전부 288개다.

그런 일본이란 나라는 모두가 따지고 보면 모조리 동서인 셈이고, 사촌이나 심지어 형제간끼리도 마음만 맞으면 함께 사는 것이 예사로워 순 쌍놈들 나라라 해도 과언이 아니라는 것이 증명되고 있어 결국 담합이 잘되는 나라다.

한 예로 오사카에서 제일 번화한 거리 '난바' 시장골목 입구에 이상한 점포가 있어 들여다보니 대낮인데 여인이 나체 바람으로 서 있어 다시 돌아가 자세히 보니 마네킹이었다. 밖에 점포명이 '오도나노 오모짜야 쇼땡' (어른들이 갖고 노는 장난감 점)즉 성관계 노리개 점포인데 안을 일부러 들어가 자세히 보니 정말 별의 별 종류가 다 있었는데 그 여인의 나체 마네킹은 깜짝 놀랄 정도로 정교해 실제 사람 키 정도의 모습을 고무풍선처럼 바람을 불어넣어 만든 것이었는데 지나는 사람들의 눈을 유혹, 자극하기 위한 모습을 보며 성 개방 나라임을 실감했다.

6) 대마도(對馬島)와 독도는 분명 우리나라 땅이다

오늘날 일본은 대마도가 한국영토임을 거론할까 봐 미리 두려워 독도를 앞세워 시비를 걸고 있다는 사실을 알아야한다.

일본도 독도는 역사적으로 신라 때 이사부 장군이 점령 접수했고, 일본 메이지(明治)때 태정관지령(太政官指令)에서도 일본영토가 아님을 인정했음을 알고 있다. 그런데 저들이 왜 이렇듯 시비를 멈추지 않을까? 이유가 있다. 대마도(對馬島)가 한국영토 거론이 불거지는 것을 미리 막기 위한 고도의 전술작전이다. 대마도는 본시 우리 땅이다(對馬島本是我國之地). 이는 세종대왕이 선언한 것을 실록이 기록하고 있는 글귀다.

대마도는 명백히 우리 영토다. 부산에서 대마도까지 50km, 일본(후쿠오카)에서는138km이다. 이 대마도에 고대부터 한국인이 건너가 살았다(魏志). 고대 마한과 마주보는 땅이라 하여 우리 선조는 〈대마도〉로 명명하였다. 세종대왕은 이종무로 하여금 대마도의 왜구를 초벌하고 확실하게 조선령(경상도)에 예속시켰다. 以白山爲頭 大嶺爲背 嶺南之大馬 湖南之兩趾(백두산은 머리고, 대관령은 척추며 영남의 대마도와 호남의 탐라(제주도)를 양발로 삼는다). 이 글귀는 1750년대 제작된 〈해동지도〉에 있는 글귀다. 대마도는 우리의 땅이고, 우리민족의 한쪽 다리인 것이다. 그런데 일본이 그 대마도를 자기들 멋대로 자기영토로 편입시켜 버렸다.

우리는 일본이 잘라간 그 한쪽발(嶺南之趾)를 되찾아야한다. 일본은 임진왜란(스페인 등 서구 근대화 세력의 해양영토 약탈시기) ~식민지 시기 등 연이은 불행한 소용돌이를 이용해 대마도를 슬그머니 도둑질한 후(1871년에 일방적으로 이스하라 현으로, 1876년에는 나가사키 현에 편입), 아예 자기들 영토로 삼아 오늘에 이르고 있다. 역사적으로 조선조정(한국)은 어떤 형태가 되었든 일본에 대마도를 넘겨준 일이 전혀 없다. 도둑질해간 대마도를 두고 식민지 시대를 거치면서 '대마도는 일본 땅' 이라고 한국인뿐 아니라 그들(후손) 자신에까지 세뇌했다. 그러는데도 그 세뇌작전과 특히 조작된 일제 식민사관에 젖어 지금까지도 우리나라는 일본 땅이라 저들이 주장해도, 찍소리도 못하고 있다. 국가적인 차원에서 반드시 찾아야할 우리 땅을 찾지는 않고 당파싸움질이나 하는 닭대 가리 짓들만 하는 한심한 우리나라 입법부나 정부 위정자들의 부끄러운 작태를 국민들은 보고 있을 뿐이다.

이승만 초대 건국 대통령은 1948년 8월15일 정부수립 사흘 뒤 '역사의 진실은 어쩔 수 없다. 대마도는 우리 땅이므로 일본은 속히 반환하라'고 천명한 바 있다. 6·25직전(3년동안)까지 60여 차례나 요구했었다. 일본은 역사학회, 곡학회 등으로 하여금 대마도에 관하여 왜곡 논문을 발표케 했다. '쓰시마의 역사적 위치(1949년)', '대마도문제(1951년)〉 논문 등이 그 예다. 1950년 6·25가 발발하고 미·소가 대립하자 일본은 이때다 하고 미국에 읍소 로비를 했고, 미국은 마침내 한국을 배제한 채 일본과 다음과 같이 전후처리(센프란시스코 협정)를 하였다. 〈일본은 한국의 독립을 인정하고, 제주도, 거문도 및 울릉도를 비롯한 도서는 한국에 모든 권리와 소유권 및 청구권을 포기한다〉는 내용이다.

이 센프란시스코 조약(1951년)에서 미국은 독도와 대마도에 대해서는 영토속국을 명백히 하지 않은 것이다. 아! 대마도 보호 명문을 들어 걸림돌이 된 것이다. 이승만은 이에 불복하고 우선 평화선 선포를 통해 우선 독도만은 어족(魚族)보호명분을 들어 실효지배를 할 수 있도록 조치하였다. 지난 2005년에 확인된 미국 국무부 외교문서에 따르면 1951년 4월 27일 한국 이승만은 대마도에 관해 다음과 같이 요구했다.

한국은 일본이 대마도에 대한 모든 권리, 호칭 청구를 분명히 포기하고 그것을 한국에 돌려줄 것을 요청했다.

Korea in view of this fact the Republic of korea request that Japan specifically renounce all right, title and claim to the island of Tsushima and return it to the Repulic of Korea. 여기에서 'specifically renounce' 귀절에 주시해야 한다. 이는 외교문서로는 최초로 강력한 의사표시다. 대마도 반환문제는 우리 7000만 민족이 반드시 찾아야할 숙원이고 일본은 반드시 반환해 줘야한다.

대마도를 우리나라 땅으로 회복하는 문제에 있어 국제관례의 관점에서 아무런 제약이 있을 수 없다. 무조건 무력으로라도 뺏어야 한다. 왜냐하면 1862년에 미국의 영토가 된 일본 남부 오카사와라(小笠原)군도를 일본이 미국으로부터 일본영으로 인정받고 반환받았던 국제적 사례가 있기 때문이다. 일본이 내놓은 지도 삼국접양지도(하야시시혜이(林子平)제작, 프랑스어판)가 근거이다. 미국이 오카사와라 군도가 일본영토임이 옳다고 판단하게 한 그 지도에 오카사와라가 일본영토로 되어 있었기 때문이다. 바로 그 지도에 독도와 대마도가 엄연히 한국영토로 표기되어 있는 것이다. 최근 이에 준하는 증거들이 또 발견됐는데, 지리학자로 영국에서 활동하였던 이탈리아인 j,H,Kernot 씨가 1790년에 작성한 〈일본과 한국〉이라는 지도에서 울릉도와 독도뿐만이 아니라 대마도도 한국영토로 그려져 있는 사실이 발견된 것이다.

이 지도에는 대마도가 STRAIT OF COREA로 표시돼 있고, 특히 독도와 울릉도, 대마도에 관한 국가를 표시하는 지도 바탕색깔을 한국본토와 같은 황색으로 나타내 이들 섬이 한국령이라는 사실을 한눈에 알 수 있게 하고 있다.

일본은 이러한 일련의 사실이 부각되는 것을 차단하기 위해 머리를 독도 시비로 돌려 계속하고 있는 것이다. 이같은 일본의 속셈이 가증스럽다.

독도 시비에 말려들고 〈대마도〉를 本是我國之地라고 세종대왕이 선언한 이 확실한 증거를 두고도 우리 위정자들은 대마도가 일본 땅이라고 여기면서 살고 있는 게 현실이다. 이제 우리나라는 약소국이 아니다. 적어도 자기 것은 자기 것이라고 당당하게 따져 후손들을 위해서라도 반드시 찾아내야할 중차대한 문제이다. 정치권에서는 당파싸움질이나 밥그릇싸움질에 앞서 나 몰라라 하지 말고 대마도 반환운동을 하루빨리 벌이고, 그에 앞서 우리 네티즌들만이라도 여론을 환기시켜 반환운동의 초석이 되기를 바라는 의미에서 필자는 이 글을 실었다.

최근 한국 정부는 정신대 위안부 피해자 할머니들과 사전에 의견 청취나 협의도 없이 일본과 위안부 문제를 타결함으로써 큰 파장을 몰고 올 것 같다. 무엇보다도 10억엔(한국돈 약 100억원)으로 위안부 피해 댓가를 받는 것이 나라의 자존심을 팔아먹는 것 같고 어쩌면 위안부 할머니들을 두 번 죽인 꼴이 아닌지 모르겠다. 물론 그동안 부인만 하면서 오리발을 내밀던

현직 총리가 이를 공식 인정하고 사죄했으며 정부 당국이 돈을 내놓는 것 등은 과거에 비해 큰 진전을 보인 게 사실이지만, 그렇다 해도 피해 할머니들의 한을 풀기 어렵고 법적이 책임까지는 반대하고 있어서 어쨌든 굴욕협상이라는 이미지를 떨쳐버릴 수 없다. 이 문제는 일본이 돈으로 해결할 문제가 아니라 먼저 정신적인 죄 값인 할머니들의 한(恨)을 풀어줘야 함이 마땅하고 일본 교과서에도 분명히 반영하는 게 당연하다.

정말 일본이란 나라는 무서운 나라다. 이번 일본에서는 협상을 마친 후 벌써부터 위안부 문제의 유네스코 유산등제를 반대한다는 공방과 독도의 날 행사까지 시작되고 있다고 일본 신문들이 전하고 있다. 이들은 한일 양국간에 꼬였던 여러 문제가 위안부 문제 하나의 해결로 매듭을 풀었다고 큰소리치고 있는데, 일본의 요구에 일방적으로 끌려간 것은 아닌지, 지난 65년의 한일협정에 이어 제2의 굴욕협정이라는 생각을 떨쳐버릴 수 없다.

이런 일본이란 나라는 중차대한 외교적인 문제는 전문가들이 이미 10년 전부터 하나하나 방법을 연구해온 무서운 자들로 이번 2015년의 마지막 날을 기해 들이닥친 골머리 아픈 문제의 매듭이었던 것이다. 그러나 우리나라 정부에서는 10억엔의 협상카드에 깊은 의논이나 할머니들의 의사도 무시해버리고 이들의 꼬임에 얼씨구나 쉽게 넘어가버린 셈이다.

이에 대한 사후 대책은 신년 초부터 정부에서 만들어 대마도반환을 들고 나오면 깜짝 놀라며 잡아 뛸 것이지만, 우리는 그럴수록 강력히 주장해야한다. 그래야 찍소리 못하고 살살 기기 시작할 것으로 보인다. 우리는 이같은 방향의 외교정책을 시급히 세워야할 것이다.

일본 아베 페이스에 절대 말리지 말고 오히려 강력히 나가야 할 때이다. 우리나라는 중요한 나라정책을 즉흥적으로 결정하는 일이 없어야할 때이며, 이번 일본과의 합의는 사후 법적 책임을 분명하게 하지 못했다는데 문제가 있다. 또 최종적 불가역적으로 해결됐다고 선언하고, 향후 유엔 등 국제사회에서 이 문제로 상호 비판하는 것을 자제한다는 약속까지 해버렸다. 말로는 일본이 고노담화를 계승한다고 하지만, 이를 검증하고 입증할 수 있는 위안부의 역사적 자료는 얼마든지 있기 때문에 앞으로도 보다 강력한 대책을 세워나가야 한다. 이번 일본과의 협정을 눈여겨보며 필자가 느낀 소견임을 밝혀둔다. 현 아베 총리가 2016년 1월 의회에서 "일본 정부가 정신대를 강제로 모집한 근거가 없다."는 망언을 했고 내각에서도 정신대를 '매춘부'라고 까지 폭언한 자도 있었다.

7) 죽음의 섬나라, 발악하는 일본(日本)이 꺼져가고 있다

우리나라가 개천절이 있는 것처럼 일본도 기원절이라 하여 2차세계대전 후 1966년 기원전 660년 2월11일을 건국기념일로 정했다.

일본서기에는 '캄야마토 와레비코'란 자가 초대 천황인 '진무덴노'라고 쓰여 있지만 우리나라 백제후손임이 역사적으로 증명되고 있다. 진무덴노는 실제의 인물이 아니고, 신화로써 여겨지고 있다. 일본이란 나라는 1868년 명치유신 이후 급격히 근대국가로 성장하며 우리 한반도의 혼란을 틈타 1876년 이후 침략정책을 노골화해 대륙침략의 발판을 위해 1910년 한국을 강압으로 합병, 36년간 한민족을 식민주의로 통치, 경제착취, 민족성의 말살정책을 꾀한 우리민족의 영원한 적이며 일본은 반드시 망하고 말 것이다.

일본은 1915년 강도 같은 21개 조항으로 항복문서를 강요했다, 참혹하고 뼈아픈 일제 강점기에 필자는 36년 마지막 일본이 패망하던 말기대동아전쟁의 세대다.

더구나 일본 학계에서까지도 '임나일본부설(說)은 잘못'을 인정하고 있는데 임나일본부가 4~6세기 경 존재했다고 주장하지만, 일본이란 국호가 8세기 이후 생겼기 때문이다. 신공황후가 신라를 정벌했다는 일본서기 내용은 왜가 백제 부흥군을 일으킨 사실을 토대로 지어낸 허구라는 것이다. 또 630년까지 임나가 존재해 야마토 조정에 조공을 했다는 기록도 고령가라가 562년 신라에 병합된 역사적 사실과 명확히 배치되는 것이다. 신용하 서울대 교수는 "엄연한 역사적 사실과 진실이 명확히 드러난 만큼 일본 문화청은 식민사관에 입각한 임나표기를 즉각 바로 잡아야한다"고 강조했다.

일본 문화청의 도발은 이뿐만이 아니라 일본 중요문화재로 지정돼있는 동조여래입상은 아스카 또는 삼국시대 유물로 표기돼 있다. 그러나 그 입상은 고대 한반도 유물이라는 게 일본학계에서도 정설로 굳어져있는 현실이다(도쿄특파원 박형준, 김상훈 조사자료 참조).

　이런 일본은 그 엄청난 자기들의 잘못을 감추는 죄 값으로 천벌 받아도 마땅한 나라다.　그 이유 중 하나는 우리나라를 36년간이나 침략하고 수많은 양민을 학살하고 갖은 수탈과 징용으로 생명을 앗아간 잔인한 민족이며, 중국 남경(난징)에 1937년 11월부터 12월 3일까지 무차별 폭격 후 대학살로 양민 2,700여 명의 생명을 앗아갔고, 2만여 명을 강간하고 생매장 시킨 현장의 기록사진을 시진핑 주석이 최근 전시장을 만들어 세상에 공개하자 일본 우익단체들이 그 잔혹하고 무차별 대학살에도 반성도 않고 그 사실을 은폐 부인하고 있는 일본이다.
　또한 아베 총리라는 자는 '역사는 역사가에게 맡겨야한다.' 고 자기 입으로 말해놓고 위안부 문제에 대한 책임을 인정하기는커녕 숨기려는 처사를 보다 못한 지구촌 저명한 역사학자 187명이 2015년 5월 6일 아베신조 일본 총리에게 역사적 사실을 왜곡하지 말고 정면으로 인정할 것을 요구하는 성명을 발표하기도 했다. 또한 2015년 2월 미국 역사학자협회 소속 역사학자20여 명이 그 이전 발표한 성명이 '예비경고' 였다면 이번 성명은 '최후통첩' 이라 할 수 있다. 이런 죄과들이 쌓이고 쌓이는 대가로 일본이라는 나라는 지진이나 천재지변의 재해로 엄청난 하늘의 벌을 받고 있다는 사실을 빨리 직시해야 하는데 뉘우치지 못하는 나라다.

그 이유는 대지진과 쓰나미가 증명하고 있다. 보다 충격적인 현상은 앞으로 닥쳐올 8.5이상 9.5에 이르는 초거대 지진이 일본열도 도쿄 중심 쪽에 나타날 것이라는 예측의 사실을 숨기고 있다. 앞으로 일본 나라는 절반 3분의2이상이 바다 속으로 가라앉을 것이라는 지질학자들의 주장도 있다. 현재 일본 열도를 강타할 엄청난 지진의 에너지가 지표 아래에서 쌓여가는 것만큼 언제일지도 모를 대지진에 대한 공포증을 일본국민에게까지 숨기고 있음에 대해 우려하지 않을 수 없는 일이다. 그래서 일본은 발악하고 있으며 죽음의 섬나라 망할 날만 남았다.

더구나 2011년 3월 11일 오후 2시 46분에 일어난 일본열도를 덮친 9.0의 강진이 순식간에 일본 동북부 간토 지방에서 발생, 그로 인한 15~20여 미터의 높이로 순식간에 해일(쓰나미)이 몰려와 사람들이 피할 사이도 주지 않고, 도시와 마을, 비행장, 자동차 할 것 없이 집채까지 일시에 바다로 끌고 가 생매장시켰고, 시가지를 초토화시켜버린 사실이 증명하고 있다. 그 피해현장이 아직도 복구는 3년이 지난 지금도 요원해 죽음의 도시로 변했다.

더구나 2014년에 들면서 일본열도에 이상한 현상이 발생하는데, 이로 인해 일본인들이 공포감에 사로잡혀있다고 한다. 일본 지바 현 해안에 있는 오오하라 시의 해변에 정어리 떼죽음의 시체들이 산을 이룰 정도이고, 200kg 정도의 거대 해파리가 떼죽음을 하여 대재앙의 전조로 여기고, 일본 동부 한 섬의 해안가에 약 5km의 거리에 200~500m 밑에 심해어에 '사카케시라' 라는 갈치떼가 밀려오는 현상이 생물학자들의 말에 대형 지진의 전초전임을 예측한다.

현재 일본 영토의 70%는 세슘에 오염돼 있고, 20%는 고농도 오염지역인 후쿠시마 원자로가 체르노빌 원자로의 11배 이상이 된다는 수치다. 나가사키나 히로시마에 떨어졌던 핵폭탄은 방사 능력으로 따지면 핵발전소 1개의 1000분의 1밖에 안 된다는 사실이다. 일본에서 이번 원자로 사고로 원자폭탄 몇 천 개 터진 것과 비슷한 방사능이 밖으로 나온 것이다. 이것은 일본인은 서서히 다 죽어가는 실정이라 일본 땅을 하루 빨리 탈출하는 것이 급선무라 했다.

일본 정부에서 여론을 쉬쉬하고 있는데 돈 있는 일본인들 가족들이 벌써 미국이나 유럽 기타 지역에 산발적으로 일본을 탈출하는 일이 속출하고 있으며 10년 안에 적어도 100만 명이상이 사망할 것이라는 말들이 나오고 있다. 호주정부나 케나다정부에서는 일본가는 비자발급 마저도 최근 중단해버리고 있는데 뱃심 좋은 우리나라 사람들은 일본 전역을 여행하며 그 오염된 맥주나 물 그리고 음식을 잘도 먹고 자랑하고 다니는 실정이니 심각한 일이 아닐 수 없다.

한국인은 절대로 일본관광을 가면 안 된다. 일본여행이야말로 정말 위험한 곳이다. 특히 임산부는 더 말할 필요도 없다. 일본 전체가 죽음의 섬나라다. 방사능이 퍼져나간다고 이제야 공식적으로 인정하고 있다. 이미 퍼져나갈 대로 나갔고, 한국 해안지역과 미국 인접 근해까지 방사능 수치가 높아지고 있다는 발표다. 현재 전 일본 영토의 70%이상이 세슘에 오염, 후쿠시마 원자로는 체르노빌 원자로의 11배 이상 악화일로, 대재앙이고 추가사태가 우려된다. 이미 일본에서 기형 오이, 기형 딸기, 흉측하게 변화한 해바라기, 기형백합, 장미꽃 속에 이상한벌레들이 우굴 거리고, 기형 가지, 기형 토마토, 머리 셋인 개구리 등등 수도 없이 나타나고 있다. 일본에 가서 생선초밥은 절대 먹지 말아야한다.

일본 농산물들에서 벌써부터 방사능 피폭제 들이 수없이 나타나고 보이나 사람의 인체에는 아직 눈에 나타나지 않고 있을 뿐, 몸 안에 피폭이 진행돼 일본인들 중에 서서히 기형사태가 보여 지기 시작하는 단계일 것이라고 까지 조심히 말하고 있는 실정이다.

특히 그런 일본에 우리나라 관광인 들은 눈 하나 깜짝도 않고 겁도 없이 가니 도대체 이놈의 나라는 무슨 뱃심과 무엇을 믿고 위정자들부터 숨기고 감추려드는 건지? 도저히 이해곤란한 지경이다. 심지어 일본 근해에서 잡히는 생선을 러시아를 거쳐 한국에 팔아먹고 있으며 심하게는 우리나라에서 잡힌 국산 고등어. 동태라고까지 속이고 있는 정부가 일본 눈치

보느라 숨기고 있으니 궐기를 해서라도 정신 차리게 해야 할 제일 시급한 때인데 신문들에나 메스콤에서도 그저 우습게 입을 다물고 그냥 넘어가고 있으니 큰일이 아닐 수 없다.

그런 일본의 방사능 오염이 정말 심각한 상태로 앞으로 또 큰 지진이나 해일이 2~3년 내에 온다는 지질연구가들의 조사 자료로 나타나 한마디로 일본은 최후 발악으로 침몰하는 나라다.

지구상에서 남미의 칠레와 일본이 가장 위험한 지진 국임이 이미 증명되고, 교수, 상류층이나 원자력, 핵전문가들은 벌써 이민을 갔고, 핵 전문직에 종사하는 자들도 일본은 망했고 포기상태라는 사실로 미국으로 이민 간 한 일본 교수의 양심선언 인터뷰의 내용을 들어본다.

"내 전공분야 과목이라 나는 너무 잘 알고 있다. 일본은 이미 국가의 생명이 끝났다. 그 이유는 후쿠시마 원전 때문이며 일본정부가 엄청나게 많은 사실을 감추고 있고, 지구상에서 가장 위험한 지역이며 10년이 지나면 완전히 유령도시로 변하는 나라가 될 것이다." 그냥 국가가 끝났다고 생각하면 된다. 지금 후쿠시마 방사능의 최소 사거리가 한국의 부산해변에까지 이미 와있다고 보면 된다고 했다. 학자로서 명예와 양심을 걸고 선언한다. 일본은 머잖아 망하는데 언제까지 숨길 작정이란 말인가? 라고 인터뷰 했다는 사실이다.

최근에 기형아나 기형물고기, 기형 동물들이 무수히 생겨 쏟아져 나오고 있으면서도 일본정부가 그마저 숨기고 있다. 일본산 수입품 일체를 하루빨리 전부 중단하고 우리 국민들의 피해를 막아야 한다. 제일 급선무는 일본 가는 분들 제발 정신 차리도록 절대로 말려야 한다.

일본 방사능은 비상상태이고 일본 전역이 2~3년 내에 최악의 상황이 벌어질 것이라고 단언하는 이유로 후쿠시마 원전에서 250km나 떨어진 도쿄 만 앞바다 해저 진흙에서 지난 2015년 4월에 채취한 기준치인 8천 배크렐를 훨씬 넘는 27,000 배크렐의 세슘이 검출되었다는 사실 때문이다.

그런데 우리나라에서 수입한 맥주 3병중 1병이 일본산이라는데, 큰 충격적인 이유는 맥주 속의 물이 일본산이라는 사실이다. 우리나라에서 최근 3년간 수입맥주 시장의 68%가 급증하고 있는데 과연 그 맥주를 누가 마시는가? 정신 나간 사람들이다. 더구나 일본 북해도에서 잡히는 명태, 동태, 고등어는 전량 일본산인데 둔갑돼 팔리고 있으니 절대 사먹지 못하도록 시장에서 못 팔도록 강력히 막아야한다. 패혈증, 식도암, 램프암, 백혈병 등이 위험하니 노약자들에 절대 먹여서는 안된다. 이런 방사능으로 인해 유전 장애, 돌연변이, 피부껍질이 벗겨져나가고, 생식세포가 피폭되면 유전 장애를 몰고 온다는 사실을 빨리 알아야 한다.

이런 무섭고 엄청나게 두려운 이웃 일본이란 나라를 모르고 살아가는 우리 정부와 국민들이 정말 한심한 노릇이 아닐 수 없다. 우선 일본 관광부터 과감하게 없애버려야 한다. 그리고 일본에 사는 교민이나 우리나라 사람들은 하루빨리 일본을 탈출하도록 작전을 세워야한다.

종교란 무엇인가?

1) 종교를 통해서 본 내세와 사생관

    종교란 인생의 근본인 삶과 죽음의 문제를 놓고 종교들마다의 사생관(死生觀)을 달리하는 과정을 밝히고 있다. 여기에서 단적으로 쉽게 표현하면 기독교는 유신론의 종교이고, 불교는 무신론의 종교형태라는 근본적 차이점을 갖고 있다.

    기독교는 유신론과 타력주의(他力主義)의 종교로 하나님은 어떤 신(神)인가?

    여기에 대해서 우리 인간이 죽은 후에는 어떻게 되는 것인가? 하늘나라니 지옥(저승)이니 하는 사후관계란 과연 있는 것인가? 있다면 과연 그곳은 어떠하며 우리는 장차 어떠한 모습으로 그곳으로 가는 것일까? 더욱이 인생의 황혼기에 접어든 사람이라면 누구나가 죽음을 생각해보지 않은 이가 없을 것이고, 자기가 어떤 믿음의 종교를 가졌는가, 혹은 종교를 가지고 있지 않더라도 각각 자기 나름의 사생관을 자연스럽게 가지며 느끼게 될 것이다.

필자는 젊을 적 무역업을 하며 외국 나들이를 많이 하면서부터 자연스럽게 그런 종교관계로 어떤 믿음을 갖는 것이 바른 길인가? 라는 생각 끝에 한국과 일본을 비롯하여 동남아 각 종단을 직접 답사 체험해보는 일부터 시작하다보니 비교종교학에 심취하게 되었는데, 여기에서 각 종교의 사생관을 대표하여 〈불교〉와 〈기독교〉만은 대표로 밝혀보기로 한다.

우선 불교부터 예로 들면, 불교는 신의 존재 자체를 믿지 않는다. 그러므로 무신론의 종교형태다. 불교는 불타(佛陀)의 가르침인 동시에 사람은 누구나 다 신(神)이 될 수 있다는 것이다. 그래서 기독교에서 이거야말로 도저히 용납할 수 없는 큰 사건으로 물과 불인 차이가 된다. 부처님, 즉 불타는 신도아니요, 또 신에게 권능으로 부여받은 사람도 아니다. 그는 한 인간에 불과하다. 보리수 가야에서 6년간의 수도 끝에 인생의 대 진리를 깊이 깨우치고 깨달은 것일 뿐이다. 그러므로 불타는 완전한 각자(覺者)다.

그러므로 우리 인간은 누구나가 진지한 수도의 깨우침을 얻으면 불타, 즉 완전한 부처가 될 수 있다는 증거다. 무슨 하나님의 은총을 입거나 성령의 힘이 필요치 않다는 것이다. 그저 불타는 하나의 이상적 인간상일 뿐이다. 그는 스스로 진리를 깨닫고 완전한 지혜와 자비의 인격을 이루신 분이다. 그가 깨달은 진리의 내용이 불교이거니와, 그 진리의 내용은 이성을 가진 사람이면 누구나 다 이해할 수 있고, 납득할 수 있는 합리적인 진리다. 불법에 불가사의가 없다는 말은 바로 그런 뜻이다.

불교에 의하면 우리가 믿고 의지할 것은 자기와 진리밖에 없다. 신은 믿을 필요도 없고 신의 힘에 의지할 필요조차도 없다. 내 자신은 내 자력으로 나를 구원할 수 있고, 불성을 지니기 때문에 해탈과 열반의 자유자재경에 스스로 도달할 수 있다는 것이다. 그러기 때문에 나의 마음이 곧 부처가 되고, 심즉불(心卽佛)이 된다. '예수그리스도가 오직 나의 주(主)요, 하나님이 우리들의 등불'이라는 기독교의 타력주의적 신앙정신과는 정반대 정신이기 때문이다.

파스칼 본문에 보면, '아브라함의 신(神), 이삭의 신, 야곱의 신, 철학자 및 식자의 신이 아니다. 자기가 믿는 성경의 신은 옛날 아브라함이 믿었고, 이삭이 믿었고, 또 야곱이 믿었던 신이다. 철학자나 과학자들이 머릿속으로 생각하는 제일원인으로서의 신이나 형이상학적인 추상신이 아니라는 것이다. 자기가 믿는 신은 신앙과 예배의 대상이 되는 유일한 인격신이다. 인간은 불타가 될 수는 있어도 신은 될 수가 없다.

불교에서는 스스로의 수도에 의한 자기구원은 불가능하다. 내가 나를 구원할 수는 없는 것이다. 구원은 오직 구세주이신 그리스도를 통해서만이 한다. 빛이 내 속에 있다는 것은 불교적인 인간관이다. 빛은 나의 밖에 있고 나의 위에 있다. 그는 그리스도의 빛에 의해서 비로소 빛에 참여할 수 있다. 나는 그리스도의 빛에 의해서 비로소 빛에 참여할 수 있다. 이것이

기독교적 인간관인 것이다.

이상에서 볼 때 두 종교 간의 기본적 차이를 대비해 보면, 불교는 고(苦)의 원리와 자각의 방법과 무신론의 입장인 자력주의를 토대로 하는 이성의 종교인 반면, 기독교는 죄의 원리와 구원의 신앙방법과 유신론의 입장에서 타력주의를 토대로 하는 초 이성의 종교라 할 수 있다.

2) 불교(佛敎)의 경우

같은 동양권이면서도 인도에서 발생한 불교는 유교나 도교와는 달리 내세관이 뚜렷한 것이 특징이다. 죽음은 곧 다른 삶의 시작이요, 종말이 아니라고 본다. 전생의 업보에 따라 금생에 태어나서 다시 업을 짓고 죽으면 그 업과에 따라 내세가 열리지만, 반드시 사람으로 태어나는 것은 아니다. 사람으로 또는 축생으로 각자 자기가 지은 업에 따라 윤회유전(輪廻流傳)한다. 그렇기 때문에 살아가는 동안 선업(善業)을 쌓고 닦으며 내세를 예비하는 것이 가장 바람직한 삶의 형태라고 강조한다.

그러나 사람으로 다시 태어난다고 해도 사바세계에서 생로병사의 사고(四苦)를 면할 수 없기 때문에 윤회의 고리를 끊고 그 사슬에서 벗어날 것을 추구한다. 그것이 곧 해탈이요, 그래야 비로소 극락세계에 가서 부처가 되는 것이다.

이와 같은 윤회사상은 정업(淨業)을 닦으면 서방정토에 왕생한다는 대승불교의 정토신앙으로, 마음이 맑으면 대지가 맑아진다는 선종의 자성미타(自性彌陀) 신앙으로 발전한다. 그리하여 삶과 죽음이란 둘이 아니요, 하나라는 생사일여(生死一如)의 미학으로 승화되고, '죽음이란 한조각 뜬구름이 일어나는 것'이라고 노래한다. 그것이 곧 해탈이다.

3) 기독교(基督敎)의 경우

기원전 아테네 법정에서 피할 수도 있었던 처형을 스스로 자초하여 태연히 독배를 마셨던 소크라테스는 '인생이란 고귀한 영혼이 비천한 육신 안에서 옥살이하는 질곡이요, 죽음은 고귀한 영혼이 비천한 육신의 감옥에서 풀려나는 경사'라고 확신했기 때문에 그러할 수 있었다. 이와 같은 그리스 철학자들이 믿었던 영혼불멸설이 기독교에 들어와 정통교리가 되었다고 한다.

'나는 부활이요 생명이니 나를 믿는 자는 죽어도 살겠고, 무릇 살아서 믿는 자는 영원히 죽지 아니하리라'(요한복음 11장25절, 26절), 이것은 예수의 말씀이요. 이처럼 영생과 부활을 믿는 종교가 기독교다. 하나님을 믿고 그 가르침을 따라 살다가 죽으면 육신은 썩어 사라지지만 영혼은 하늘나라에 올라가 영원히 산다고 믿는다.

그래서 삶속에서 예수 그리스도를 영접할 때 하나님의 자녀가 되어 참 평안과 기쁨을 얻게 되고 승리자가 되어 구원을 얻게 된다(로마서8장~15, 16절). 그런 후 예수께서는 성령으로 당신 안에 거하시며 당신의 모든 삶을 주관하시고 인도하시어(요한복음14,26~27) 영원한 천국 백성으로 복을 누릴 수 있기에 시신 앞에서 눈물을 보이지 않고 오직 죽은 자를 하나님 곁으로 보내기 위하여 경건한 마음으로 찬송을 부르고 기도를 드린다.

　이 세상 우주공간에 오직 한분인 유일 절대신 여호와 하나님 이외의 조상신을 모시는 제사조차 용납지 않는다. 하늘나라에서 영화를 누리고 있을 조상의 영혼을 죄 많은 세상에 초대할 이유도 없을는지 모른다. 오직 예수가 오실 날을 믿고, 이 세상 모든 산 자와 죽은 자는 그 앞에서 심판을 받고, 결과에 따라 구원을 받는데, 산 자는 산대로, 죽은 자는 부활해서 불림을 받아 하늘나라로 올라간다고 한다. 이것이 재림이요, 부활이요, 휴거(携擧)이다.

　그래서 기독교인들은 예배를 드릴 때마다 '죄인을 사하여 주시는 것과 몸이 다시 사는 것과 영원히 사는 것을 믿사옵나이다.'라고 기도한다(사도신경).

　기독교의 핵심 교리는 한마디로 '하나님을 아는 길이다.' 그것은 자연만물을 통해서 하나님이 살아계심을 알 수 있다. 지구가 자전 공전하는 것, 지구가 23도 기울어져 4계절이 있는 것, 수많은 은하계가 충돌 없이 움직이는 것........우리는 이러한 신비한 우주만물과 자연법칙을 바라보면서 그 배후에 어떤 '지적인 창조자'가 있다는 사실을 알고, 이 엄청난 우주만물의 존재와 질서가 창조주 하나님의 손길을 느끼지 않을 수 없다(롬;1장;20). 이러한 사실증명을 하나님은 성경을 통해서 하나님의 존재가치를 알 수 있다. 이것보다 더 확실한 증거가 어디 있겠는가? 그래서 하나님은 왕 중에 왕이신 하나님이기 때문이다.

이 땅에 내려오신 하나님의 아들, 예수 그리스도를 통해서, 우리는 성경이 약 1600여 년에 걸쳐 다양한 직업을 가진 사람들에 의해 기록된 책이며 그 예언의 성취가 정확하다(딤후 3;16)고 믿는다.

그렇다면 예수님은 어떤 분이신가? 하나님은 인간의 문제를 해결해 주기 위해 구원할 계획을 세우고, 하나님이 인간의 몸을 입고 예수로 이 땅에 오신 것이며(요한복음1;14, 로마서 5;8절), 그분이 바로 예수 그리스도이시다. 예수 그리스도는 하나님을 떠난 모든 인간으로 하여금 하나님을 만나게 하시는 유일한 길 되신 참 선지자이시다. 예수 그리스도는 십자가에서 우리의 죄를 대신하여 죽으심으로 우리의 모든 죄를 해결하시고, 저주와 재앙에서 해방시키신 참 제사장이시다(마가복음10;45, 로마서8;2절).

그래서 성경은 예수님을 '그리스도'라고 말한다. 다시 말해 인간이 절대 해결할 수 없는 근본문제를 완전히 해결하신 분이다. 그런 모든 구원계획을 십자가에서 이루시고, 죽음으로 부활하셨다(고린도전서 15:3, 28). 그리고 지금도 하늘 보좌에 앉으셔서 온 세상을 통치하고 계신 분이시다.

그렇다면 모든 종교는 다 똑같은데 왜 기독교를 믿어야만 구원을 받는다는 것인가? 기독교를 배타적인 종교라고 하며 기독교만이 구원이 있다고 주장하는 이유는 오직 예수 그리스도만이 우리 인간들의 죄를 위해 대신 십자가에서 죽으셨기 때문이다. 다시 말해 예수님께서 우리 죄를 대신 지시고 십자가에서 돌아가시고, 3일 만에 다시 살아나심으로 죄와 죽음의 문제를 해결한 '다 이루었다'의 종교이기 때문이다. 죄란 아무리 착하게 살아도 자신이 지은 죄를 어찌할 수 없고, 그 굴레를 스스로 벗어날 수 없다는 것을 인정해야하기 때문이다. 천국은 착하게 사는 사람이 가는 곳이 아니라 죄가 없는 자가 가는 곳이다(롬6;23).

그렇다면 21세기 최첨단 시대에 종교분쟁만하는 종교 자체가 필요한가? 종교싸움의 불씨는 한마디로 기독교와 이슬람 간의 오랜 갈등의 대립 때문이다. 이들 두 종교의 뿌리는 하나인 아브라함의 자손으로 유일신을 믿는다는 공통점이 있다. 이들이 말하는 살아계시는 신, 즉 하나님이다. 성지 예루살렘 때문인데 그곳에 대립의 쟁점은 그리스도교, 이슬람교, 유대교의 세 종교가 자기들 성지라고 떠받들며 버티면서 신성시하는 곳이다. 기원전부터 30세기 동안이나 뺏고, 빼앗기는 분쟁의 중심지가 되었다.

거슬러 올라가 기록을 살펴보면, 본래 조상인 아브라함이 자식이 없자 여종인 하갈에게서 아들을 낳았는데 이름이 이스마엘이고, 그 나중에 본처인 사라에게서 낳은 아들이 이삭이다. 나중에 서자인 이스마엘은 쫓겨나 아랍의 조상이 되었고, 적자(嫡子)인 이삭은 하나님으로부터 약속한 아들로 인정받았다. 이 지역은 지금의 이스라엘 영토 및 점령지역인 요르단 강 서안과 가자 지구를 전부 합친 곳인데, 이스라엘이 미국의 강력한 배경을 업고 최신무기로 이 땅을 무차별 공격해 모두 차지해 버렸다. 그 산이 있었던 '통곡의 벽'마저도 헐어버리고 유대인에게는 아예 출입을 금지시켜버렸다. 이로 인한 황금사원은 회교 순례지가 되었고, 이슬람교에서는 교조 마호메트가 이 바위를 딛고 승천했다하여 3대 성지 가운데 하나로 신성시했고, 유대교에서는 이스라엘의 영웅 다윗왕의 아들 솔로몬의 신전이 서 있던 현장을 신성시하여 신에게 바치려던 시온 산을 신단으로 이 바위를 신성시 했다고 한다. 이상의 불씨로 오늘날까지 분쟁은 계속돼 전쟁의 화약고가 되어있다.

그렇다면 종교개혁이란 무엇인가? 종교개혁은 1517년 10월 31일에 독일의 마틴 루터(1483년~1546년)가 500년 전에 일으킨 개혁으로, 당시 교권의 타락과 부패 속에서 하나님의 말씀과는 전혀 상관없는 전통과 관습으로 일관된 가톨릭 교회를 향하여 하나님의 말씀으로 돌아가자는 성경중심의 신앙개혁운동을 일으킨 날을 뜻한다. 성경으로 돌아가자는 영어로 Back to the Scripture로 교회는 늘 새롭게 개혁(Reformation)되어야 한다.

첫째로 성경 권위와 예전의 회복이고, 둘째, 하나님 사람

(Leader)의 회복이며, 셋째, 대 사회적 사명(Mission)의 회복인데, 교리의 전통과 신조의 권위만을 주장하는 교권주의에서 벗어나 그리스도인들은 세상을 향하여 복음의 문을 열어가야 한다는 대 사회적 사명의 회복이다. 끝으로 넷째는 본질(Essence)의 회복으로 잘못된 관행 95개 조항을 천주가 만들어 성당 벽에 붙이고, 부패하고, 타락하여 교회의 회복을 촉구하며 개신교(항거하는 자, protestant), 즉 지금의 기독교가 이때를 계기로 탄생하게된 것이다.

그러나 우리 인간은 살기 위해 제일 중요한 빵문제를 해결해야한다. 성경에는 '사람이 떡으로만 살 것이 아니요. 하나님의 입으로 나오는 모든 말씀으로 살 것이다(마4;4)'고 했다. 인간은 본질상 짐승과 다르기에 어떤 무엇인가 나를 추구하는 공허감을 가지며, 여기에서 종교의 필요성이 제기되는 것이다.

지옥 없는 천국이란 있을 수 없기 때문에 성경은 우리가 죽은 후에 반드시 심판이 있으며, 우리 영혼이 천국 아니면 지옥으로 가게 되어 있다고 말한다. 그래서 '한번 죽는 것은 사람에게 정한 사실이요, 그 후는 심판이 있으리니(히 9장27절)'라고 하신 사실이다.

4) 천주교는 왜 제사를 허용하는가?

개신교들은 조상에게 절하고 제사지내는 것에 대해 우상숭

배라는 이유 때문에 반대하고 있는 반면, 천주교에서는 우리나라의 전통제사를 허용한다.

'천주교 신자들은 필요에 의해서 제사를 지낼 수 있다.'라고 못 박았다. 오늘의 한국인은 제사를 미신으로 생각지 않고 오로지 미풍양속으로, 돌아가신 선조들에 대한 자녀들의 효성으로 생각하기 때문이라는 것이다. 그래서 천주교에서는 한국적인 제사를 긍정적으로 보고 있는 것이다. 그래서 천주교는 가장 훌륭한 제사를 바치는 교회이다. 이 거룩한 제사를 천주교는 하느님께 바치는 거룩한 미사를 통해서 모든 제사를 바친다. 찬미의 제사, 속죄의 제사, 구원의 제사, 감사의 제사가 포함된 죽은 이들을 위한 제사를 바친다.

그 의식 중의 하나로 천주교에만 있는 "성체성사"의 하나로 신부님이 미사중에 밀떡과 포도주를 "예수의 몸과 피"로 성(聖) 변환시키는 성사(聖事)와 영성체(領聖體), 봉성체를 시행한다.

이렇게 귀한 미사성제로 하느님께 매일 제사를 바치는 천주교 신자는 참으로 행복하다. 그리고 천주교는 개신교가 쓰는 '하나님'이 아닌 '하느님'으로 쓴다. 천도교도 하느님으로 쓴다. '하느님'의 본뜻은 한마디로 '나와 우주 근원이 되는 절대자를 지칭하는 말'로 '한'에 '아'를 붙인 것은 지극히 크고 거룩하다는 뜻으로 '슬기롭다'에서 '한아님'이 으뜸의 뿌리요, 내가 돌아갈 님, 나의 빛이요, 참이요, 목숨이다. 그러므로 '한아님'이 '한울님'으로, 다시 '하느님'의 본 뜻이 된다고 썼다. 고가연구(양주동) 서문에 보면 '한'은 '하(大)'의 연

체형이며, '울'은 즉현형의 목적격으로 '하날, 한울님' 형이
된다고 했다. 함석헌 옹의 스승이었던 유영모 선생에 대해 쓰
신 박영호 서문에도 하느님으로 표기돼 있다.

인간 태초 원시사회 때 떠오르는 태양을 보면서 자연적 지
배신(支配神), 즉 태양신 숭배정신에서 나타낸 것이다. 우리
나라에서는 단군 이래로 하느님을 어원으로 사용했고, 애국
가에도 하느님이라고 부른다, 그러나 개신교에서는 하나, 둘
같이 순서적으로 부르기 쉽게 으뜸을 나타내는 뜻으로 만들
어 낸 '온 세상하나님'으로 지칭해 만들어 낸 것이기에 그 하
나님의 어휘는 개신교만의 어원임을 나타낸 것임이기에 하나
님이 아닌 하느님의 어원이 맞는다.

5) 맺는 말

위에서 세 종교를 살펴본 것처럼, 각 종교는 인간의 죽음에
각기 다른 견해와 주장을 펼치고 있다. 그러나 그 어느 것이
옳고 그르다고 꼬집어 단정할 수는 없다. 그 이유는 산 자에게
있어서 죽음이란 항상 경험 밖의 일이기 때문이다.

이런 점에서 산 자에게 있어서 죽음이란 어차피 피상적이고
관념적일 수밖에 없으며, 그것은 종교들만의 믿음이 문제이
고, 믿음을 전제로 하는 종교의 고유 영역에 속하는 것이라 할
것이다. 다만 적선을 해야 후손들이 복을 받는다고 하고(유

교), 도(道)를 닦아야 신선이 된다고 하며(도교), 이타행을 해야 극락 세상에 간다 하고(불교), 이웃을 사랑해야 천당에 간다(기독교)고 하는 등, 각기 방편은 다르지만 그 목표는 오직 하나인 것만은 틀림없다.

끝으로 의문스런 종교들의 참뜻을 밝혀보면, 우주 인생의 근본은 삶의 보람과 영광을 가르치는 것이 교육이듯 종교의 그 목적은 악한 자를 착하게 하고(至惡修善), 어리석은 자를 지혜롭게 하며(轉迷開悟), 범부를 성인되게 하고(革凡成聖), 고통이 있는 자로 하여금 즐거움을 얻게 하는 것이다(離苦得樂).

불교의 교주는 누구인가? 이분은 석가인 부처님으로 지금으로부터 2,500년 전(BC 566) 중인도 카필라국 룸비니 공원에서 4월 8일 태어났다. 부처의 부모는 아버지는 정반왕이고, 어머니는 마야 부인이다. 부처님의 출가 이유는 세상의 약육강식의 모순과 생로병사의 고통을 보고 의지할 곳 없는 자에게 의지처가 되고, 집 없는 자에게 집이 되기 위해서 출가를 결심, 부처님께서 도를 깨달았다. 그 깨달은 의미는 탐진치의 번뇌 망상을 항복받고, 천진자성을 깨달으신 것으로 마가다국 가야 성 가야림 보리수 가야 밑 금강보좌에서 35세(혹 30세) 되던 해 12월 8일 새벽 개명성을 바라보는 순간 도를 깨달았다. 그 도를 깨달아 무엇을 하셨는가? 중생을 제도하여 고통이 있는 자로 하여금 낙을 얻게 하고, 어리석은 자로 하여금 지혜 있는 자가되게 하였으며, 악한 자를 선하게 하시고, 범부를 성현 되게 하신 분이시다.

부처님이 가르쳐주신 진리는? 인연법이고 윤회와 번뇌와 기도와 참선법을 가르치셨다. 불교의 최종목표를 향해 불자 누구에게나 성불(부처님 되십시오)하라고 말한다.

인생을 살면서 꼭 지켜야할
6가지 행동과 결점
– 다음의 글은 철학자이자 정치가로 유명한 키케로가 한 말입니다.

첫째, 자기의 이익을 위해서라면 남을 희생시켜도 된다는 생각을 하지 말아야 한다.

자기중심적인 사고(思考)를 벗어나야만 한다, 자기중심적이면 극단적(極端的)이고, 이기적(利己的)이며, 배타적(exclusivism)이기에 절대 성공하지 못한다.

둘째, 변화를 알면서도 변하지 못하고 걱정만 하고 있는 것.

인간은 변화하는 것이 없으면 성장하지 못한다. 변화를 수용할 줄 알아야 성장하고, 능력을 키워나가게 된다.

셋째, 무슨 일을 할 때면 도저히 성공할 수 없다고 단정하고, 미리 움직이지 않는 것.

패배주의 의식은 대단히 위험하며, 항상 긍정적(affirmative)인 사고를 위해 과거에 매이지 말고 미래를 중요시하여 훈련해야 한다.

넷째, 나쁜 습관이나 버릇을 알면서도 고치지 않는 것.

　　　당신의 운명(運命)은 나쁜 습관이나 버릇을 얼마나 빨리 고쳐가는가에 의해 달라질 수 있다.

다섯째, 자기 계발을 게을리 하며 독서와 연구습관을 갖지 못하는 것.

　　　자기 계발은 평생에 걸쳐 해야 한다. 하면 할수록 당신의 성공의 길이 빨리 열린다. 당신의 자신에 투자(investment) 하라, 절대 도둑맞을 염려가 없다.

여섯째, 자기 사고방식이나 행동양식을 남들에게 강요하는 것.

　　　배타적인 것의 수용을 거부하는 짓, 즉 교만(arrogance)이다. 교만과 배타성은 살아가며 주의해야 한다. 성공하는 사람들의 공통점은 잘 수용한 사람이며, 타인과 다른 점은 인정하고 상대의 인격을 존중하는 것이 바로 성공하는 사람들의 특징이다.

소중한 나의 존재를 위한
몇 가지 증명

　우리 인간은 참으로 소중한 존재로 이 세상에 왔습니다.

　나의 매일매일 하루의 생각이 늘 그렇듯이 희망의 변화를 가져다주는 행복은 상대와 날마다 소통하는 신뢰와 긍정의 힘이 쌓이는 대화 속에서 값진 씨앗이 심어져, 서로 믿고 바라는 참된 인간미로 성숙될 것입니다. 그 속에서 인간은 나날이 발전되고, 서로의 공존 속에 조화로움을 발산시켜서 마음과 몸이 용솟음쳐 평화로운 감정이 늘 함께하기 때문이지요.

　그 이유는 인생사 모두가 무거운 짐들을 짊어지고 살아가기에 자기가 하기 나름이란 의미입니다. 인간은 개인적으로는 자기 인생이 완성되도록 서로 신뢰를 쌓는 존재이지만, 늘 부족한 부분을 더 채우고 고심하며 처신하는 속에 저 나름 노력하며 살아가는 우리들의 존재입니다.

　그것은 결국, 자기 의지를 세상에 나타내는 일종의 큰 변화이며 용기가 되기도 하여 나날이 발전돼 나가겠지요. 우리 인간은 누구나 그런 보이지 않는 힘에 연결된 존재로 사는 동안 사람다워야 하는데, 그러지 못하고 살아가는 인간들도 참 많습니다.

밀턴이 말했더군요. 모든 사람의 내면에는 천국과 지옥이 늘 있다고. 또 후회와 죄책감을 놓아버리고 천국을 택하라 했다지요. 신은 사랑을 통해 당신의 고통과 부서진 마음을 하나로 어루만져줄 것이라 했습니다. 그것은 곧 자신이 방황하는 길목에서 허우적거리고 길을 잃어버려 방황할 때이겠지요. 그 방황의 길을 자신감 있게 나설 수 있도록 자신이 선택된 일에 얼마만큼 열정을 바쳐서 하느냐는 의지에 달려 있기에 인간들은 끊임없이 변화하고 도전하고 성장합니다. 때로는 실수를 저지를 수도 있는 인간이기에 자만이란 환상에 빠지지 말아야 하지만, 세상사에 가장 중요한 것은 가는 길에 정의로움을 잃고 방황을 망각하는데 있습니다.

그런 삶이 자신을 감당키 어렵게 힘들도록 시련을 줄 때 그 목적한 부분을 무언가로 더 채워보려는 해답의 여운을 갈구하거나, 어떤 도움을 느끼게 될 때 심리적 믿음의 매력에 빠지며 신앙심에 도취되어 버리기도 하지요. 그것은 우리 인간이면 누구나가 언제나 미완성인 존재이기 때문이기에 자신의 목적에 적합한 기적을 끌어당기듯 매력 있는 요원한 세계의 황홀경에서 영혼의 구원을 바라며 신을 추구하게 되고 받드는 삶을 지향하게 됩니다.

그래서 인생은 마치 미완성된 책과 같다고 말한 소련의 작가 솔제니친의 소설 속에서 설파한 것처럼, 선과 악을 구별하는 것은 오직 인간의 마음에 달려있다고 말했습니다. 그러나 그것은 어디까지나 자신의 의식적인 선택에 의한 것일 뿐, 중요한 것은 숱한 '마귀의 유혹'에 끌리지 않고 바른 길을 찾는 참 신앙의 길이 중요하다는 의미입니다.

다만 온 세상이 당신을 사랑할 수 있을지라도 그 사랑이 당신의 행복 모두를 충족시켜줄 수 없듯이 당신 자신의 사랑이 넘칠 때만이 다른 사람과 함께 공유할 수 있기 때문입니다. 인생이란 공동운명체이지만 어디까지나 홀로 걸어가는 고난 속에 인격이 만들어지는 길이며, 자유로운 변화의 부분을 채우려는 과정 속에 인생의 멋이 있기에 거기에는 진정한 파트너 십이 성장으로 싹트는 관계가 될 것입니다. 그러므로 행복의 열쇠는 당신이 어떻게 반응을 느끼느냐에 따라 태도가 결정되는 사항, 바로 당신의 몫이지요. 그것은 당신이 받는 축복이 될 수도 있기에 내가 받는 그 감사의 마음은 더 많은 기쁨과 사랑이 남에게까지 전달되는 진정한 삶의 열쇠가 될 것입니다.

그와 같이 인생살이 믿음이란 참으로 소중한 신뢰의 길이 되지요. 신뢰 속에는 돈, 인맥, 힘, 또는 하나님이 당신을 알게 모르게 부여한 선물이 위대한 자산이 되기 때문에 믿음이란 신뢰를 오래토록 지켜나가는 것이 참 신앙정신과도 일치될 수도 있습니다. 가령 당신이 10분 뒤에 어찌될지도 모르는 사건에도 자신의 신실한 기도 하나로 생겨날 미래가 달라질 수가 있다는 믿음의 진실은 참으로 놀랄 사실입니다. 그럴 때, '그 기도 속의 방향은 당신이 갈구하는 선택의 길이 방해가 된다면 그 장애물을 가차 없이 잘라버리라'는 경고의 알림도 있겠지만 그 심취에 빠져버리는 마치 아편과도 같아지겠지요.

남자는 신뢰, 안정, 감사가 따르고, 여자는 보살핌과 이해와 확신이 있어야 하듯, 여자는 자아를 잃지 말아야 함이 참으로 중요합니다. 자기 자신이 잘 정돈된 곁에는 주변에 지저분한 티끌이 옮겨오지 못하듯, 인생은 자기하기 나름이지요. 그러기에 인간은 누구나 무한의 잠재력을 지닌 강인한 존재로 살아가게 마련이니까요. 그런 후 나는 강하다, 할 수 있다는 말을 스스로 외쳐 보십시오. 당신의 불안은 자신감으로 가득찰 것입니다. 그 이유는 당신이야말로 정말 이 세상에서 가장 값지고 소중한 존재로 태어났기 때문입니다.

제3부

삶에 관한 이야기들

시인 영랑(강진)과 이상화(대구)
시인의 만남

　강진의 영랑 김윤식(1902년~1950년) 선생과 대구 이상화 (1901년~1943년) 민족시인은 왜정말기 왜놈들의 압정에 항일 투쟁하다 대구형무소에 투옥된 대표적 인물들입니다.

　영랑 시인은 강진 남성리 탑동에서 태어나 서울 휘문의숙(휘 문고)을 거쳐 1919년 강진에서 학생독립운동을 모의하다 일경 에 체포되어 대구형무소에 수감되어 6개월 간 복역했으며, 1930년 시인 박용철, 정지용과 함께 동인지 〈시문학〉을 최초로 간행한 서정주의 시의 '4행소곡'의 극치 '모란이 피기까지' 외 총 87편을 모아 1935년에 첫 '영랑시집'을 간행하였습니다.

　한편 이상화 시인은 1901년 대구시 중구 서문로 2가 11번지 에서 이시우 씨의 차남으로 출생하여 1918년 중앙학교 3년 수료 후 1919년 대구에서 3,1운동 거사모임에 참석했으나 사 전에 발각돼 피신 후 1922년 백조 동인으로 창간호에 시 '말 세의 회탄' '단조' '가을의 풍경' 등을 발표, 무산계급 문예운

▲ 2013년 5월 7일 강진 대구 두 시인의 결연 행사.좌로부터 대구MBC 공재성 국장, 강진 안경순 자문의원, 강진 송하운 사무국장, 강진 김승식 부회장 강진 김선기 이사, 대구 박동준 이상화기념사업이사장, 대구 윤순영 중구청장, 강진 자문의원 필자, 강진 김상수 부회장, 강진군청 임준형 문화관광계장.

동단체인 '파이쿨라'를 결성하였습니다, 1923년에는 아테네 프랑세에 입학했다가 관동대지진에서 조선인 학살에 분노, 이 듬해 3월 귀국을 결심, 취운정에 머물면서 시 '나의 침실로' (백조3호)를 발표한 후 1926년 대표작 '빼앗긴 들에도 봄은 오는가' (개벽70호)를 발표, 개벽지가 판매 금지처분까지 받았 습니다. 이후 독립운동 자금을 마련키 위해 'ㄱ당사건'에 연 루되어 대구경찰서에 구금당했으나, 이후 많은 항일 인사들과 접촉 '대구행진곡'을 〈별건곤〉10월호에 발표했습니다. 그의 사후 1985년에는 죽순문학회에 의해 '상화시인상'을 제정, 기 념사업회 설립에 따라 시인상 승계와, 1986년 목천 독립기념관에 '빼앗긴 들에도 봄은 오는가' 시비가 건립되었습니다.

이상 두 분의 연보를 밝히며 강진과 대구의 두 민족시인의 인연의 다리가 놓여진 동기가 마련돼 매년 강진에서는 모란이 피어나는 5월에 영랑문학제가 열리고, 이상화문학제는 매년 6월5일에 대구 중구 계산동 고택에서 2015년까지 30회차 거행되고 있습니다. 이들 두 곳의 문학제가 열릴 때면 강진에서는 영랑기념사업회 관계자들과 일부 유지들이 대구를 직접방문, 1박2일 코스로 이상화문학제에 참석하여 축하해 주며, 대구이상화기념사업회도 영랑문학제가 열리는 5월이면 버스를 대절해서까지 문학제에 참석, 두 지역의 우의를 다져오고 있습니다. 두 지역은 2015년까지 벌써 3번씩이나 서로 왕래했을 정도로 '자매결연 도시'가 되었습니다.

강진의 영랑기념사업회나 이상화문학제가 영호남 결연과 큰 다리를 놓게 된 중요한 계기에 혁혁한 공을 세우신 내용을 간단히 밝혀보면, 먼저 강진의 김창한 영랑기념사업회 회장, 신협 김승식 이사장, 김상수 부회장과 송하훈 사무국장들과 대구 MBC방송 공재성 국장과 이상화기념사업회 박동준 회장을 비롯하여 적극 뒷받침을 해주신 윤순영 대구광역시 중구청장의 헌신적인 유대노력이 오늘의 큰 빛을 보게 됐습니다.

특히 대구의 이상화기념관은 대구의 중심가 계산동 일대 이상화 본가의 고택 보존을 위해 기념사업추진위원회를 구성, 2.5km를 상화로로 제정했고 대구MBC 이상화탄생100주년기념특별전을 개최, 온 대구광역시가 매년 6월이 되면 큰 축제행사로 추모 헌다례제와 이상화 시인상, 시낭송, 살풀이, 유족인사 등 영호남의 교류와 유대를 더욱 공고히 하고 있습니다.

모란이 피기까지는

모란이 피기까지는/나는 아즉 봄을 기둘니고 잇슬테요/
모란이 뚝뚝 떠러져버린 날/
나는 비로소 봄을 여흰 서름에 잠길테요/
5월 어느날 그 하로 무덥던 날/
떠러져 누운 꽃닢마져 시드러버리고는/
천지에 모란은 자최도 없어지고/
뻐처오르든 내 보람 서운케 문허졌느니/
모란이 지고말면 그뿐 내 한해는 다 가고말아/
3백예순날 한양 섭섭해 우옵내다/ 모란이 피기까지는/
나는 아즉 기둘리고 잇슬테요 찬란한 슬픔의 봄을.

빼앗긴 들에도 봄은 오는가

지금은 남의 땅~ 빼앗긴 들에도 봄은 오는가//
나는 온몸에 햇살을 받고/
푸른 하늘 푸른 들이 맞붙은 곳으로/
가르마 같은 논길을 따라 꿈속을 가듯 걸어만 간다.//
입술을 다문 하늘아 들아/
내 맘에는 내 혼자 온 것 같지는 않구나,/
네가 끌었느냐 누가 부르더냐 답답어라 말을 해다오.//

바람은 내 귀에 속삭이며/

한자국도 섰지 마라 옷자락을 흔들고/

종다리는 울타리 너머에 아씨같이 구름 뒤에서 반갑다 웃네.//

고맙게 잘 자란 보리밭아/

간밤 자정이 넘어 내리던 고운 비로/

너는 삼단 같은 머리를 감았구나 내 머리조차 가뿐하다.//

혼자라도 가뿐하게나 가자/

마른 논을 안고 도는 착한 도랑이/

젖먹이 달래는 노래를 하고 제 혼자 어깨춤만 추고 가네.//

나비 제비야 깝치지 마라/

맨드라미 들마꽃에도 인사를 해야지/

아주까리기름을 바른 이가 지심 매던 그 동리라 다 보고 싶다.//

내 손에 호미를 쥐어다오/

살찐 젖가슴과 같은 부드러운 이 흙을/

발목이 시도록 밟아도 보고 좋은 땀조차 흘리고 싶다.//

강가에 나온 아이와 같이/

짬도 모르고 끝도 없이 닫는 내 혼아/

무엇을 찾느냐 어디로 가느냐 우스웁다 답을 하려무나.//

나는 온몸에 풋내를 띠고/

푸른 웃음 푸른 설음이 어우러진 사이로/

다리를 절며 하루를 걷는다 아마도 봄 신령이 잡혔나 보다.//

그러나 지금은 ~들을 빼앗겨 봄조차 빼앗기겠네.

근대 문화의 산 발자취 대구 '청라언덕'

대구 출신 박태준(1901~1986년) 작곡가는 일제 강점기에 조국에서 수시로 엄습해오는 고향생각과 친구에 대한 추억을 1922년 22세의 나이 때 '동무생각'을 애조적으로 읊었는데, 이 곡의 작사는 이은상(마산)이 친구를 그리며 지은 작품이지요. 대구 계명대 동산의료원내에 있는 '청라언덕'을 방문해 쓴 '동무생각' 입니다.

봄의 교향악이 울려 퍼지는/청라언덕위에 백합 필적에/ 나는 흰나리 꽃향내 맡으며/
너를 위해 노래 노래 부른다./ 청라언덕과 같은 내 맘에 백합 같은 내 동무야........./
네가 내게서 피어날 적에 모든 슬픔이 사라진다.

청라언덕은 대구 중구에 위치한 문학의 산실로 기독교가 지역사회에 뿌리내려 정착하고, 지금의 동산의료원이 사회에 봉사하면서 성장한 대구의 중심지이지요.

따라서 대구 근대화의 빛이 이곳을 중심으로 태동한 곳이며 달성공원을 중심으로 하여 역사적 흐름을 직접 체험하며 전국에서 찾는 곳이기도 합니다. 병원, 천주교 성당뿐 만이 아니라 선교사들까지 거주하는 주택들이 있으며, 이곳은 독립운동의 지하 조직 모임장소로 언제나 새소리가 지저귀는 아늑한 곳이기도 합니다.

신록이 짙어지는 계절이면 '청라언덕'의 계산성당 곁에 선교사 주택은 담쟁이 넝쿨이 휘감아 올라 온통 푸른 풍경을 연출하는 곳이기도 하지요. 청라란 푸른 담쟁이를 가리키는 말이며, 언덕위에 세워진 선교사들의 붉은 벽돌 사택을 가리켜 청라언덕이라 불리고, 대구 경북 최초의 기독교 교회로 1933년 벽돌조의 교회당을 세우고 현대의 모습을 갖게 된 대구지역 근대건축사 연구의 귀중한 자료로 활용되고 있는 '제일교회'가 있습니다.

'동무생각'의 노래 가사는 학창시절 누구나 한번쯤 불러 보고픈 노래가사로 유명하지요. 근대음악의 선구자 박태준 선생이 계명학교를 다니던 학창시절의 로맨스가 담긴 가사로 이은상 선생이 그 애절한 연애사를 듣고 난 뒤에 쓴 시에다 다시 곡을 붙인 가곡이랍니다. 백합화는 그가 흠모했던 신명학교 여학생을 표현한 예쁘고 고운 모습이라지요.

대구 3,1운동의 본산길인 청라언덕 노래비 곁에는 90계단까지 만세운동을 준비하던 학생들이 일본군의 감시를 피해서 도심으로 모이기 위한 솔밭 길 장소라고도하며, 동산의료원 100주년 기념종탑이나 동산병원 구관 현관 등 지금은 대구 윤순영 중구청장의 적극적인 노력의 힘을 바탕으로 유명한 관광명소로 손꼽히고 있습니다.

강진의 근대 문화 산실과
명소들

　강진은 남도답사1번지로 이름난 문화유적이 많고 때 묻지 않은 자연경관 그대로를 간직하고 있습니다. 많은 유산을 지닌 강진에서 가장 유명한 곳 몇 곳을 간략하게 소개합니다.

〈전라 병영성 하멜기념관〉

　전라병영성은 강진군의 북단에 위치한 성(城)으로 조선 태종 17년에 축조하여1895년까지 조선조 500여 년간 전라남도와 제주도를 포함한 53주 6진을 총괄한 육군의

▲ 전라 병영성

총지휘부로 수많은 역사와 일화 속에 민족 저항정신의 산증거로 존속되어오다 1894년 갑오농민전쟁(동학)을 맞아 병화로 소실되었고, 이어 1895년 갑오경장의 신제도에 의해 폐영되었던 곳입니다.

병영성 총길이는 1,060m이며, 높이는 4,8m, 면적은 93,193평방m인데, 병영성내의 당시 건물이나 유적은 소실되고 없으나 성곽은 뚜렷이 남아있어 그 역사적 중요성과 의의를 높여 복원했는데, 특히 병영성은 우리나라를 서양에 최초로 알린 〈하멜 표류기〉의 저자 핸드릭 하멜(Hendric Hamel)이 1656년 강진 병영으로 유배되어 7년 동안 살면서 노역했던 곳으로서, 주변의 〈하멜기념관〉과 함께 하멜 관련 역사문화 유적지로서의 역할도 큰 곳입니다.

하멜기념관은 우리나라를 서양에 최초로 알린 '하멜 표류기'의 저자 핸드릭 하멜을 기리는 전시공간으로 일본으로 이동하던 중 제주도에 표류하여 서울, 강진, 여수등지에 유배되어 13년간이나 살았고, 특히 하멜은 강진 병영에서 7년을 살면서 고향 네덜란드 호르큼시와 자매 결연을 맺으며 이후 강진군은 활발한 문화적 교류를 통해 2007년 12월3일 하멜기념관을 개관하였습니다.

하멜기념관은 목조건물로 지어 졌는데, 타원형의 전시관은 하멜이 포착한 남도의 섬을 표시하며, 맞은편 사각형 건물은 망망대해를 표류한 선박 스페르베르 호를 상징합니다.

전시실은 하멜표류기를 비롯하여 하멜의 생애, 17세기 조선과 네덜란드의 당시 의사회, 동서양 도자기, 생활도구, 등 150여점의 유물을 소장, 상설 전시하고 있습니다. 나아가 한국 네덜란드간의 문화적 교류증대를 위해 역할을 다하고 있습니다.

〈시문학파 기념관〉

시문학파기념관은 1930년대 창간된 시 전문지 〈시문학〉을 중심으로 순수시 운동을 주도했던 영랑 김윤식, 용아 박용철, 정지용, 위당 정인보, 연포 이하운, 수주 변영로, 현구 김현구, 석창 신석정, 허보 등 9명 시인들의 문학세계를 기리는 공간이지요.

특히 이 기념관은 특정작가에 한정하지 않고, 한 시대의 문예사조를 조망하는 문학공간으로서, 한국문학사상 최초로 기록된 문학유파 기념관입니다. 기념관에는 9명의 시문학파 시인들의 육필 원고와 유물, 문예지 창간호를 비롯하여 다양한 저서 등을 소장, 전시되어 있습니다.

현재 강진군 강진읍 영랑생가길 14에 위치하고 있습니다.

〈사의재(四宜齋)와 다산 초당〉

다산 정약용 선생이 1801년 11월 23일 강진 땅에 처음 유배 와서 4년 동안 기거했던 곳이 있습니다. 당시 오갈 때 없는 선생의 딱한 사정을 알고, 동문 매반 가의

▲ 다산초당

주모(할머니)가 골방 하나를 내어주었답니다. 다산 선생은 이곳에서 '네 가지(생각, 용모, 언어, 행동)를 올바르게 하는 이가 거처하는 집'이라는 뜻으로 〈사의재〉라는 당호를 걸고, 6

명의 제자를 훈육하였습니다. 강진군은 오랜 고증을 거쳐 안쪽 우루가 주막 터를 원형 그대로 2007년에 복원하였지요.

한편 다산초당은 다산 선생이 18년간(1801~1818년) 강진에 유배기간 중 10여 년간 생활하며 후학을 양성하고 '목민심서'를 비롯, 500여권의 책을 저술했던 실학사의 산실입니다.

다산 4경으로 일컬어지는 다산선생의 유적으로 다산의 체취가 그대로 새겨진 '정석'은 가뭄에도 마르지 않는 '약천', 솔방울을 지펴 차를 끓이던 '다조', 바닷가의 돌을 주워 만든 '연지석가산'이 있지요.

다산이 생전에 남긴 친필, 간찰과 저술, 주변인물 들의 자료를 수집, 보관, 전시하고 있으며, 다양한 디지털 자료들로 다산선생을 친밀하게 느낄 수 있도록 구성 돼 있고, 다산 체험프로그램을 운영, 전국에서 참여하고 있기도 합니다.

2015년도 저물어가는 12월 17일에는 이곳 다산수련원 인근에 '공무원청렴교육원'을 세우기로 확정되었습니다. 전남공무원교육원 이전 부지를 물색 중이던 후보지선정위원회는 21개 후보지중 이곳을 선정하고 16년부터 전담 추진위를 구성, 연차 지구단위계획과 개발계획 등 행정절차를 마무리할 계획입니다. 2018년 완공되어 2020년까지 이전사업이 완료되면 이 일대는 강진 발전의 인프라로 주요 계기를 마련하게 될 것입니다.

〈고려청자 도요지〉

강진 청자박물관은 강진군 대구면 청자촌길에 있으며 우리

나라 청자문화의 역사적 변천과정을 체계적으로 전시하여 누구나 쉽게 이해할 수 있는 교육의 장으로 활용하기 위해 1997년에 개관하였습니다. 고려청자의 수집, 전

▲ 고려청자박물관

시, 연구, 교육 등의 사업과 청자 재현사업, 청자 판매 사업 등을 추관하고 있지요.

푸른 하늘에 천년의 학이 날고, 새아씨 수줍은 볼같이 밝고 보드랍게 가슴 벅차듯 포근히 안기는 천년의 비화 에메랄드 빛 고려청자!!

고려청자는 이 세상 어느 곳 어느 나라에서도 모방할 수 없는 가장 으뜸의 걸작 품으로 장인들의 손으로, 머리로 만들어 빚어내는 500년 전통의 이곳 강진 땅의 진면목을 보여줍니다.

에메랄드 비색 청자의 본고장 강진의 고려청자 도요지 대구면 가마터. 우리나라 국보, 보물급 청자의 80% 이상이 생산되었던 곳으로 현재도 오직 전통의 맥을 이어가기 위해 옛 청자를 재현하는데 온 힘을 기우리고 있습니다.

지금까지 35개 지역에서 400여 개의 고려청자를 생산해낸 도요지가 발견되었는데 그중 대구면 도요지는 188개의 가마터가 집단적으로 분포되어 있어 청자 생산의 본원지였음을 말해주고 있습니다.

또한 전통 민속 축제의 하나인 청자문화제가 1996년부터 2015년에 이르는 동안 매년 8월 중순이면 개최되어 벌써 43

회로 전국 지역축제 중 대한민국최우수축제로까지 나라에서 선정해 자부심을 갖게 하고 있습니다.

인간 무형문화재 분들이 많이 있지만 특히 청자장 이용희 (경주 이씨 익제공파) 옹은 고려청자 생산의 중심지인 대구면 사당리에서 태어나고 자란 강진의 토박이로 역사와 전통의 도자 제작 기능을 연마하여 그 기술을 재현하고 있습니다, 평생토록 변함없는 한길로 걸어온 이 분의 그 뛰어난 예술의 혼이 담긴 독창성 기술을 지금은 자식들에 전수하며 도공으로 열심히 사력을 다해 작품을 굽고 빚어 연구하고 있습니다.

또, 강진에서 만든 고려청자를 외국 국빈 선물용으로 2005년 APEC정상회담의 국빈용 식기와 선물용으로 사용되었고 앞으로는 프랑스를 비롯하여 유럽 9개국 10개 도시를 순회하며 강진청자의 세계화를 위해 홍보할 계획입니다.

〈영랑 생가〉

영랑 김윤식 선생은 '북에는 소월, 남에는 영랑'이라 불릴 만큼 호각을 이룬 1930년대 한국 시문학의 기수였습니다. 일제 강점기에 저항정신의 시인으로 대표하는 대구 이상화 시인과 민족적 지조로 일관된 분들로 민족수난의

▲ 영랑생가

한과 그 비애를 정화하여 영롱한 서정의 극치로 표현한 두 분의 시문은 우리나라 근대시사에 불후의 명작들로 회자되고

있지요. 현재 서정시의 새로운 지평을 열었던 영랑생가에 이르면 그가 남긴 주옥같은 글들이 떠오릅니다.

영랑생가는 후손들의 손을 떠났다가 1985년 강진군 당국에서 매입,86년 전남지방문화재로 지정되었다가 2007년부턴 국가지정문화제로 승격되어 오늘에 이르고 있다.

이곳에선 영랑의 시문학을 기념하기 위해 해마다 봄이면 전국 학생들을 대상으로 영랑백일장대회와 영랑시낭송대회가 열리고 영랑문학제도 이곳에서 열립니다. 〈시와 시학〉이라는 계간지도 영랑기념사업회 주간으로 발간되고 있습니다.

〈가우도 출렁다리〉

가보고 싶은 섬인 강진 '출렁다리 가우도'는 강진군 도암면 망호리에 속하지만 이곳 망호리와 대구면 저두리 바다 양쪽에서 가우도 섬까지 출렁다리로 연결되어 있습니다. 섬의 모양이 소의 멍에를 닮았다하여 이름 붙여진 가우

▲ 가우도

도(駕牛島)는 강진의 8개 섬 가운데 유일하게 사람들이 사는 곳입니다.

가우도 섬 주위를 한바퀴 도는 '함께 해(海) 길'은 2,43km인데, 도암면과 대구면 쪽에서 섬을 이어주는 출렁다리를 포함하여 총연장 4km로, 산과 바다를 감상하며 섬을 한바퀴 도는 정서적 매력과 낚시터와 곳곳에 벤치의 쉼터가 있

어 말 그대로 섬 속 자연의 바다 내음에 폭 안기는 천혜의 트레킹 명소로 전국에 입소문 나있지요. 청자 전망대를 아우른 생태공원 조성사업은 출렁다리 등 기존 시설과 연계하면서 자연환경의 보고인 해안과 후박나무 군락지 등을 최대한 활용하고, 체계적인 조경을 통해 향기 나는 섬으로 새롭게 태어난 가우도 출렁다리는 관광객의 건강증진과 힐링을 위한 휴식공간으로 만들어져 나가는 단계를 밟고 있습니다.

×　　　×　　　×　　　×　　　×

강진에는 유명한 곳들이 너무 많습니다.

월출산 남쪽기슭에 자리한 무의사는 신라 원효대사가 창건한 천년 고찰로 국보 제13호 극락보전과 보물 제507호 선각대사 편강탑비와 3층 석탑 그리고 수월관음도와 아미타삼존도를 포함29점의 벽화를 보존하고 있는 벽화 보존 각이 유명합니다.

강진의 특산물로는 강진의 젓줄인 탐진강에서 건져 올린 잉어와 민물장어와 은어는 옛날 궁중 진상품으로 유명했고 강진만 청정해역의 대표적 매생이, 대합, 신선미에 넘치는 바지락, 고막, 옴천면의 토하젓들은 전국적으로 이름나 있습니다.

이런 풍부한 해산물 덕분에 전통 한식 푸짐한 해물 밥상차림은 전국에서도 가장 유명하게 이름난 강진의 자랑입니다.

한국 제다(製茶)업계의 선두주자인 '태평양 다원'에서 운영하는 차밭은 강진군 성전면 백운로 93에 자리 잡고 있으며,

면적이 33,3ha에 이르고, 월출산 밑으로 넓게 펼쳐진 차 밭의 정경이 장관을 이룹니다. 부드러운 곡선과 푸르름이 돋보이는 이 차밭은 월출산의 솟아오른 바위들과 절묘한 조화를 이루고 있지요.

마량항 포구는 바다와 함께 사는 사람들의 의욕과 도심을 떠나온 강태공의 여유로움이 어우러진 동양의 나폴리 항구라고도 표현합니다. 유서 깊은 마도진이 있고, 까막섬이 수묵화처럼 아름답게 떠있으며, 고금도와 약산도를 잇는 대교가 놓여져 교통수단이 편리해졌고, 든든하게 풍랑을 막아주는 천혜의 아름다운 미항입니다.

강진의 토하젓은 조선시대 임금님 진상품가운데 하나로, 토하(土蝦)는 조금이라도 농약성분이 있는 물에서는 살지 못하고 가장 깨끗한 물에서만 사는 민물 새우이지요. 강진군 내에서 청정지역 옴천젓이 제일 유명하지요. 우리나라에서 옴 자가 들어가 있는 지명은 유일하게 이곳뿐입니다.

감동적인 글 한 편과
대학 후배의 시 한 수

1) 사랑하는 예수님!

(서울 초등학교 글짓기 대회 1등 용욱이의 글)

저는 서울 구로동에 사는 용욱이에요. 구로초등 3학년이구요. 우리는 벌집에 살아요. 벌집이 무엇인지 예수님은 잘 아시지요? 한울타리에 55가구가 사는 데요, 1,2,3 번호가 써져 있어요. 우리 집은 32호예요. 화장실은 동네 공중화장실을 쓰는데 아침에는 줄을 길게 서서 차례를 기다려야 해요. 줄을 설 때마다 21호에 사는 순희를 보기가 부끄러워서 못 본 척하거나 참았다가 학교 화장실에 가기도 해요.

우리 식구는 외할머니와 엄마, 여동생 네 식구가 살아요. 우리 방은 할머니 말씀대로 라면 박스만 해요. 네 식구가 다 같이 잘 수가 없어요. 그래서 엄마는 구로2동에 있는 술집에서 주무시고, 새벽에 오셔요. 할머니는 운이 좋아서 한 달에 두 번 정도 취로사업에 가서 일을 하시고 있어요. 아빠는 청송교도소에 계시는데, 엄마는 우리보고 죽었다고 말해요.

예수님! 우리는 참 가난해요. 그래서 동회에서 구호양식을 주는데도 도시락 못 싸가지고 가는 날이 많아요. 엄마는 술을 많이 먹어서 간이 나쁘다는데, 매일 술이 취해서 어린애마냥 엉엉 우시길 잘 하고, 우리를 보고, "이 애물단지들아! 왜 태어났니? 같이 죽어버리자!" 라고 하실 때가 많이요.

지난 4월 달 부활절 날, 제가 엄마 때문에 회개하면서 우신 것 보셨지요? 저는 예수님이 제 죄 때문에 돌아가셨다는 말은 정말로 이해 못했거든요. 그런데 그 날은 제가 죄인인 것을 알았어요. 저는 친구들이 우리 엄마보고 술집 작부라고 하는 말을 듣는 것이 죽기보다 싫었다구요. 매일매일 술 먹고 주정하면서 다 같이 죽자고 하는 엄마가 왜 미웠는지 아시죠?

지난 부활절 날, 저는 '엄마 미워했던 거 용서해주세요' 라고 예수님께 기도했는데, 예수님께서 십자가에서 피 흘리는 모습으로, '용욱아!, 내가 너를 용서한다.' 라고 말씀하시는 것 같아서 저는 그만 와락 울음을 터트리고 말았어요.

그날 찐 계란 두 개를 부활절 선물로 주시길래 집에 갖고 와서 할머니와 어머니에게 드리면서 생전 처음으로 전도를 했어요. 예수님을 믿으면 구원을 받는다고요. 몸이 아파서 누워 계시던 엄마는 화를 내시면서 말했습니다. "구원만 받아서 사냐?" 하시면서, "집주인이 전세금 50만원에 월세 3만원을 더 올려달라고 하는데, 예수님 구원만 말고 50만 원만 주시면 네가 예수님 믿지 말라고 해도 믿겠다." 이렇게 말했답니다.

저는 엄마가 예수님을 믿겠다는 말에 신이 나서 기도한 거 아시지요? 학교 갔다 집에 올 때도 몰래 교회에 들어가서 기도했잖아요. 그때 마침 어린이날 기념 글짓기대회가 덕수궁에서 있다면서, 우리 담임선생님께서 저를 뽑아서 보내 주셨어요.

저는 청송에 계시는 아버지와 서초동에서 꽃가게를 하면서 행복하게 살던 때의 얘기를 그리워하면서 불행한 지금의 상황을 썼거든요. 청송에 계시는 아버지도 어린이날에는 그때를 분명히 기억하시고 계실 테니, 엄마도 술집하지 말고 희망을 갖고 살아주면 좋겠다고 썼어요.

예수님! 그날 제가 1등상을 타고 얼마나 기뻐했는지 아시지요? 그날 엄마는 몸이 너무 아파서 술도 못 드시고 울지도 못하셨어요. 글짓기에 심사위원장을 맡으신 할아버지 동화작가 선생님이 물어물어 저희 집에 찾아오신 거예요. 대접할 게 하나도 없다고 할머니는 급히 동네 구멍가게에 가서서 사이다 한 병을 사오셨어요.

할아버지는 엄마에게 '똑똑한 아들을 두셨으니 힘을 내라'고 위로해 주셨어요. 엄마는 눈물만 줄줄 흘리면서 엄마가 일하는 술집에 내려가 계시면 약주라도 한 잔 대접하겠다고 했어요. 그 할아버지는 자신이 지은 동화책 다섯 권을 놓고 돌아가셨어요.

저는 밤늦게까지 할아버지께서 지으신 동화책을 읽다가 깜짝 놀랐어요. 그것은 다름이 아니라 책갈피에 흰 봉투 하나가 떨어지는 것이 아니겠어요. 펴보니 생전 처음 보는 수표가 아니겠어요. 엄마에게 보여드렸더니 엄마도 깜짝 놀라시며, 세상에 이럴 수가, 이렇게 고마운 분이 계시다니, 그렇게 말씀하시다가 엉엉 눈물을 흘리셨어요. 저는 마음속으로 할아버지께서 오셨지만, 사실은 예수님께서 오신 거예요, 라고 말하였는데, 엄마도 그런 마음을 아셨는지, "용욱아! 예수님이 구원만 주신 것이 아니라 50만 원도 주셨구나."라고 울면서 말씀하시는 거예요. 할머니도 우시고 저도 감사의 눈물이 나왔어요. 동생 용숙이도 괜히 따라 울면서, "오빠, 그럼 우리 안 쫓겨나가, 여기서 계속 사는 거야?" 라고 말했어요.

너무도 신이 난 일이 주일날 또 벌어졌어요. 엄마가 주일날 교회에 가겠다고 화장을 엷게 하시는 것이었어요. 교회에 가신 엄마가 얼마나 우셨는지 두 눈이 솔방울만 해가지고 집에 오시더라구요. 나는 엄마가 오시길래, '또 같이 죽자'고 하면 어쩌나 겁을 먹고 있는데, "용욱아! 그 할아버지한테 빨리 편지 써. 엄마가 죽지 않고 열심히 벌어서 주신 돈을 꼭 갚아 드린다고 말이야." 라고 하는 것이 아니겠습니까?

저는 엄마가 저렇게 변하신 것이 참으로 신기하고 감사했어요.

고마우신 예수님! 참 좋으신 예수님, 감사합니다. 할아버지께서 사랑으로 주신 수표는 제가 커서 꼭 갚을 겁니다. 그러니까 제가 어른이 될 때까지 동화책 할아버지께서 건강하

시계 사시도록 예수님이 돌봐 주세요. 네, 이것만은 꼭 약속
해 주세요. 예수님, 너무 좋으신 예수님!

　이 세상에서 최고의 예수님을 동욱이가 찬미합니다. 그리고
예수님, 사랑합니다.

2) 대학 후배의 시 한 수

탯줄 사랑
오대환

꼬부랑 줄기를 따라 가 보니
수박이 세 식구다
꼭지에서 분이 나와 보송하다

오이 고구마 호박... 옹기종기
가족이라는 꼬부랑 줄기에 연결된
텃밭 열매들은
어루만지는 손끝에서 익어가고

예고된 대로
텃밭을 떠나는 친구들은
칠석날 닭 우는 소리와 함께

빨간 빛이 선연하다

별 나비 사뿐대는 자취 너머로
불쑥 사라지기 전
탯줄은 하나라는 합창도 부른다
매미가 울어 젖히는 텃밭에서

* 시인 오대환은 필자의 동국대 국문학과(1971년) 후배로,
  2012년 강진에서 만났는데, 선배의 신간 출판을 진심으
  로 축하드린다며 '탯줄사랑'이란 시 한 수를 보내왔다.
  시인 오대환은 동국대학교 국문과, 강진감리교회 원로목
  사, 2012년 〈미션21〉 등단. '문학과 창작' 2000년대 19
  인, 기독교타임즈 추천시 집필, 문집 〈긴 동행+사랑〉 등
  이 있다.

사랑합니다,
아버님 어머님

필자는 평소에 소외되고 어렵게 사는 곳들이나 독거노인들, 재래시장 바닥, 종합병원이나 양로원 등지를 다니며 이들의 아픔을 함께 접하면서 서민들 애환에 담긴, 아픔에 얽힌 삶의 이야기를 들으며 그 실상을 수기로 담아 옮긴 글들이 주로 많습니다.

1) 어떤 며느리

　　– 다음은 어느 주부님의 딱한 사연입니다.

안녕하세요? 전 33살의 주부입니다. 결혼해서 지금까지 분가해서 살고 있는데 남편은 혼자 사시는 아버님을 모셔왔으면 좋겠다고 몇 번이나 이야기를 꺼내더군요.

어느 며느리가 혼자되신 시아버지 모시자는 말에 단번에 좋겠다고 할 수 있겠어요. 더구나 우리보다 훨씬 형편이 낳은 형님도 계신데, 수입이 많지 않은 남편이 모신다는 것이 저로선 이해가 안 되었고 더구나 전 임신 중이라 회사도 그만 둔 상태였거든요. 그 일로 매일 다투며 전 저대로, 남편은 남편대로 서로의 딱한 입장만 이야기하다보니 의견다툼이 많더군요.

그렇게 서로 지쳐 갈 무렵쯤, 남편이 술을 많이 마시고 들어와 눈물을 글썽이며 속에만 담아뒀던 이야기를 하기 시작했습니다.

칠순을 갓 넘긴 아버님에게 어렸을 때 속을 얼마나 썩혔는지 모른다나요. 남편 대신 아버지가 차에 치어 어깨와 허리를 다쳐도 수년 동안 불편을 감내하시고 공사장 막노동까지 하시며 우리 둘 뒷바라지를 하셨고, 좋아하시던 술도 끊으시고, 키워주셨던 그런 아버님이시다고요.

형님 집 아주버님은 미국에 유학까지 다녀와 큰 회사에 다니지만 아예 모시지 않겠다고 선을 그어놓은 상태라 아들자식 키워봤자 다 소용 없다 싶었지만, 막상 제 남편이 이런 사실을 울먹이며 아들 노릇 해보고 싶단 소리에 불편해질 여러 가지 점을 생각해 선뜻 동의하기가 힘들었으나 그래도 어떡합니까. 제 남편이 저토록 눈물을 글썽이며 말하는데.........

그래서 마음먹고 남편에게 모시자고 갔는데 아버님이 저희 집으로 가는 걸 한사코 반대하시더라고요. 가봐야 늙은이 짐만 된다고요. 겨우 남편이 설득해 모셔왔습니다.

그렇게 아버님과의 생활이 시작되었답니다. 예상했던 대로 반찬거리나 여러모로 신경 쓰이는 게 많았지만, 뭐든 잘 잡수시면서 엄청 미안해 하셨어요. 가끔 고기반찬이라도 해 드리면 저랑 남편 먹으라고 마다하시더라고요. 한번은 장보고 집에 들어왔는데 아버님께서 방과 거실걸레질을 하고 계셔서 걸레를 뺏으려했더니 괜찮으시다며 끝까지 청소를 하시며 그게 편하다는 아버님 마음을 왜 모르겠어요. 못난 며느리 눈치 보는 것 같아 더 마음이 아팠답니다.

　어느 날, 아버님이 한 달 전쯤부터 아침에 나가시더니 저녁 때쯤 돌아오셨어요. 아는 분에게 놀러 가시는 걸로 알고 용돈을 드려도 절대 받지 않으시고 웃으면서 매일 나가셨습니다. 그러던 어느 날 이웃집 아주머니께서 "할아버지가 유모차에 빈 박스 싣고 가던데 알아요?" 라는 말에 순간 눈물이 핑 돌았습니다. 며칠 전부터 집에 들어 올 때면 저 먹으라고 과일과 제과점 빵을 내밀어 아버님께 왠 거냐고 물으면 말을 얼버무릴 뿐, 확실한 대답이 없으셨습니다. 아들집에 함께 살면서 마음에 걸리셨는지 불편한 몸을 이끌고 그동안 빈 박스나 폐지를 수거하시며 돈을 벌었던 거죠. 저는 밖으로 뛰쳐나갔습니다.

　이리저리 돌아다녀 봐도 안 보이시고 죄송한 마음에 그만 엉엉 울고 말았답니다. 친정아버지께서도 평생 고생만 하시다 돌아가셨는데 아버님께서도 그러시다 돌아가실 것만 같아 죄송한 마음이 들어 남편한테 전화해서 상황을 말하니 아무 말도 못하더군요. 평소보다 일찍 돌아온 남편이 찾으러 나선지 한 시간쯤 뒤에 남편과 아버님이 함께 들어왔습니다. 오시면서도 제 눈치를 살피시고 뒤에 끌고 오던 유모차를 숨기시더군요.

주책없이 눈물이 쏟아졌지만, 아버님이 더 미안해 하실까봐 꾹 참으며 아버님 손을 잡아드렸습니다. 평생 가족들을 위해 얼마나 고생하셨는지 손은 까칠하셨고, 좀 휜 허리와 어깨가 너무 허약해보이며 부서질 것처럼 야위어 보였습니다.

아버님! 죄송해요. 정말 앞으로 더 잘 모실 터이니 두 번 다시 밖에 나가서 힘들게 일하지 마십시오. 우리가 허리띠 졸라매고 알뜰하게 살게요. 사랑합니다, 아버님..........

내 부모님과 당신 부모님! 그렇게 선을 그어놓고 당신은 살고 있지 않나요? 재발 그러지 마십시오. 때론 섭섭하게 할 때도 있고 마음을 몰라줄 때도 있지만, 그럴 때마다 당신 부모님이 아닌 내 부모님이라고 생각해보는 건 어떨까요? 그럼 벌어졌던 마음의 거리가 훨씬 더 가깝게 느껴질 겁니다. 따뜻한 말 한마디라도 힘이 되어 주세요. 평범한 일상 속에 가족이란 서로의 이름을 부를 수 있는 매 순간이 바로 우리들의 행복이 아닐까요.

2) 며느리와 시어머니의 관계
　　－ 다음은 인터넷 수기공모대상을 받은 한분의 내용과 후레자식의 이야기입니다.

나이 11살에 아버지가 돌아가시고, 세 살 아래 여동생이 하나 있었습니다. 전업주부였던 어머니는 그때부터 생계를 책임지시며 살아가야 했습니다. 못 먹고, 헐벗게 지낸 것은 아니었지만 여유롭진 못했습니다. 그런 어머니의 고생으로 대학까지 마친 2년 후 결혼을 하였습니다.

처음부터 남편이나 시어머니가 좋았습니다. 시어머니도 너무 잘해주셨고요. 그러던 때 나를 길러주신 친정어머니가 암 선고를 받았습니다. 수술비 입원비 등 때문에 남편에 말하지 않을 수 없었습니다. 남편은 걱정 말고 융통해볼 터이니 그리 알고 푹 자라고 했으나, 홀로 생계를 말없이 꾸려 오신 어머니를 생각해보니 하염없이 눈물이 났습니다. 시댁도 사는 게 넉넉지 못한데 시어머니가 엄마 병원비에 보태 쓰라며 봉투를 하나 내미셨는데, 적잖이 2천만 원이더군요. 시어머님께 기대 엉엉 울고 말았습니다. 그 도움으로 친정 엄마는 수술을 세 차례나 받았으나 말기 암이라 병원비 뒷감당도 어려웠고 결국 다음 해 봄에 돌아가셨습니다.

돌아가시기 전 엄마는 시어머니와 마지막 대화를 나누었는데 시어머니는, "사부인⋯⋯⋯.저예요. 딸 걱정은 말고 사돈처녀 걱정도 마세요. 이미 다 제 딸로 여기고 있으니까요. 편히 가세요." 그때 거짓말처럼 친정엄마가 의식이 없는 채로 눈에서 눈물이 흘러 내렸답니다. 엄마는 듣고 계신 거였습니다. 이후 한 시간을 넘기지 못하고 영영 눈을 감으셨지요.

엄마의 3일장 빈소까지 시어머님은 다 마련해 주시고, 오갈

데 없고 친척 하나 없는 동생 정은마저 따뜻이 안으며 챙겨주셨습니다. 이후 동생 정은이가 결혼하게 됐는데 시어머님이 뒷바라지를 다 해주셨습니다. 시어머님이 너무 고마워 엉엉 울고만 있을 때 시어머니가 곁에 와 저의 어깨를 안아주시며, "내 딸아!! 너 기억 안나니? 돌아가시기 전 약속할 때 엄마가 흘리던 그 눈물 말이야! 너 동생 혼수해서 시집 잘 보내주겠다고 한 언약 말이야."

시어머니가 말씀하실 때, "우리 순둥이 착해 빠져가지고 어디다 쓰꼬. 젤 불쌍한 사람이 도움을 주지도, 받을 줄도 모르는 사람이 돼서 말이야. 힘들면 힘들다고 얘기하고, 울고 싶을 땐 목 놓아 울어버려. 그리고 그쪽 신랑도 다 알고 결혼하는 것이니 사돈처녀 정은이 혼주자리에 내가 앉을 것이니 그리 알라"고 말씀하십니다. 동생도 너무 감사해 흔쾌히 받아들였습니다. 그리고 내 동생은 우리 시어머니 손을 잡고 신부입장을 하셨답니다. 내 동생 부부는 우리 부부 이상으로 우리 시댁에 잘해주었습니다.

오늘은 우리 시어머니의 49제날입니다. 가족들과 동생네 부부와 함께 장지에 다녀왔습니다. 오는 길에 동생도 나도 많이 울었답니다. 오늘 10년 전 어머니와 했던 비밀약속을 남편에게 털어놨습니다. 그때 병원비를 어머니께서 해 주셨다고, 남편과 난 서로 부둥켜안고 시어머님의 그리움에 엉엉 울어버렸습니다.

난 지금 아들만 둘입니다. 난 지금도 생활비를 쪼개서 따로

적금을 들고 있습니다. 시어머니께서 나에게 해 주셨던 것처럼 나도 나중에 내 며느리 아이들에게 돌려주고 싶습니다. 내 휴대폰 단축번호 1번은 지금도 내 시어머님입니다.

어머니, 우리 어머님, 너무 감사합니다. 어머님 가르침 때문에 제가 바로 설 수 있어 감사합니다. 그리고 힘든 날들 잘 이겨낼 수 있었고요. 어머님, 너무 사랑합니다. 그립습니다. 제가 어머님께 받은 은혜 꼭 많은 사람들에게 베풀고 사랑하고 나누며 살아가겠습니다. 너무 보고 싶어요.

이상의 내용과는 반대로 다음은 후레자식의 실화입니다.

아직 치매나 건강에 아무 이상 없이 동네 친구들과 잘 지내던 어머니를 며느리가 남편을 꼬드겨 가까운 곳에 양로원 시설이 잘 돼 있어 그곳으로 보내버린 후레자식의 사건입니다.

남편을 먼저 잃고 홀로 고향집에서 살아가던 여든 셋 어머니가 치매가 오면 어떠나 걱정하던 부부가 가까운 곳에 노인 치매환자들만 있는 곳 요양원으로 어머님을 더 편하다고 달래서 입원을 시켜 버렸다지요. 그래서 그곳에 가면 시설도 좋고, 친구들도 많아 좋은 곳이라고 해 간 어머니는 다른 치매노인들 속에서 밖으로 나오지도 못하고 감금된 채 1년여를 견디며 지내게 됐습니다.

그러나 그 요양원에 들어있는 노인들 중에는 늙은이 냄새는 물론 옷에 오줌냄새나 똥을 싸 손으로 만지작거리며 웃는 노인들 할 것 없이 도저히 견딜 수 없어, 아들 내외가 한번 면회를 왔을 때 요양원 내부사정을 말하며, "애비야! 제발 집에 가서 함께 살면 안 되겠니?"라고 애걸조로 말하니, "어머니 아무래도 이곳이 집보다 훨씬 더 좋은 곳이에요. 좀 더 참고 지내시다보면 좋아질 것"이라고 극구 우깁니다. 대꾸도 못한 어머니는 마지막에는 "죽어도 오지 않을 자식 놈이로구나? 길러준 은혜를 그렇게 보답하다니 힘없는 어머니는 자식이란 품안에 있을 때가 내 새끼지 고려장이 별 거 더냐? 지금의 멀쩡한 내 신세가 바로 고려장이지"

늙은이의 맑은 정신에 몇 가닥 말씀을 곁에서 듣고 있던 요양사가 혀를 차며 말하기를, 할머니 요즘 세상 부모의 낳아준 은혜도 모르는 후레자식이 따로 없습니다. 그런 요양사의 딱한 이야기를 들으며 안타까워하는 말에, 한 노인이 "퉤퉤! 돼먹지 못한 놈들 같으니" 하며 "자기들 편하자고 부모를 그렇게 박대하다니 천벌이 따로 없지요. 두고 보세요"라며 곁에서 울먹이는 할머니를 위로했답니다.

3) 어느 종가 집 맏며느리의 여한가(餘恨歌)

필자의 어릴 때, 농공행상(農工行商)을 위주로 살아가며 어려웠던 시절, 유교적 전통과 가족제도 속에서 부모효친 사상과 가문의 전통이 철저하던 때입니다. 세도하던 양반 댁이나 재산좀 모았다고 떵떵거리며 양반 행세로 살아가던 그 시절,

못 먹어도 남 앞에 이빨 쑤시고 트림하면서 긴 담뱃대 물고 애햄 하던 1950년경 그 시절도 지금처럼 돈이 있어야 큰소리 치며 아부와 부정이 만연하던 필자의 어린 시절을 비유해 남겨질 글들의 애환을 기억해 봅니다.

그래도 한 동내에서 돈 좀 있다고 양반 행세하면서 머슴부리며 떵떵거리던 시절. 쇠락하던 양반 댁 맏딸로 반듯하고 조순하게 가풍을 익혔는데, 하필 일도 많은 종갓집 맏며느리로 열여덟 살 꽃다운 나이에 남편 얼굴 한번 보지 못한 채 숙명처럼 혼인하여 두세 살씩 터울 두고 일곱 남매를 기르느라 철 지나고, 해가는 줄 모르는 채 눈물을 삼키며 살았던 시절입니다.

시부모님은 한사코 우리 고유 전통음식만을 고집하며, 봄여름에 누에 치고 목화 따서 길쌈하고, 콩을 갈아 두부 쑤고, 메주 띄워 마루 천정에 매달아뒀다 장 담그고, 땡감 따서 곶감 치고, 배추 절여 김장하고, 호박고지 무말랭이 넉넉하게 마당 줄에 달아두고, 어포 육포 유밀과 과일주에 조청까지 마당 큰 솥에 정갈하게 달여서 새끼줄에 싼 단지 갈무리해 높이 달아두고, 찹쌀 찌고 누룩 띄우고 가루 내어 찹쌀 버무려 비벼 말린 뒤 따뜻한 방 아랫목에 담요로 싸두면 십여 일 지나 부글부글 끓어 노릇하게 익어지면, 용수 박아 제주부터 봉해두고, 시아버님 반주거리 맑은 술 동동주 떠드린 다음 청수 붓고 휘휘 저은 다음, 막걸리 걸러내서 들일하는 일꾼네들 세참 만들어 논밭 두렁에까지 이고 가 내려두면, 시장기 면한다고 막걸리 숨도 쉬지 않고 술대접 사발 칠칠 흘리며 들이마신 뒤, 어허, 술맛 좋다며 손에 무말랭이무침 입에 넣습니다. 집에 오면 나머지 시루 걸고 소주 내려 묻어두지요.

6·25 전쟁 때는 피난 나온 권속들이 열댓 명은 족한데, 더부살이 종년처럼 부엌살림 도맡아서 보리쌀 절구질 해 연기로 삶아 눈물 짜 건져 밥 짓고, 국도 끓여 두서너 차례 차려올리고, 늦은 저녁 먹은 대접 어른 놋그릇까지 샘에서 동이에다 이고 떠다, 논 큰독에서 물을 퍼 설거지를 더듬더듬 끝마치면, 몸뚱이는 천근만근 젖은 풀솜마냥 무거워도 찍소리 한번 못하고, 아이들 잘 자나 살피다 곤에 빠져 잠이 들라 하면 남정네가 곁에 와 옷고름 벗기고 집적거리며 지친 몸 풀어주고 난 뒤, 꿈결에 잠이 들어버린답니다.

동지섣달 긴긴밤에 물레 돌려 실을 뽑아 날줄을 갈라 늘여 배틀 위에 걸어놓고, 눈물 한숨 졸음 섞어 씨줄을 다져넣어 한 치 두 치 늘어나서 무명 한 필 말아지면, 백설같이 희여 지게 잿물 내어 삶아내서 햇볕에 바라기를 열두 번은 족히 되리.

종가집 맏며느리로 살아가다 보면, 어른들 앞에서 하품 한번 마음 놓고 토해 보지 못한 신세, 졸고 있는 등잔불에 바늘귀를 겨우 꿰어 무거운 눈 올려 뜨고 한 뜸 두 뜸 꿰매다가 매정스런 바늘 끝이 손톱 밑을 파고들면 졸음일랑 혼비백산 간데없이 사라지고, 손끝에선 검붉은 피가 몽글몽글 솟아난다. 내 자식들 헤진 옷은 대강해도 좋으련만, 점잖으신 어르신 의복수발 어찌할꼬? 탐탁찮은 솜씨 걱정부터 앞선 때, 아무리 잘하려 해도 호통 치며 나무라는 고추당초 매운 시어미, 이래

저래 꼬집고 야단치는 시집살이, 한숨 반 눈물 반일세.

　침울해진 눈물샘 방울 앞치마에 눈 비비고, 콧구멍만한 방 구석에 들어가 보니 졸망졸망한 새끼들 아랫목서 윗목까지 하나 가득 잠들어 있고, 남정네도 나 몰라라 늘어져 코를 고네요. 이불깃을 다독다독 여며주고, 막내 녀석 놋쇠요강에 앉혀 오줌 뉘고, 한쪽 귀퉁이에 눈 부친다. 학식 높고 점잖으신 사랑방에 사시사철 접빈객들 모시기도 힘 드는데 사대봉사 제사는 여나 무 번도 족히 넘어 정월 한식, 단오, 추석 차례상도 만만찮은데, 식구 권속 많다 해도 일 거들 사람 하나 없고, 여자라곤 상전 같은 시어머니 한 분뿐이라네.

　고추 낭초 맵다 해도 시집살이 더 매우랴? 큰 아들 장가들면 이 고생 나아질까? 무정한 세월 가면 이 신세 면할런가? 이 내 몸 죽어져야 이 고생 끝나려나. 그러고도 남는 고생 저승까지 가려는가? 어찌하여 여자로 태어나 인생길이 이다지도 고달픈가? 토끼같이 귀여웠던 자식들이 어느 틈에 자랐는지 짝을 채워 지금 내보내고, 산비둘기 한 쌍 같이 영감하고 둘만 남아 가려운 등 긁어주며 오순도순 사는 것이 지지리도 소원이었는데, 마음고생 팔자려니 그마저도 쉽지가 않네.

　안채 별채 육간대청 휑하니 넓은 집에, 가뭄에 콩 나듯 찾아오는 손주 녀석 어렸을 적, 지 애비 모습 판때기로 닮았는데, 식성만은 입이 짧은지 어미를 닮았는지, 곶감 대추 유과정과 수정과도 마다하고 정 주어볼 틈도 없이 손님마냥 가버리네. 명절이나 큰 일 때 객지 사는 자식들이 어린 것들 앞세우고 하나 둘씩 모여들면 절간 같은 집안에서 웃음꽃이 살아나고, 하루 이틀 묵었다가 제 집으로 돌아갈 땐, 푸성귀에 마른 나물 간장 된장 장아찌 고추장 양념까지 있는 대로 퍼줘도 더 못줘 한이 되네.

속절없는 한평생, 자나 깨나 객지 나간 자식걱정, 회갑진갑 다 지내고 고희마저 눈앞이라, 북망산에 묻힐 채비 늦기 전에 서두르고, 때깔 좋은 안동포를 넉넉하게 끊어다가, 윤달 전 손 없는 날에 대청마루에 펼쳐놓고, 도포 원삼, 과두 장매 상 두꾼들 행전까지, 두 늙은이 수의 일습 손수 내 손으로 지어 놓네. 무정한 세월, 어느 틈에 칠순 팔순, 눈 어두워 거동조차 어렵네. 홍안이던 큰 자식은 중늙은이가 되어 가고, 까탈스런 영감은 자식들조차 꺼리는데, 내가 먼저 죽고 나면 그 수발 누가 들꼬? 제발 덕분 비는 것은 내가 오래 사는 거라, 내 살 과 같은 자식들아, 나죽거든 울지들 마라. 인생이란 허무한 것, 일장춘몽이 아니더냐? 이렇게 늙는 것을 낙이라곤 모르고 한평생을 살았구나! 원도 한도 난 모른다, 이 세상에 미련도 없다. 서산마루 해 지듯이 새벽별빛 바래듯이 잦아들 듯, 스러지듯 조용히 흔적 없이 지고 싶구나.

과거 우리 조상님들의 전통을 지금까지 이어가는 경북 안동 마을이나 전라도 전주지방에는 그런 가풍을 이어가는 가족 중심제도의 집들이 아직도 남아있어 소중한 교훈이 된 그 모습은 우리가 사는 세상의 그 모습이 예나 지금이나 사는 방법 만 다를 뿐 그 형태가 같습니다.

4) 어느 여교사의 물망초 이야기

한 초등학교 5학년 여교사가 개학날, 담임을 맡은 반 아이들을 둘러보며 말했습니다.

"모두를 똑같이 사랑한다."

아이들은 당연하게 예, 라고 말했지만, 맨 앞줄에 구부정하게 앉아있던 철수만은 거짓말이라고 대꾸를 합니다. 그 이유는 아무리 선생님이라 해도 사람을 보는 편차가 있기 마련이라는 철수의 귀에 '모두'라는 말이 귀에 거슬렸던 거지요. 철수의 말에 선생은 잘못 표현한 말에 동의를 했다고 합니다.

이후 철수를 유심히 살펴보니 옷도 단정치 못하고, 잘 씻지도 않는 반항적인 아이라는 걸 나중에 알게 됐지요. 심지어 시험지 답안지 속에도 x표시를 하거나 커다란 빵점을 표시할 경우가 많았습니다. 담임선생님은 철수의 생활기록부를 1학년 때부터 쭉 살펴봅니다. 1학년 때 담임선생은 철수는 '잘 웃고 밝은 아이, 일을 깔끔하게 잘 마무리하고 예절이 바름, 함께 있으면 즐거운 아이임'이라 적었고, 2학년 담임선생님은 '반 친구들이 좋아하는 훌륭한 학생임, 어머니가 불치병을 앓고 있음. 가정생활이 어려운 것으로 보임', 3학년 때는 '어머니가 돌아가셔서 마음고생을 많이 함. 최선을 다하지만, 아버지가 별로 관심이 없음. 어떤 조치가 없으면 곧 가정생활이 학교생활에까지 영향을 미칠 것임', 4학년 때는 '내성적이고 학교에 관심이 없음, 친구가 많지 않고 수업 시간에 잠을 자기도 함', 이상의 기록을 살펴보며 담임선생님은 마음이 아팠습니다.

철수의 생활기록을 다 읽고 선생님은 한없이 부끄러움을 느꼈다지요. 반 아이들이 화려한 종이에 예쁜 리본으로 포장한 크리스마스 선물을 가져왔는데, 철수의 선물만 식료품 봉투의 두꺼운 갈색종이로 어설프게 포장이 되어있는 것을 보고는 더욱 아팠습니다. 선생은 애써 다른 선물을 제쳐두고 철수의 선물부터 포장을 뜯어보았습니다. 알이 몇 개 빠진 가짜 다이아몬드 팔찌와 4분의 1만 차있는 향수병이 나오자 아이들 몇은 웃기까지 했습니다. 그러나 그녀는 팔찌를 차면서 정말 예쁘다며 감탄하고, 향수를 손목에 조금 뿌리자 아이들의 웃음도 잦아들었습니다. 철수는 그날 방과 후에 남아서 이렇게 말했답니다. "선생님! 오늘 꼭 우리 엄마에게서 나던 향수 냄새가 났어요."

선생님은 아이들이 다 돌아간 후 혼자서 많이 울었답니다. 바로 그날 선생님은 읽기 쓰기 국어 산수 가르치기를 그만 두었습니다. 그리고 아이들을 진정으로 가르치기 시작했습니다. 철수에게는 특별히 대했습니다. 철수에게 공부를 가르쳐줄 때면 철수의 눈빛이 살아나는 듯합니다. 그래서 격려하면 할수록 더 빨리 반응합니다. 그해 학기말이 되자 철수는 반에서 가장 공부를 잘하는 아이가 되었고, '모두를 똑같이 사랑하겠다'는 거짓말에도 불구하고 가장 앞장서는 학생이 되었다고 합니다.

1년 후에 담임선생님은 교무실 책상 안에서 철수가 쓴 쪽지를 발견했습니다. 거기에 이렇게 적혀져 있었습니다.

"선생님은 나의 인생의 최고의 선생님이었습니다."

6년이 흘러 그녀는 철수에게서 또 쪽지를 받았습니다. 고교를 반에서 2등으로 졸업했다고 쓰여 있었고, 아직도 선생님을 자기 평생 최고의 선생님인 것은 변함이 없다고 말입니다. 4년이 더 흘러 또 한 통의 편지가 왔습니다. 이번에는 대학졸업 후에 공부를 더 하기로 마음먹었다고 쓰여 있는 내용 속에도 선생님이 평생 최고의 스승이었고, 자신이 가장 좋아하는 선생님이시라고 말입니다.

하지만 그 다음 편지에는 이름이 좀 더 길었습니다. 영어를 포함하여 전공을 명시한 박철수 박사라는 사인이 있었다지요. 이야기는 여기서 끝나지 않습니다. 그 해 봄에 또 한 통의 편지가 왔는데, 여자를 만나 결혼하게 됐다고 합니다. 아버지는 몇 년 전에 돌아가셨으며, 선생님이 신랑의 어머니가 앉는 자리에 앉아줄 수 없겠느냐고 물었습니다. 선생님은 기꺼이 좋다고 회답했습니다.

그런 다음 어찌 되었을까요? 선생님은 가짜 다이아몬드가 몇 개 빠진 그 팔찌를 차고, 어머니와 함께 보낸 마지막 크리스마스에 어머니가 뿌렸었다는 그 향수를 뿌렸답니다. 이들이 서로 포옹하며 이제 어엿한 의사가 된 박철수는 선생님께 귓속말로 속삭였습니다.

"선생님!! 절 믿어주셔서 감사합니다. 제가 중요한 사람이 될 거라고 생각할 수 있도록 알게 해 주시고, 훌륭한 일을 깨닫게 해 주셔서 정말 감사합니다."

선생님은 눈물을 흘리며 말했다지요.

"철수야, 너는 완전히 잘못 알고 있었구나? 내가 훌륭한 일을 해 낼 수 있다는 걸 알려준 사람이 바로 너란다. 널 만나기 전까지는 학생을 진짜로 가르치는 법을 전혀 몰랐었거든. 사실 네가 한 그 말 한마디가 마음에서 태어나, 그 마음에다 모두 씨를 뿌리고, 살아가며 열매를 맺게 해줬다는 까닭을 너에게서 배웠기 때문이란다."

이 이야기는 특별한 아이들만의 이야기가 아닐 것입니다. 일상 살아가는 우리들이 대인 관계에서도 상대의 누군가를 믿어주고 칭찬해 준다면, 다 자란 어른일지라도 분명 큰일을 해 낼 거라 믿습니다. 내 입에서 나오는 말이라고 상대방을 내 잣대로만 판단해 배우자를, 자녀들을, 주변의 대인관계들에서 함부로 평가하거나 비난하지 않았는지? 선생님이 아이들에게 가르치며 깨우치듯 다시 한 번 지금의 내 삶의 자신을 점검해봐야 하지 않을까 생각해 봤습니다.

이런 말을 가끔 생각해 봅니다. 우리는 언제나 남에게 용기와 희망을 주고, 세상 이치에 순응하면서 긍정적인 사고로 표시 없는 도움으로 음지에서 조용히 심어두고, 그렇게 살아가는 그런 참된 모습을 배우는 것은, 만추에 잘 익은 벼가 고개를 완전히 숙이듯 남에게 내가 비록 손해보고 양보하는 삶이었어도 초심을 잃지 않고 사는 따뜻한 마음이기에, 세상을 열심히 살아온 대가를 하나님은 지켜봐 주시고, 언젠가는 용기와 덕이 후손에게 이어진다는, 가치 있고 후덕하며 정말 보람된 인생길이 될 것임을 확신해봅니다.

무통장 인생(人生)
- 버리고 비우는 지혜로 운 삶

　개그맨 이동우 씨가 결혼하고 100일 쯤 지난 뒤 '망막색조변성증'이라는 불치병으로 시력을 잃게 됐습니다. 그 사연을 들은 천안에 사는 40대 남성이 기쁜 마음으로 자기 눈을 기증하겠다는 의사를 밝혔다지요. 개그맨 이동우 씨는 한걸음에 달려갔습니다. 그런데 사정을 다 듣고 난 뒤 눈을 기증받지 않고 그냥 돌아왔습니다. 왜 그냥 돌아왔느냐고 물으니, '이미 기증받은 거나 마찬가지' 라고 말했다지요.

　"그 분은 나에게 세상을 다시 보는 눈을 주셨기 때문입니다."

　그 사연을 들어보니 눈을 기증하겠다는 그 남자는 이미 근육병 환자이며 사지를 못 쓰는데 오직 눈만은 세상을 볼 수 있다며 말하기를, '하나를 잃고 아홉을 가지고 있는 사람인데, 그분은 오직 하나 남아있는 것마저 주려고 한다. 이러한 그에게 어떻게 눈을 달라고 할 수 있겠는가?' 이 분은 세상 모든 것에 대한 감사함을 느끼게 해 주었습니다.

편안하게 호흡할 수 있어 감사하고, 내 의지대로 걸을 수 있어 감사하고, 아직은 남과 나눌 수 있다는 것에 감사하며, 내 마음에 기댈 곳이 있다는 것에 감사한다면서, 내 곁에 따뜻한 친구가 있다는 것에 더 감사하다고 했답니다. 고마운 사람, 좋은 사람, 나를 아는 모든 사람들에게 감사하며 오늘을 전하고 싶다는 게 천사와 같은 이 분의 마음입니다. 또, 어떤 병원 중환자실에서 의사가 회진중 당신이 제일 바라는 큰 소원이 무어냐고 물으니 지금 물 한 모금을 마셔보는 것이라 했습니다.

그처럼 우리들 생화주변 그늘진 곳에 눈을 돌려보면, 어렵고 힘든 사람들이 너무 많습니다. 사지 멀쩡하게 주신 이 몸뚱이, 살아가는 동안 좋은 마음만을 갖고 살아가며 세상을 감사할 줄 아는 사람들이 됐으면 얼마나 좋을까하는 생각이듭니다.

우리는 한 생애를 살아가는 동안 남에게 지고, 양보하고, 버리고, 비우는 지혜로운 삶이 참으로 중요하다는 것을 누구나 알면서도, 우리들 일생 어찌하면 남보다 좀 더 편히 잘 살아볼 수 없을까 라는 과욕 속에 파묻혀 남을 헐뜯고 시기하고 질투하면서 살아가기 마련이지요. 그러나 살아가며 자존심 하나 좀 꺾여도 고개 한번 숙여버리면 부딪히는 일이 없어집니다. 그러기에 버리고 비우는 일이 결코 쉬운 일이 아니지만, 소극적인 삶이 아니라 사실 지혜로운 선택인 것만은 틀림없지만, 현실이 그러지 못하기에 새로 들어설 곳이 없다는 이유입니다.

그러기에 그 정신을 다시 출발하는 시발점으로 만들어내는 생각이 더 중요하지요.

가을이 되면 여기저기 소리 없이 흩날리는 잎들이 아프고, 슬픈 세월에 갈무리지어 소리 없이 떠밀려 미련 같은 것 과감히 떨쳐버리고, 앙상한 가지들만이 바람에 떨면서 한겨울 추운 눈보라 비바람에 시달리더니, 그 자리에 봄이 되니 새싹이 다시 푸르게 틔우는 대자연의 장엄한 모습을 우리는 보면서 감복함을 느끼게 합니다. 그리하여 우리들은 그런 갈라지는 인연의 조각들 속에 가버린 당신의 모습을 환영하며 미련의 그리움을 생각키 마련이지요.

지난 무덥던 한여름을 보내고, 집 사람과 평택과 용인에 떨어져 사는 애들과 손주들이 보고파 나들이를 십여 일 하면서, 그 참에 아직 살아있는 친구들 몇의 얼굴이라도 보고파 모이자고 연락했더니, 서울 용산역 2층 대합실 물레방아 쪽에 나온 친구가 겨우 다섯뿐이라, 안온 친구들의 사연을 들어보니 한 친구는 지병인 후두암으로 한 달 전쯤에 세상을 뜨고, 멀쩡하던 또 한 친구도 갑자기 심근경색으로 병원에 실려 간 후 세상을 떴다는 말과, 또 한 친구는 을지로 쪽 노래방에 틀니를 두고 나왔는데 다시 그 집을 못 찾겠다는 하소연을 들으며 서로 말없이 잔을 맞추고 그간의 안부로 위안하며 돌아온 모습을 본 아내가 내 착잡한 표정을 보더니, 무슨 언짢은 일이라도 있었느냐는 물음에 얼버무리고 만 기억을 생각해 봅니다.

어렵게 어린 시절을 보낸 우리들, 먼저 가버린 친구들을 헤어보며 나머지 인생길 얼굴 찡그리지 말고 활짝 웃으며, 자신부터 이기는 나날로 자주들 문안하고, 우리 행복은 마음의 무통장속에 많이 저금시켜놨다가 언제든지 끄집어내 쓸 수 있는 자유로운 건강뿐이라는 사실을 말할 수 있게 되기를 기원해 볼 뿐입니다.

바람이 부는 날에는 바람개비 춤도 배우고, 이른 아침에 콩나물 음료라도 한번 만들어 불러보고, 또 비가 많이 오는 날엔 낙숫물 소리를 담아 글을 써보기도 하고, 먼 거리의 친구들께 문안인사의 전화라도 띄워보고, 추운 겨울날 별빛도 잠든 외로운 밤 은하수를 건너는 속삭임을 조용히 엿들을 때, 밖에서 소리 없이 흩날리는 눈발이 지울 수 없이 스쳐간 당신만의 첫사랑을 더듬어 보면서 함께 걸었던 기억을 떠올려 보십시오. 진정 이 세상 내 육신을 훨훨 다 벗어놓고 어디로 갈련지는 몰라도 분명 그게 지금 내가 비우고 버리는 지혜롭게 사는 참모습, 그거랍니다. 그러나 우리는 욕심을 놓으면 늘 행복해진다는 진리를 알면서도 오늘도 삶이 힘들다고 야단칩니다. 그건 자신의 욕망이 자신을 지배하고 있기 때문이지요. 흔들림이 없어야 깨어날 수 있습니다.

나이의 아쉬움과 초조함을 과감히 던져버리고, 너그러움을 채워가는 지혜로운 삶이 중요하지만, 그보다 더 중요한 것은 자신의 인격까지 낮아지는 것은 아니기에 언제나 세상을 당당하게 처신해 나가는 것이 행복의 지름길이 되겠지요.

돈으로 살 수 없는 흐뭇함이 곧 마음 한번 바꾸는 그 순간부터랍니다. 항상 몸에 배어있는 기쁨의 감동, 정갈함이 묻어있는 손길, 당당함이 고동치는 맥박, 사랑함이 피어나는 나머지 인생의 황혼을 위해 마음을 비우고 욕심을 버리고, 열심히 하루하루를 사는 실전을 당신은 만들 수 있습니다. 그 자연 속에서 당신의 마력 같은 신의 손길과 숨결이 살아있을 것입니다.

삶이 힘겨워도
당당하게 살아야지요

어느 시골에 한 아들만을 둔 부부가 농사를 지으며 열심히 자식 뒷바라지하고 살아갔습니다. 어느덧 대학을 나온 아들이 학창시절 연애하던 여인과 결혼하여 서울에다 살림을 차려 시골집을 정리하고, 아들과 며느리와 함께 살아갔습니다. 아주 행복해 보이는 이 가정에 날이 갈수록 고부간의 세대적 갈등이 생겨나기 시작한 이유가 현대교육을 받은 며느리가 시어머니에 대한 불만이 쌓이다 보니, 며느리가 기 싸움에서 이기려고 먼저 폭발하기를 시어머니에게, "대학도 안 나와 배우지도 못한 분이 그만 하세요?", 라며 압박해 들어가니 오히려 며느리의 구박이 더 심해지기 시작했다지요. 시어머니가 너무 억울하고 기가 막혀 남편에게 하소연하기를 "여보, 영감! 내 말 좀 들어봐요. 며느리가 나더러 대학도 안 나왔다고 구박을 하니 어디 억울해서 살겠어요?"

시아버지가 아내의 이야기를 들어보니 너무 괘씸하기 짝이 없어 며칠 뒤 며느리를 조용히 불러 점잖게 한마디 하기를 "아가야, 그동안 시집살이에 고생이 많았겠구나? 너에게 휴가를 넉넉히 줄 터이니 친정에 가서 내가 오라는 때까지 푹 쉬어라."

이런 시아버님의 휴가 말씀에 며느리가 얼씨구나, 이 무슨 떡이란 말인가, 날듯이 기분이 좋아 그날로 짐을 챙겨 친정에 갔습니다. 그런데 친정에서 열흘이 지나고, 또 한 달이 지나도 시아버지의 오라는 전화가 전혀 없어 안달이 난 며느리가 조급증에 견디다 못해 시댁에 전화를 걸었습니다. "아버님, 저를 언제 불러주실 거예요?"

시아버지 대답이, "너의 시어머니가 이제 대학에 들어가 한참 공부 시작중이니 대학을 졸업한 후 그 때 봐서 부르면 오도록 하여라." 하니, 그때야 며느리가 아차 말실수한 것을 크게 깨닫고 친정어머니와 함께 올라가 무릎 꿇어 빌고 절하며 자식 잘 못 가르친 죄 용서해 달라고 사돈에 빌었다지요. 시아버지의 대답이 다음 오실 땐 집안 족보를 좀 보여주시면 그걸 보고 그 때봐서 답해 드리겠습니다. 죄송합니다. 안녕히 가십시오.

또 아들 내외가 홀로 사시는 시골 시어머니에게 살림을 합치자고 여행을 다녀온 아내가 어디서 들었는지 신이나 여보, 여보! 부르며 요란을 떨며 제의합니다. 그 말에 외로움에 지쳐 있던 시어머니가 그러마 하며 흔쾌히 받아들여 승낙했다지요.

세 살짜리 손자를 돌보는 것이 할머니에겐 무엇보다 즐겁고 보람 있는 일이었습니다. 전셋집에 살던 아들은 셋돈을 올려 달라는 주인집 요구와 아이 돌봄이 때문에 골머리를 앓던 참이지만, 막상 홀어머니를 모시자는 아내의 말에 그리 달갑지 못한 터라 반신반의했습니다. 아들 내외는 맞벌이부부로 아파트 하나 장만하려고 애를 썼습니다. 어머니가 시골집 판돈으로 우선 합쳐주니 아들은 전세 돈을 빼어 은행에 저축하고 아이 육아와 살림을 시어머니에게 맡기니, 아들 내외는 한시름을 덜게 될 뿐만 아니라 고부간 사이는 한동안 다정해 보이듯 만족했다지요. 그러나 아들 며느리가 생활비를 댄다는 생색을 자주 내 어머니는 못마땅했습니다. 아들은 여유 돈의 전세금을 아주 딱한 친구가 빌려 달라고 애걸을 해 줬더니, 사업하다 쫄딱 망해 어디론가 자취를 감춰버렸습니다.

　그런 어느 날 아파트 놀이터에서 할머니가 한눈을 파는 사이 손자가 넘어지면서 팔뼈가 부러졌다지요. 할머니는 눈앞이 캄캄했습니다. 허겁지겁 손자를 업고 병원으로 가 깁스를 했는데, 집에 먼저 돌아온 며느리가 아이 팔이 부러졌다는 말에 눈이 휘둥그레져, "아니, 애가 왜 이래요?" 하며 인상이 험악해지면서 하는 말이 "아이도 잘 보지 않고 뭘 해요", 하며 시어머니의 뺨을 순간 철썩 때립니다. 시어머니는 눈앞이 번쩍하더니 그 순간 모든 것이 멈춰버리고 말았습니다. 기가 찰 일이지요.

　"아니, 이게 무슨......."

입이 굳어져 말이 나오지도 못하고 눈물이 쏟아지는 것을 가까스로 참고 안방으로 들어와 방바닥에 쓰러져, "세상에 이런 일이……." 한참을 되뇌어 반복하며, 그날 밤 할머니는 아들에게 아무 일도 없는 듯이 대하며, 어떻게 할까, 아범에게 얘기를 할까? 그랬다간 부부싸움이 날 테고, 도무지 어찌할지를 몰라 밤 새도록 뜬눈으로 지샌 끝에 날이 밝자 부동산 소개소를 찾아가 집을 팔아달라고 내놓은 뒤, 시세보다 헐 값으로 속히 매매할 수 있도록 신신당부하고, 아들 내외에게는 절대 비밀로 당부했다지요. 가슴 속에서 부글부글 화가 치밀었지만 꾹 참고 참으며, 기가차고, 미운 며느리를 대하다보니 아들마저도 미워져 버렸습니다.

괘씸하여 한시도 함께 있고 싶은 정이 떨어져 버렸지요. 시어머니가 어렸을 적 고향동네에서 있었던 일이 생각나더랍니다. 여름방학을 보내라고 시골 고향에 아이를 보냈는데, 아이가 냇가에서 헤엄을 치다 익사해 버린 것입니다. 어미의 슬픔을 그 누가 헤아릴 수 있으리오. 할아버지는 정신이 나가 온 동네를 돌며 헛소리까지 하고 다녔답니다. 그러나 며느리는 애간장이 끊어지는 슬픔을 견디며 시부모를 탓하지 않았다고 하지요.

"제 자식 팔 좀 부러졌다고 시어머니의 뺨을 때리는 며느리가 있다니……."

일 주일이 안 돼 아파트 매매가 이뤄졌다지요. 시어머니는 그 날 밤 깊은 시각에, 쥐도 새도 모르게 몇 가지 옷만 챙겨가

지고 떠났습니다. 어디를 갔는지 잠적할 단서 하나 남기지 않았다지요. 아들 내외는 처음에는 고향 친정에 가셨으리라 생각했답니다. 그러나 이틀 뒤 웬 낯선 사람이 부동산 중개인과 함께 와서 집을 비워달라고 합니다. 아들 내외는 매매계약서를 보고서야 사태의 심각성을 깨달았으나 이미 배 떠난 뒤 빠이빠이 손 흔든 꼴이었습니다.

며느리는 자신의 행동을 숨겨오다가 남편에 고백하니, 남편 또한 은행에 넣어둔 돈을 친구에게 빌려줬는데 갖고 도망쳐 행방불명 돼버렸다는 호소입니다.

당장 다급해진 이들은 며느리의 엄청난 결과로 하루아침에 알거지가 돼 버렸습니다. 어머니의 행방은 전혀 묘연해졌으며, 부모에 불효했음이 이렇게도 엄청난 큰 벌을 받은 결과가 되었다는 사실을 비로소 뉘우치게 되었다지요.

어머니는 지금쯤 강원도 오지 실버타운에서 행복한 시간을 보내고 있을까요? 며느리는 돌아올 수 없는 영화 '콰이 강의 다리'를 건너고 말았으며, 아들마저 씻지 못할 천추의 불효의 죄 값의 결과가 되고 말았습니다. 이상의 사실들은 우리 현실 사회에 흔히 고부간에 생겨나는 평범한 일상의 일들로 흔히 생겨나는 일이기에 남의 강 건너 일만은 결코 아니라는 사실입니다.

어느 정리 해고당한 분의 아픔과
아내의 답신

    40대 후반의 가장으로 자식 둘과 행복한 가정을 꾸려가는 분이 밝힌 안타까운 사연입니다.

    어느 날 직장에 출근하니 사무실 직원들 분위기가 심상치 않게 여기저기서 웅성거리더니 한 직원이 다가와, "부장님, 혹시 아직도 모르셨어요?" 하고 물었습니다. "뭣을 말이요?" 라고 대꾸하니 이 직원 말이 자신이 정리해고 대상에 올랐다는 것입니다. 한동안 회사 사정이 어렵다는 것은 알고 있었지만, 이런 일이 갑자기 올 줄이야 생각지도 못했던게 사실이지요. 한동안 창문 밖으로 나가 먼 하늘을 쳐다 보다가 정신을 가다듬고 있을 때, 아! 올 것이 왔구나. 인사부에서 불러 가보니 정말 불똥이 자신에게 떨어졌습니다.

    이 상황을 가족들에 어떻게 말하랴싶어 고심하던 하루, 집에 들어갔으나 막상 말이 입에서 떨어지질 않아서 그러다 겨우 며칠 후에야 어렵게 말을 꺼낸 것이 일요일 오후였답니다.

집사람과 애들 둘을 모두 데리고 외식을 한 다음 차를 한잔씩 나누다말고 용기를 내어 해고된 사실을 실토하였지요. 회사 사정이 경영상 딱해 간부인 자신이 권고해직 당했다고 솔직히 말하고 가족의 눈빛을 살폈습니다. 이때 다 큰 딸 여식은, 아빠 사랑해요, 라고 말하고, 아들은 아빠, 저도 알바 할게요, 너무 걱정 마세요, 라는 것이었습니다. 이때 아내는 의외로 올 것이 왔다는 심정인지 침착하게 말하기를, 여보! 너무 걱정하지 마세요, 저도 함께 일하면 그 전이랑 달라질 것이 별로 없을 거예요, 그러니 용기 잃지 마세요, 당신 뒤에 우리처럼 튼튼한 버팀목이 있잖아요! 라고 합니다. 이 말에 울컥 참았던 눈물이 나오고 말았답니다.

한사코 아내만은 눈물을 참으며 남편의 숙인 머리와 어깨를 안아줍니다. 곁에 다 큰 아이들도 아빠 힘내세요, 사랑해요, 라고 말해주는 모습들에 새삼스럽게 참 진실의 행복을 느꼈답니다. 뜻하지 않은 해고였지만, 오히려 자신이 그동안 직장에서 집으로 오직 한 가정만을 위하여 곧게 한길만을 지켜온 자부심과 긍지를 다시 느끼게 하는 순간이면서 내일의 희망과 새로운 용기의 기회를 만들었다는 자부심을 갖게 되었다고 하지요.

변화하지 않는 인생이 어디 있습니까? 위기를 기회로 삼으면 되는 중요한 순간이니까요. 이제야말로 새로운 세상으로 나갈 축적된 용기이기에 세상은 자기가 보는 대로 보일 뿐입니다. 지켜봐 주십시오. 그런 이후 어느 날 아내의 깊은 애정이 담긴 글을 받았습니다.

　사랑하는 당신!!
　우리가 만나 26개 성상을 함께 살아왔지만, 내게 있어 늘 당신은 바람 같은 사람이어도 언제나 내 곁에 아름다운 사랑으로 훈훈하게 남아있답니다. 끝까지 사랑의 인연으로 남고 싶군요. 삶에 지쳐 주저앉고 싶을 때 당신은 내게 용기를 주셨고, 기대어 쉴 따뜻한 당신의 듬직한 품안 깊숙이 내 마음이 머물도록 평안케 해주었고, 그리고 뜨거웠답니다. 그렇게 당신은 언제나 당신의 숨소리가 바람 되어 불어 올 적마다 훈훈한 가슴을 녹여주고, 당신이 풍겨주는 그 용기와 용솟음이 이 세상 그 누구보다 가장 멋있는 나의 사랑의 전부였답니다.

　그런 속에서 우리 가족은 즐거웠고 아름다운 행복한 삶을 살아왔다고 자부합니다. 당신의 작은 박봉에도 알뜰히 남부럽지 않은 우리들만의 행복은 저 하늘에 계시는 하나님만이 지켜보시고 함께 손뼉 쳐주실 것이라 믿고 있답니다. 사랑하는 여보!!

　이제 당신이 며칠간 말 못하고 괴로워하던 그 심정을 우린 다 읽고 있었답니다. 절대 용기 잃지 마시고 건강하세요, 우리가 곁에 있잖아요. 내가 죽는 날까지 당신만을 위해서 지켜 드리리다. 친구 같은 당신! 한 생애 반려자로 부족함 많은 저와 자식들을 위해 오직 한눈팔지 않고 살아온 그 정성의 당신. 당신은 우리 가정의 기둥이며 으뜸으로 바람직하게 서 계시는 참 좋은 남편입니다. 우리 항상 서로에게 빈자리를 채워줄 수 있는 용기와 아름다운 사랑으로 가득한 한 가정의 인연이 되기를 진심으로 바래요. 여보! 사랑해요.

당신을 사랑하는 아내로부터 드림.

노후를 즐겁게 보내는 방법과
꼭 지켜야할 일들

– 한번뿐인 인생, 보람 있는 노후를 즐겁게 보내야 합니다. 그러려면 우선 노후인생을 황혼기라 생각하고 즐거운 마음가짐으로 나이 듦이 죄가 아니라는 인식을 지녀야 합니다.

1) 즐거운 마음으로 하루를 시작하고 마감하라. 쉬면 쉴수록 늙게 된다. 즐겁게 살다보면 10년은 젊어져 80줄도 청춘이 되어 여한 없이 살다가는 비결이다.

2) 좋은 친구와 만나라. 외로움과 고독은 암 덩어리보다 무섭다. 병을 관리할 줄 알아야 한다.

3) 구비구비 인생길 살아온 자서전을 써라. 인생의 정리가 저절로 이루어진다.

4) 남모르게 덕을 쌓으며 살아라. 좋은 사람이 모여 들고 하루하루가 값진 날이 된다.

5) 좋은 말을 쓰고, 남의 말은 좋게 하고, 경우가 바른 것이 자신의 인격이다.

6) 좋은 글을 많이 읽어라. 배움은 정년이 없다. 몸은 늙어도 영혼은 늙지 않는다.

쉬지 말고 공부하며 어디서나 필요한 사람이 되면 늙을 겨를이 없다.

7) 건전한 오락 한가지씩을 가지고 취미생활을 즐기라(운동, 음악, 바둑, 당구, 고스톱 등).

8) 남에게 얻어먹으려고만 하지 말고, 먼저 돈을 내는 습관을 들이고, 주려고 노력하라.

9) 모든 것을 수용하며, 배타적이지 말아야 한다. 감사한 마음은 노화를 방지한다.

10) 마음을 곱게 쓰고 낙천적이어야 얼굴 화색이 밝고 곱게 늙으며 노화를 정지시킨다.

화가 노화를 끌고 다니니 화가 날 때 이를 악물고 참아 피가 나도록 혀를 깨물어라.

11) 나이에 자신을 맞추어라. 넘쳐나는 짓은 상대가 가볍게 본다.

과욕, 과식, 과로, 과음, 과체중은 죽음의 길이니 뭐든지 부족한 듯 살아야 한다.

12) 자연을 즐기고, 물을 많이 마시고, 콩, 멸치, 마늘, 다시마, 미역은 최고의 건강식이다.

13) 노년의 인생은 마지막 황금기이다. 여행 등 멋있고 값지게 보내는 설계를 짜라.

14) 매일 맨손 체조를 하고, 하루 1시간 반 정도를 꼭 걷고, 젊음과 어울리며 고독을 피하라.

15) 욕심을 버리고, 구두쇠 짓은 결국 가까운 사람도 거리

가 멀어진다.

16) 사람을 믿어라. 내가 믿으면 그도 나를 신뢰하게 된
다. 항상 웃어라.

17) 육식을 줄이고 채식을 즐겨야 한다. 비상금을 챙겨 둬
라. 무일푼이면 서러움을 당한다.

18) 부부금실을 언제나 극대화시켜라. 행복의 날도 얼마
남지 않았다.

19) 시간 관리를 잘 하라. 주어진 시간이 끝나면 이 세상
과는 작별이다.

병(病)은 왜 생기며
어디서 오는가?

　본래 하나님이 인간을 처음 만들었을 때 병이 있는 인간을 만들지 않았고, 오염되지도 않은 순수 그대로의 인간으로 탄생시켰습니다. 그런 인간 마음 속에 양심이란 걸 자유로 쓰도록 담아뒀는데, 이 양심의 쓸개가 맛을 보고난 뒤 달다, 쓰다, 맵다, 싱겁다 등등으로 마음의 판단을 제멋대로 내려 쓰기에 따라 색깔이 차츰차츰 변해버려 오염되더니, 점점 나쁜 색상으로 변해지면서 죄를 짓게 되고 결국 몸속에 나쁜 티끌(먼지)로 묻어나는 원인인자가 발생되는 것이지요.

　쉽게 말해 집에 청소를 하루만 하지 않으면 미세먼지가 가득 쌓이듯 티끌이란 곧 몸에 병이 묻어났다는 증거입니다. 그래서 매일 하루하루 먼지를 털어내 청소를 하지 않으면 나쁜 먼지가 계속 쌓여 몸속에 중병으로 오만가지 색상의 병이 밖으로 나타나는 모습이지요. 그래서 인간이 살아가는데 제일 중요한 것은 이 지구상에 없어서는 안 될 물, 불, 바람, 즉 수

(水), 화(火), 풍(風)의 힘으로 모든 동식물은 공기로 숨을 쉬고, 물을 마시고, 불을 켜 먹고 살아가며 해결해야 할 식생활 문제입니다.

일본의 건강 혁명가 이시하라 유우미와 장두석 교수의 〈자연을 따르면 병이 없다〉는 주제 발표의 내용 속에 하늘과 땅, 그리고 인간은 천지인(天地人) 삼위일체라는 내용이 있습니다.

"우리 인간은 태양의 은혜를 듬뿍 받으며 생활하면서도 공기와 마찬가지로 감사하는 마음이 별로 없다고 느낀다. 식물은 태양광선을 모아주는 피부혈액 순환을 도와서 신진대사를 촉진하고, 체열생산을 촉진시킨다고 했다. 식물이 햇볕의 힘으로 포도당이라는 무기질을 만들어 내기 때문에 먹이사슬 꼭대기에 있는 인간이 살아갈 수 있다. 즉, 식물은 동물과 인간이 필요한 영양물질과 에너지를 획득하기 위한 음식물의 기본이며, 영양이 가지고 있는 에너지는 유기화된 태양광선 에너지이다. 그래서 식물은 태양광선을 모아주는 장치이고, 태양광선은 우리들 몸 세포가 살아가는 원동력이 된다."

두 교수는 이렇게 주장하면서, 생명의 근원인 태양은 인간을 이롭게 하지 해롭게 하지는 않는다고 발표했습니다. 상기의 발표를 참고해 보면서 우리 인간이 먹고 사는 음식이 몸속에 들어가서 생겨나는 병의 원인도 있지만, 그보다 더 큰 이유는 자신의 마음 씀씀이인 양심에 따라 병의 양, 질의 차이로 생겨나는데, 이는 조상으로부터 가족력에 의해 더러운 오염 덩어리가 유전으로 전해져 내려오는 확률로 인해 생명을 단축시킨다는 사실을 증명합니다.

짐승에게는 양심이란 게 없기에 쓸개가 오염되지 않아 깨끗하지요. 인간의 화학공장인 간에 비상이 걸려 간경화증에 시달릴 때, 곰의 쓸개인 웅담을 추출해 먹으면 특효약입니다. 그러므로 모든 짐승의 쓸개는 인간의 인체에 다 좋지요. 잉어나 돼지쓸개는 눈 안질에 참 좋습니다. 실제로 필자는 잉어쓸개와 돼지쓸개를 젊을 적 먹은 일이 있는데, 80이 넘은 이 나이에도 돋보기 안경의 필요를 느끼지 않습니다. 특히 우리나라 은행잎을 봄 5월경에 따 술에 담가 3개월 이상 숙성시킨 후 작은 소주잔에 물을 한 컵과 함께 타 하루 한 번씩 잘 때 복용하면 눈 안질에 큰 효과를 얻는다는 세계보건기구와 인터넷에 발표된 내용을 필자도 읽고 지금도 복용하고 있습니다.

경기도 용인시 구만사 주지 무극 스님이 밝힌 인간들의 병의 근원에 대하여(2015년 7월24일) 한 일간 신문에 실린 내용을 간략하게 밝혀보면 다음과 같습니다.

"인간에게 찾아오는 병은 무수히 많다. 이 모든 것이 전생의 업에 의한 병이라는 것을 확인할 수가 있다. 인간세계에서 보면 천계, 신계, 영계, 조상계로부터 인간은 메시지가 전달되어 우환, 고통, 불행 등에 의한 메시지 풍파로 고생하는 게 사람들의 현실이다. 대다수의 사람들을 영적으로 볼 때 이로 인하여 평생을 고통으로 살아가는 사람, 반복되는 시련으로 살아가는 사람, 불치병, 난치병, 우울증, 불면증, 두통, 생리통, 어깨 눌림, 가슴 답답, 소화불능, 사업실패 돌연사, 자살

원인, 무수히 앓는 병, 몸과 정신을 망치고 있는 사람들, 명의 명약을 만나도 효험이 없는 분을 만나보면, 몸에서 악취가 나고(특히 중풍환자는 피가 잘 통하지 않아서), 동물 신, 벌레 신, 굶주린 신, 괴상한 얼굴들의 신들이 몸속 깊이 살아가고 있는 것을 영적으로 볼 수 있다."

이 세상을 살아가는 인간세계 사람들의 크고 작은 고통까지 전생에 자신의 지은 죄업, 그것을 누가 현대의학에서 믿을 수 있겠는가? 그러나 믿음이 있는 자는 분명히 모든 것을 치유할 수 있다. 현대의학에서 정확한 의사소견도 있지만, 약물 수술로 치유될 수 없다는 현실도 있고, 또 현대의학에서도 병을 찾지 못하는 것도 많다. "병은 현대의학보다 빠르게 변화하고 있으나 현대의학은 따라가지 못하는 게 현실이다."

무극 스님의 치유방법은 분명히 도술로 한다는데, 만성질환, 각종 암, 관절염, 디스크 통풍, 아토피, 피부질환, 류마티즘, 자폐증, 정신질환, 심지어 화상까지도 손끝에서 나오는 에너지로 치유가 돼 오래된 중풍도 그 자리에서 바로 효능을 본다는 소문이 퍼져 스님 손끝에서 오묘한 빛이 나와 치유를 받는 자는 모두가 바늘로 찌르듯 하는 아픔을 느낀다고 한다. 무극 스님은 처음 대면하는 환자에게 눈을 감고 영상을 그린 다음 그 후 지난 세월을 정확히 알려준다. 눈을 감고 환자의 몸에서 나오는 냄새를 맡으며 미래를 알려주고, 특히 정신 질환자에서 나오는 냄새는 다른 특유의 냄새라서 그냥 안다고 한다.

무극 스님의 신통력은 입소문을 타고 널리 퍼져 완치된 사람들이 많은데 자신의 몸속에서 힘 있는 귀신이 몸속 깊이 살고 있다 나가는 것을 느낀다고 했다. 스님은 몸속에 있는 귀신 상을 그림으로 묘사하며 치유하는 것은 천상의 세계에 있는 사람이 치유한다고 덧붙였다. 무극 스님의 도술을 표현한 최종적인 병의 근원은 인간 자체의 마음 씀씀이에 따라 생겨나는 유전적 가족력의 질병이 원인이라고 말했다.

　인간의 몸속에 숨어있는 수 만 가지 질병의 먼지가 쌓이고 쌓인 원인은, 인간이 살아가며 엄청난 죄업 때문인데, 가령 현대인의 식생활인 경우 산성식품인 인스턴트 종류의 식생활로 인한 질병에 걸리는 확률이 80%라 한다면, 알카리성 식품으로 몸이 단련된 사람은 질병 발생률이 20% 정도에 불과해 체질개선이 잘 된 사람이라 장수할 수 있다고 한다. 알카리성 식품으로는 과일, 채식 종류나 콩 등 단백질 종류의 섭취를 주로 말한다, 산성 식품은 인스턴트 종류의 화학조미료가 가미된 식료품이나 육류, 밀가루 음식이나 햄버거, 빵 등 달콤한 종류를 주로 즐겨먹어 체질이 개선이 되지 않고 몸이 비대해지기 때문이다.

　특히 우리 고유 음식인 잡곡류의 발효식품을 멀리하고 있어 식생활 문제가 질병의 근원인 것을 빨리 깨우치는 것이 시급한 현실이라는 이분의 말을 필자는 전적으로 동의하는 바이다. 최근 서양 의학계에서 발표된 내용(대순종교학 이경원 교수의 신종교연구논문)을 참고해 보면, 의학 대상이 되는 질환을 구분하는 과정에서 선천성과 후천성으로 나타내는데, 선천성질환은 부모나 선대 조상의 가족력의 여러 가지 형질이 자손에게 유전성, 소인이 중요시된다고 했고, 이는 유전자 이상, 염색체 이상의 상호 작용으로 일어나는 것으로 추측했다. 반대로 후천성질환은 출생 이후나 자신이 외부에 존재하는 바이러스에 의한 감염으로 발생된 질환을 총합한다고 말했다. 그 속에는 우리가 살아가며 남의 가슴에 못을 치며 피눈물 나게 했을 때 그 영향이 후손들에 인연병인 중병이나 일시에 집안이 몰락하는 경우를 보게 되지요.

필자가 직접 겪은 실례 하나를 들어봅니다.

청소년시절 친구 선친께서 여수에서 고리대금업을 하며 돈을 많이 모았는데 채무금을 갚지 못해 넘어가는 집들이나 대지 등을 등기소에서 헐값으로 사거나 채무금을 청산치 않으면 강제로 무자비하게 착취해 재산증식을 해 지역사회에서 구두쇠 부자로 소문난 분인데, 슬하에 2남2녀를 둔 첫째 아들이 필자와 동급생이었습니다.

이 집안에 얽힌 사연을 간단히 밝혀봅니다. 당시 친구 어머니는 위장병과 신경통과 눈병 외 원인모를 병들로 40대 초반에 사별하고, 아버지는 아내가 죽은 지 1년도 채 안 되어 큰딸보다 나이가 적은 후처를 얻은 다음, 그때부터 시집간 큰 딸과 싸움질로 시끄러웠고, 아버지는 색정의 젊은 여자에 밤마다 시달려 살을 물어뜯거나 불로 지진 몸에 상처로 병원에 다니다가 중풍이 시작되어, 입과 눈이 비뚤어지고 반신불수가 되더니 후처가 남편 몰래 여수 구봉산 절에 불공드리러 간다며 데리고 나가 언덕에서 낙상시켜 죽게 만든 사실이 밝혀지자 감옥에서 7년형을 받았고, 필자의 친구 큰 아들과 동생, 그리고 누나와 막내까지 부모 재산 분쟁으로 한동안 형제간이 원수같이 되었고, 필자의 친구는 서울상대를 졸업 후 당시 신탁은행 서울 성동구 OOO지점장 재직 때 추석 명절날 봉고차로 여수 부모 산소에 부인과 1남2녀 남동생 식구들 셋과 상경하던 고속도로 상에서 유조차와 정면충돌하여 일가족 5명이 죽고 3명이 중상 당했던 사건이 벌어져 결국 한 가문이 일시에 풍비박산 나버린 실제적인 일이 있습니다. 그같이 남의 눈에 피눈물 나게 하면, 현대가 스피드 세상이라 우연이긴 하지만, 당대에도 천벌을 받는다는 결론입니다.

이상 우리 인간이 한세상을 살아가는 동안 갖가지 사고나 식생활에서 병마와 싸워야 하는 고통을 당하는데, 재활병동 같은 곳에는 불의의 교통사고라든지 하반신이 마비되어 몸을 움쩍도 못하는 그런 분들이 많아 위로의 말을 건네 보면 한결같이 침대에서 일어나 걸어봤으면 하는 것이 가장 큰 소원이라는 안타까운 말을 들을 적마다 가슴이 미어집니다. 특히나 큰 병원들에 가보면 의외로 부자나 지체 높으신 분들이 많이 누워 있지요. 이들 대부분이 탐욕의 지나침 때문에 중병을 앓는 분들이 많지만, 하루살기 급급한 어려운 사람들은 부자병인 당뇨나 고혈압, 고지혈증 같은 고급병에 잘 걸리지 않습니다.

여자의 자궁의 경우는 자식생산의 집이며 그 주인은 남편입니다. 남자가 종자를 뿌리기 위한 밭이고, 못자리인 궁전이지요. 또 유방은 갓난아이의 밥통이요, 아빠의 노리개입니다. 아이에게 모유를 먹인 아이와 젖이 늘어난다고 이유식만을 먹인 자식의 성장후의 상태보다 모유로 자라난 성장기가 월등하게 건강하다는 통계 수치도 있습니다.

간통(姦通)의 한문 뜻은 '세 구멍을 뚫어버렸다'인데, 사랑하는 자기 남편을 두고도 다른 남자에 인심 좋게 꼬리를 흔들고 다니다가 어느 날 덜커덕 엎혀버린 창피스런 모습, 최근에 우리나라도 간통죄가 해제되어 이젠 여인들도 살판 난 세상이지요.

실상 병이란 알고 보면 쌓이고 쌓인 오염된 모습들로 인간들 마음 씀씀이에서나 식생활들에서 밖으로 나타난 결정체인 만큼, 살아가다 보면 누구나가 생겨나기 마련이지만, 질병의 원인을 알게 된 이상 자기의 몸 관리가 정말 중요합니다.

이 세상에
머물 시간은 짧습니다

삶이 값진 것은 내가 오늘 하루를 여기에서 힘차게 열심히 살아가고 있기 때문입니다.

그것은 참 복 받은 일이지요. 만일 지체라든지, 불구의 몸이라 한다면 한세상토록 얼마나 힘든 삶이겠습니까? 그러나 그런 지체장애자인 분들도 극기하며 값지게 살아가는 분들이 너무 많은데 찬사를 보냅니다. 한편, 그런 분들이 있는 반면 내 몸이 아주 건강하고 탈 없이 살아가면서도 어떤 일시적 좌절로 인하여 세상을 비관하여 자살해 버리거나 우울증으로 세상 밖으로 나오지 못하고 슬픔 속에서 살아가는 그런 사람들도 많이 봅니다.

하나님이 주신 내 몸 하나를 값지게 쓰고 살다가 감사하게 돌려드려야 하는데 살아가다보면 인간이기에 그러지 못하고 만신창이 되어 몸은 망가지고 죄인으로 살아가게 됩니다. 우리가 세상에 나와 살아갈 시간이 아주 긴 것 같지만 실은 참으로 짧은 인생길입니다. 사는 동안 인생을 즐기며 살아갈 의무가 누구에게나 있지요. 세월을 가치 없이 허송해버린 인생같이 허무한 것은 없지요. 해보지도 않고 뭐든 현실을 부정부터 하는 삶은 값없는 인생의 낙오자일 뿐입니다.

다산 정약용 선생의 어록에 "가난한 것은 좇을 수 없고, 장차 올 것을 기약 못한다. 지금 눈앞에 있는 이것이야말로 세상에서 가장 즐거움이다." 라고 했듯 현재가 즐겁지 않다면, 그 어느 곳에서도 즐거울 수 없기에 언제나 지금 만들어야 한다는 의미이며, 매순간 자신이 깨어 있으면 나의 삶이 행복하고, 평화롭게 이끌어 갈 수 있기에 이는 곧 내 자신의 수양인 동시에 발전이고 가장 큰 즐거움일 것입니다. 필자가 이 나이에도 건강한 것은 나이는 숫자에 불과하다는 정신으로 건전한 생각과 하루하루 바로 지금의 이 시간을 위해 노력하고 글쓰며 건전한 마음속 생각으로 단련하니 희망이 용솟음쳐지는 느낌을 갖게 합니다.

우리는 누구나 이 세상에 와 죽는 날까지 자기가 할 일이 반드시 있습니다. 삶을 부정하는 짓은 죄악이지요. 내 값진 몸을 보람되게 쓰고 돌려드려야 자손이 복을 받습니다. 오늘도 내가 겪는 온갖 고통과 그 어려움을 어떻게 견뎌내느냐가 자신의 중요한 숙제인 것은 내가 이 세상에 태어난 밥값을 해야 하기 때문이지요. 인생의 최대 행복은 아마도 부도 명예도 아닌 사는 동안 지나침도, 모자람도 없는 나날의 감사함과 행복이 아닐까요?

인생에서 중요한 것 하나가 있다면, 학교에서 가르치지 않았던 참된 삶의 진솔한 처신과 대인관계의 산 경험인 노하우로, 인생의 공부가 따지고 보면 진짜 다져지는 인간관계의 처신법과 성공과 실패의 지름길이 될 수도 있다는 사실을 느끼게 됩니다. 그러므로 학교공부는 모든 틀 안에서의 노력으로 공부해 꼭 1등을 하려고 하지만, 사회의 인생 공부란 그와 반대로 학교에서 꼴찌한 사람이 돈도 많이 벌고 성공하는 사례의 사람들도 많다는 사실입니다. 그러기에 인생 공부란 산 경험의 해법 등 더 값진 것이기에 오히려 더 광범위한 전문 공부를 하기 때문이지요.

너무 완벽한 사람보다도 좀 어딘가 모자란 것 같으나 언제나 그 분을 만날 적마다 믿음이 가고 어딘가 끌리는 그런 진솔함이 생기는 사람이 있습니다. 그런 처신은 참 큰 비중을 차지하지요. 누구를 위해 꼭 사는 것보다 오직 내 인생 내 주관의 목표대로 코드를 맞춘 다음 남들 앞에 조용히 앞서지 않는 그런 사람이 믿음이 가는 존경스런 분입니다. 누구에게나 한 세상을 살아가다 보면 아기자기하게 즐거웠다거나 사랑했던 추억을 간직했던 잊을 수 없는 기억으로 남게 마련입니다.

과거 필자가 1980년 초 일본으로 건너가 초행길이었던 무역업에 종사할 당시 동경 하네다 공항에 내려 동경의 중심가 히비야 공원(日比谷公園) 가까운 곳인 니쥬바시(천황이 거주하는 곳) 곁길 훼야몬드 호텔에 여장을 푼 후의 일이랍니다. 가슴으로 그려보는 추억 같은 해바라기 연가이지요. 호텔을

정한 후 석양 무렵쯤 가까운 곳에 위치한 동경의 중심가로 유명한 거리에 긴자(銀座)와 유락죠(有樂町)가 있다는 말을 듣고 무작정 걷다보니 당시 서울서도 구경 못했던 휘황찬란한 밤거리 조명의 황홀함에 도취되었지요. 구경하고 다니던 밤길이 깊어지면서 정해둔 호텔 찾기가 어려워 오던 길을 서성이고 다니던 때 우연히 스쳐가는 한 젊은 여인이 있어 물어보니, 자기가 그 호텔 근방에 산다며 25분 정도 걸으면 된다고 해 함께 걸어가며 인사를 나누다보니 와세다 대학 2년생이라며, 첫인상에 미모가 여간 예쁘지 않았습니다.

필자는 과거 1945년 해방되던 해, 초등학교 4학년까지 일본말 공부실력이 전부라서 초행길인 일본에서 서툰 말로 나의 소개를 하니 그래도 잘 기억한다며 칭찬해줘 용기를 얻었지요. 그렇게 알게 된 이 여인이 너무 예절바르게 친절하며 동경에 머물던 18일 동안 겨울방학중인 이 학생에게 길안내 등 가이드 역할을 톡톡히 받았답니다. 그것이 인연이 되어 다음 일본에 오는 길에 선물 하나를 하고 싶은데 무얼 갖고 싶은가 물어보니 한국의 한복이 너무 보기 좋아 보인다며, 그걸 입어보고 싶다고 해서, 필자가 서울에 살 때라 종로 2가 신라주단이란 곳에 가 옷을 지어 선물했는데 입어보더니 입이 떡 벌어지더군요.

그 이후 야예꼬 학생과는 연인처럼 정말 국경을 초월하여 친숙해졌지만 이룰 수 없는 사이의 관계상 눈물로 이별을 해야만 했습니다. 그런 몇 년 후 결혼해 남편과 애까지 데리고 한국에 관광차 와 경주 등지를 머물다 간 일이 있지요. 일본의 교또(京都)와 같은 한국의 경주가 너무 좋았다는 인상이었습니다. 오래된 일이나 지금도 가끔씩 잊혀지지 않고 떠오릅니다.

야예꼬 학생의 가이드로 가본 곳이 아직도 기억에 지을 수 없는 몇 곳이 있는데, 특히 에도(江戶)막부 때 도꾸가와 이애야쓰의 영묘가 있는 간또(關東) 지방 닛꼬(日光) 온센은 세계문화유산으로 등록된 곳으로 유명하지요. 도쇼구(東熙宮) 절은 화려한 세공장식이 극치를 이룬 난타이산 기슭에 펼쳐져 있는 산중호수(주센지꼬, 中神寺湖)의 휴양지 노천온천에서의 하루는 진정 잊혀 질 수 없는 기억으로 남아 있습니다. 후지산(富士山) 아래 미야노시타 길 따라 내려가면 거기서 신간선으로 1시간 반 정도의 거리에 아타미 온천 호텔에 쉬는 때, 절벽 위의 자연온천욕으로 앞쪽엔 망망한 대해 태평양 바다가 내려다 보이고, 뒤로는 눈 덮인 후지산을 보는 대숲 속 절벽 위에서의 온천욕과 랍스타(살아있는 가재요리)는 정말 입에서 녹아내렸답니다.

이외에도 일본 3대 비경이라는 호수인 가스라바시 시로가와무라(百川村)에 절경의 비경 아래 뱃길호수의 관광은 환상이었고, 동경에서 쓰바메 신간선으로 두 시간 거리인 오사카(大阪)의 텐노지 쪽에 백제사 터 백제왕 신사와 우리나라 사람이 건축한 나라껜 사천왕사(四天王寺)가 있고, 거기서 텐리쪽 가는 길 초 사이다이지 쪽에 일반인 노천온천욕에는 며느리가 시아버님 등도 밀어준다는 곳이라 들어가 보니 남녀혼

탕이 되어 깜짝 놀랐습니다.

필자는 무역업 관계로 오사카에 주로 머물며 한국인들의 먹자거리 주점 집결지인 도돈부리(道頓堀)에서 많이 주재하며, 당시 대판지구 거류민단 부단장이셨던 김갑복(金甲福, 금형공장 운영) 씨의 사업알선에 큰 도움을 받아 그 은혜를 평생 잊을 수 없습니다.

중국에서는 특히 후첸생(福建省)에서부터 북경과 텐진(天津), 그리고 흑룡강성까지 기차로 장장 밤낮 4일간을 가다보니 러시아와 국경지역 송하강이 흐르는 치치알 시의 동짓달 추운 겨울을 여섯 달이나 영하 40도 엄동추위에 머물었던 기억을 더듬으라 하면 아마도 한 권의 책으로도 모자랄 것 같습니다.

그리고 남태평양 적도구역 피지(Fiji)에서의 13년간의 이민 생활은 많은 추억을 남겼지만, 한 가지만 들춰보고 싶군요. 필자가 거주하던 난디라는 곳에서 머잖은 곳에 아내와 종종 피지 안 원주민마을을 찾는데, 추장을 비롯한 주민들과 격식을 치룬 다음 이들과 어울려 손짓, 발짓하며 웃고 즐기던 날들과, 이들과 맹그로브 바다나무숲 아래 팔뚝만한 게가 잡혀 달로나 파파야 열매들로 이들 특유의 코코넛 잎을 싸 땅속에 돌을 싼 열기로 로고(바베큐)와 잡아온 야생 산돼지를 쇠창에 달아 구워 해변 모래사장에서 모닥불을 피워놓고 피부가 검은 이들과 어울려 밤새도록 카니발을 즐기다보면 비록 피부 색깔은 검지만 마음만은 너무나 순박하고 곱디곱답니다.

멀리 수평선 밤바다에 달무리가 보석처럼 반짝거리고, 파도가 출렁일 때마다 꿈길의 황홀함에 파묻혀 아내와 해변을 손잡고 맨발로 걸으며 고국생각에 잠겨보기도 했답니다. 그러다 동이 트면서 하늘이 붉게 물들어올 때쯤이면 이들과 작별하고 사탕수수 숲길을 돌아 나올 때쯤 숲속 여기저기서 사람 발자국소리에 놀란 고니나 기러기 떼들이 선잠을 깬 듯 놀라 후다닥 튀어나와 끽끽거리며 수면을 한참이나 박차고 하늘로 날아오르는 모습이 장관이지요. 이 지구상에서 정월 초하루날 해가 가장 일찍 솟아오르는 곳이 남태평양 상에 피지(Fiji)라는 사실을 처음으로 알게 됐습니다.

한세상에 나와 우리는 즐겁게 살아갈 의무가 있습니다. 그리고 보면 참으로 인생은 너무나 짧습니다. 즐겁게 살다가도 못다 사는 세상에 지지고 볶고 하지 마시고, 하루하루를 최선을 다해 값진 삶으로 즐겁게 살아가는 인생이 되기를 바랄 뿐입니다.

아버지와의
마지막 외출

한 소녀가 쓴 글을 부모들이 꼭 느끼고 깨달아야할 현실적 일상의 일로 남의 일이 아니라고 느껴져 여기에 옮겨봅니다.

나는 늘 술에 취해 돌아오는 아버지가 싫어서 마침내 집을 나오고 말았다,

아버지를 닮았다는 얘기를 듣고 싶지 않아 학교생활도 충실히 했는데....... 지나가는 사람에게 주정을 부리다 파출소까지 끌려가신 아버지를 보고는 더 이상 견딜 수가 없었다. 친구의 자취방에서 며칠 생활하던 나는 학교로 찾아오신 어머니를 통해 아버지가 심장병으로 입원하셨다는 소식을 듣게 되었다. 하지만, 그 소식에 내가 얼굴 표정 하나 변하지 않자, 어머니는 몸조심 하라는 당부만 하신 채 하얀 봉투 하나를 내밀고 돌아가셨다. 봉투 안에는 손때 묻은 만 원짜리 열장과 이런 쪽지가 들어있었다.

"미안하다. 아빠가 잘못했다."

다음날 수업이 끝난 뒤 내 발길이 닿은 곳은 아버지의 병실이었다. 나는 문 앞에서 한참을 서성이다가 고개를 빠끔히 내밀고 안을 살폈다. 눈에 띄게 수척해지신 아빠를 보고 마음이 아팠지만 그동안 쌓였던 마음이 사라진 건 아니었다. 심각한 심장병에 당뇨까지 겹쳐 절대안정을 취해야 한다는 간호사의 말에 나는 도저히 들어갈 수 없었고, 또 한편으론 들어가고 싶지도 않았다.

자식보다 담배를 더 좋아하고, 아내보다 술을 더 좋아하고, 가족보다 술친구를 더 필요로 하는 이해할 수 없는 모습만을 보여 주시던 아빠에게 차라리 이런 날이 오기만을 기다렸던 나였으니까. 아버지의 병실생활이 한 달이 다 되어갈 무렵 나는 돈 때문에 퇴원수속을 준비 중이라는 말을 듣고 한참을 망설이다가 휴학계를 냈다. 그리고 새벽에 일어나 신문을 배달하고 밤 늦게까지 식당에서 일하며 바쁘고 힘든 시간을 보냈다. 그런데 얼마 뒤 나는 뜻밖의 사고를 당했다. 새벽에 자전거를 타고 신문을 돌리다 현기증이 일어나 나도 모르게 핸들을 차도 쪽으로 꺾었는데 그만 달려오는 자동차에 치인 것이다. 눈을 떠보니 병원이었다.

나와 같은 환자복을 입고 내 곁을 지키고 계신 아빠를 보는 순간, 나는 내 손을 잡고 있던 아버지의 손을 뿌리쳤다. 따뜻함이 느껴졌지만 내 모습이 너무 초라하고 부끄러웠다. 나 때문에 병이 악화되신 아버지를 위해 정말 돈을 벌고 싶었는데. 그날 아버지는 퇴원을 하셨다.

그리고 병원비 때문에 곧 이어 퇴원하고 통원치료를 받으며 다시 일을 시작했다. 집에는 여전히 들어가지 않은 채, 그런데 하루는 아버지가 내가 일하는 레스토랑에 찾아와 근사한 레스토랑으로 날 데리고 가셨다.

"너 휴학했니?"

나는 아무런 대답도 할 수 없었다. 아버지를 위해 내가 원한 일이었고, 한 번도 그것에 대해 후회하지 않았지만, 그 순간 왠지 모를 피해의식이 느껴졌기 때문이다. 식사가 끝나고 한참 침묵이 흘렀다.

"저요, 남들처럼 아빠한테 애교도 부리고 성적 오르면 칭찬받고, 잘못하면 야단도 맞고 싶었어요."

18년 동안 참아왔던 눈물이 봇물처럼 터지기 시작하더니 도무지 그칠 줄 몰랐다.

"너한테 용서해달라고 여기까지 왔는데 그 말을 들으니까 너무 고맙다."

내 생애 처음으로 아빠 품에 안겨 울면서 아버지에 대한 미움을 씻을 수 있었다. 그러나 그게 아빠와의 처음이자 마지막 외식이 되고 말았다.

그 뒤 아빠는 병이 더 나빠져 다시 입원하셨다. 매일 더 야위어만 가는 아빠가 안쓰러워 가슴 졸이며 수술할 날만을 기다렸는데, 드디어 수술 받는 날이 하루 앞으로 다가왔다. 그 날따라 자꾸 눈물을 보이시던 아버지는 어머니에게 몇 번이고 미안하다는 말만 되풀이하시더니 나와 동생들에게도 사랑한다고 말씀하셨다. 그리고 초등학생 막내를 안고는 서럽게 우셨다.

"우리 막둥이 건강하고 행복하게 살 수 있도록 아빠가 언제까지나 지켜줄 거야. 그러니까 울지 말고, 엄마 말씀 잘 듣고. 알았지? 약속하자!"

막내 동생은 새끼손가락을 내밀었다. 아빠가 왜 저렇게 나약한 말씀을 하실까, 흐르는 눈물을 감추고자 잠시 발코니에 나와 밤하늘을 바라보며 별님 달님에게 수술이 잘 되게 해달라고 기도하고 있는데 막내가 울면서 뛰어 왔다.

"누나, 아빠가 돌아가셨어."

하루만, 아니 열일곱 시간만 참으시지. 정신없이 병실로 뛰어 들어간 나는 이제껏 한 번도 따뜻하게 잡아드린 적 없던 아빠의 손을 덥석 잡았다.

"아빠! 아빠만 사랑한다는 말만하고 이렇게 눈감으시면 어떡해요. 나도 아빠한테 사랑한다고 말하려했는데."

아버지를 그렇게 떠나보내고 며칠 뒤 어머니 통장에 큰돈이 들어와 있는 사실을 알았다. 돌아가시기 이틀 전 아버지가 고집을 피우며 아픈 몸을 이끌고 혼자 외출하시던 일이 떠올랐다. 그 돈이면 진작 수술 받으실 수 있었을 텐데. 아버지는 당신이 가실 날을 미리 알고, 남은 가족을 위해 조금씩 몰래 모아둔 그 돈을 남겨주신 것이었다. 통장에 박혀있는 아버지 이름 석 자를 보며 나는 목이 메어 소리 없이 눈물만 흘렸다. 나는 1년 만에 복학해 고등학교 졸업장을 받았고, 지금은 가구 판매원으로 일하고 있다. 그리고 맏딸로서 아버지를 대신해 막내 동생 뒷바라지를 하고 있다.

이것이 바로 아버지께 미처 말하지 못한 사랑의 표현인 걸 아빠도 알고 계시겠지. 이제 그리운 아빠를 생각하며 다시 아버지라고 불러본다.

아빠의 빈자리를 열심히 채워가는 딸.

슬픈 세상 다 쓰고
죽으면 남는 건 사랑뿐

　물자가 풍족하고 살기야 좋아졌다지만 인심은 날로 더 흉악하게 변해가는 세상입니다.

　왜 그럴까 깊이 생각해 봅니다. 나라 땅덩이는 남북으로 두 동강이 나 갈라져 좁은데다 인구밀도는 높아지며 살기가 점점 어려워 집세가 천정부지로 높아져 고급주택은 꿈도 꿀 수 없이 어렵고, 잘살아 보려 해도 갈수록 빈부의 격차가 심해지는 자본주의 세상이다 보니 있는 부자들이야 살기가 편하겠지만, 봉급생활자나 시장바닥에서 사는 사람, 농사를 천직으로 살아가는 사람들에게는 수십 억짜리 고급 아파트나 빌라가 요원한 꿈입니다. GNP가 3만 불 시대에 살아간다 해도 살기는 더 어렵고 힘들어 어떻게든 지금의 위기를 탈피해 보려고 노력해 보나 살벌한 세상이 되다보니 눈 뜨고 코 베어가는 세상으로 변해 남을 돌보거나 옆을 쳐다보며 살아가기가 여간 어려워 그저 하루살이 호구지책만을 위해 살아가야 합니다.

얼마 전 신문을 보니 30세 전후의 젊은이가 자기차로 접촉 사고를 일부러 120여 차례 이상 낸 후 보험금 대신 현금만으로 합의하여 수천만 원을 챙기다 수상히 여긴 경찰에 꼬리가 잡혀 쇠고랑 차는 일이 생기는가 하면, 오토바이 날치기나 백화점, 마켓에 들어가 닥치는 대로 슬쩍 챙겨 달아나다 잡히고, 아파트 주인 없는 집만 골라 털거나, 새잡는 새총으로 구술을 끼어 잘 사는 집을 향해 쏴 유리창을 박살내거나 이유 없이 고급차를 쏴 유리를 깨는 일이나, 운전 중 속도가 느리거나 앞지르거나 쌍 라이트가 방해를 한다고 트렁크에서 흉기를 들고나가 상대 운전사를 찔러 죽였다는 일, 아파트 엘리베이터에서 학교 갔다 집으로 가는 8살짜리 두 아이들에게 40대도 넘는 정신 나간 인간이 강제로 성추행하다 CCTV에 잡혔다거나, 한 신사가 술 몇 잔에 취해 길에 쓰러져 있는데 한 젊은이가 접근해 지갑만 빼가는 자를 CCTV 때문에 잡았다는데, 그 지갑 속에 1천원이 들어있었다는데도 죄질이 나쁘다고 구속영장이 떨어졌다니, 과거 불란서 영화 장발장 소설이 생각이 나는군요. 수십 억 챙겨먹고 오리발 내밀어도 구속영장이 안 떨어지는 세상에 불과 1천원에 죄질이 나쁘다고 구속되다니, 참 기가 차는 요지경 세상입니다.

또 어느 한 교회의 베이비박스에 출생한지 5일된 아이를 두고 가 교회에서 결정하기를, 다른 불행한 어린이를 위해 네 사람의 어린이에게 장기이식을 하였다는 기사 등등을 읽으며 참 불공평한 세상 같아 마치 요지경 세상인 오늘날의 살벌한 인심이 날이 갈수록 슬픈 세상으로 변해가는 모습들이 이승에 태어난 것이 후회스럽게 느껴지면서, 남의 눈에 눈물내면 언젠가는 제 눈에도 피눈물 나는 때가 반드시 온다는 교훈을 잊고 살아가는 세상입니다.

이 세상 모두는 부모 없이 하늘에서 떨어진 인간은 한사람도 없습니다. 서울 한복판 종로 4가에 가면 오갈 때 없는 독거노인들이 무료급식소 이외에는 갈 곳을 잃고 시간을 보내는 분들이 미어집니다. 이제 우리나라도 100세 시대라 노후 혼자 사는 고령분들이 급속하게 늘고 있지요. 통계청 자료에 의하면 매년 2만 명 이상의 남성이 부인과 사별하고, 부인은 8만 명 정도가 남편을 보내고 혼자되는 것으로 나타났다고 합니다. 사별 후 혼자 사는 남성의 기간은 평균 9년 정도, 여성은 평균 16년 정도라고 하지요. 산업화로 인한 핵가족이 일반화되면서 떨어져 지낸 기간이 긴만큼 서로의 가치관이 달라졌기 때문이라는 사실입니다. 생각이 서로 다른 세대가 한집에 모여 살면 사소한 일상에서부터 갈등이 생겨나 의견충돌이 잦아지기 때문이라고 합니다. 그러다보니 자연스럽게 힘없는 노인들은 밖으로 내쫓기게 되어 언젠가는 혼자 사는 노후를 맞을 수 있게 된다는 생각을 갖게 되는 상황에 처하게 되지요. 그러기에 혼자 살아보는 연습도 절실히 필요케 되었습니다.

일본 같은 경우는 우리나라보다 일찍 노령화 사회가 정착돼 있는 것을 필자가 무역업을 하던 35년 전에 보고 예를 하나

들어 봅니다. 모든 병원들마다 멀쩡한 노인 분들이 환자복을 입고 모여 앉아 잡담하거나 입원을 해, 이상해서 아는 분께 문의해 보니 의료보험 지원으로 얼마든지 무료입원이 가능하다고 해 그런가 하고 이해했으나, 우리나라에서도 의료보험 복지가 15년 전쯤부터야 시행되면서 실버시설이 많아 졌고, 복지해택을 받는 것을 보고 이해가 갔습니다.

노후 준비에 고립을 피하는데 가장 중요한 것은 주거형태라지요. 자녀들과 같이 살기를 원치 않는다면 자기가 홀로 조용히 정서적으로 살만한 15평~20평 정도를 구입해 쇼핑, 의료시설이나 공기 맑은 전원생활을 누리거나 취미생활 또는 규칙적인 도보운동을 할 수 있도록 노후 준비로 바꿔야 합니다. 부부간에 함께 노후를 같이할 수 있다면 그 이상이 없겠지만, 언젠가는 헤어질 것이라는 사실을 깨닫고 노후대책을 세워야 합니다.

위암 말기의 사형선고를 받은 어느 50대 환자가 살아오다보니 진달래꽃이 분홍색인 걸 이제야 봤고, 그렇게도 아름답게 예쁜 줄은 몰랐다나요. 서울 강남에 큰 빌딩을 가지고 있어 오직 자식들 다 가르치다 보니 옆도 보지 못하고 술 한 잔도 옳게 못 먹으며 아등바등 돈만 벌려고 허덕이다보니 정말 세상을 헛산 것 같아 번 돈 자식 위해 쓰지 말고 남는 돈 없는 사람에 자선하라면서 하염없이 눈물을 흘렸다는 이야기입니다.

〈다 쓰고 죽어라〉라는 책을 저술한 스태판 폴란이 책 내용에서 말하기를,

첫째, 기업은 당신에게 평생을 약속하지 않는다. 직장에서 그저 '용병'일 뿐, 더 좋은 조건이면 서슴없이 옮겨라 (Quit Today).

둘째, 카드를 사용치 말고, 현금으로 지불하라(Pay Cash), 낭비가 없어진다.

셋째, 은퇴하지 말라(Don t Retire). 연금으로 빈둥거리는 것일 뿐 정신이 녹슨다. 영원한 휴가를 즐길 수 있다는 환상에서 깨라.

넷째, 다 쓰고 죽어라(Die Broke). 위의 세 가지로 살아왔다면 이미 충분히 재산을 모았을 것이다. 자식에게 물려줄 생각은 버리고 자식들의 자립정신을 스스로 기르도록 하고, 나만의 여생을 최대한 즐겨라. 물려줄 유산이 없으면 자식들이 돈 가지고 서로 다툴 일도, 가산을 탕진할 일도 없다. 결국 후회 없이 살라는 의미다.

이 세상을 위하여 내 몸을 다 쓰고 간다는 것은 단 재산만이 아니다. 몸 마음 정신까지도 그렇다. 예쁘게 아름답게 고귀하게 가꾸고 배워라. 미래를 위하여 건강을 모으는 것이 아니라 쓰기 위해서 운동을 하는 것이다. 가족에 대한 걱정, 미래에 대한 두려움, 외로움 같은 것을 버리는 연습을 해야 한다. 이 세상에 와서 후회 없는 죽음을 맞이하기 위해 자신만의 행복 기준을 만들어야 한다는 것이 전체적 내용입니다.

2015년 1월 23일 사우디 국왕이 20여 년간의 집권을 접고 세상을 떠났다지요. 총리와 삼권을 쥔 국왕은 이슬람 성지까지 장악한 힘의 메카였던 그도 세월 앞에서는 손을 들고 한줌의 흙으로 돌아갔습니다. 우리나라 돈으로 3경 원에 해당되는 3,000여 억 배럴 이상의 석유가 묻혀있고, 자기가 소유한 재산만도 18조에 이르렀다지만, 결국 폐렴 하나 이겨내지 못하고 91세의 나이로 생을 접었답니다. 이슬람 수니파의 교리에 따라 '사치스런 장례는 우상숭배다' 라고 하여 서거 당일 수도 공원묘지에 묻혔다지요. 시신은 관도 없는 흰 천만 두르고, 봉분을 하지 않고 자갈만 깔아 흔적만 남겼답니다. 비문도, 세계 지도자들의 조문객도 없이 평범하게 묻혀 과연 공수래 공수거의 허무한 삶의 모습을 실감케 하였답니다.

일찍이 세기의 철학자요, 종교지도자였던 솔로몬 왕은 "헛되고 헛되니 모든 것이 헛되도다"라는 유명한 말로 허무하다고 탄식을 했다면, 아마도 친구들과 나누는 찻잔 속의 따스한 향기가 더 소중한 것일지도 모른다고 했습니다. 일본을 통일한 원숭이 같이 못생긴 도요토미 히데요시는 죽음 앞에서 '일장춘몽' 이라 했다지요.

주름진 부모의 얼굴도, 아이들의 해맑은 재롱도, 아내의 지친 손목도, 남편의 피곤한 어깨도 서로의 따뜻한 위로와 미소로 보듬을 수 있는 오늘의 사랑만이 현재를 사는 눈물겨운 슬픈 세상의 지혜가 아닐까 생각해 봅니다. 우리 인생사 한평생 안개 같은 삶의 터전 위에 당신은 무엇을 심어둘 것입니까? 남기고 갈 흔적은 아무 것도 없는 것, 살아있는 동안 오직 사랑만이 우리에게 남아있는 소중한 보물입니다.

왜 사는가
묻지 마세요

−학대당하는 노인들, 자식이 제일 무섭다

이 세상에 태어난 우리 인간의 기본은 만물의 영장이며 효의 참된 정신으로서 인간다운 삶의 인성을 회복하는데 있다면, 반드시 효를 세워야 합니다.

자기를 낳아주신 부모의 은혜에 감사할 줄 모르는 인간은 금수(bestial)와 같아 삶의 근본을 잃어버린 사람이기에 은혜 중 가장 큰 은혜는 나의 생명을 주신 분이시라 그 효가 하늘에 닿아 도를 이룬 인생의 근본이 되기에 당신을 낳아주신 부모님의 큰 은혜에 감사할 때 당신은 삶의 값어치를 알고 성공할 것입니다. 그것이 인성회복의 첫걸음이지요.

그런데 오늘날 힘없는 노인들의 현실적인 상황은 너무나 서글프고 끔직한 불효의 형태를 직시하면서 어버이날에 실린 내용들이 너무 가슴 아파 여기에 실어 봅니다.

서울 영등포에 거주하는 정신장애 3급의 최 모(70) 할머니는 함께 살고 있는 아들(41)의 끊이지 않는 폭력과 학대를 당하면서도 누구에게도 알리지 못한 채 수년간 견뎌야 했는데, 일자리도 없고 미혼인 아들은 정신장애자인 할머니에게 구걸을 시켜 그 돈을 뜯어내는가 하면 폭력과 폭언을 일삼았고, 심지어 정부가 지원하는 장애수당이나 후원금, 노령연금 역시 아들이 다 빼앗아갔다. 이런 학대를 보다 못한 여동생이 뒤늦게 외부로 이 사실을 알렸다.

최 할머니 사례처럼 노인학대의 가해자는 주로 친족이었고, 특히 아들이 많다는 조사결과가 나와 서울시가 노인보호 전문기관 2곳을 대상으로 노인 학대 실태조사를 실시한 결과 2014년 976건의 학대 신고가 접수, 전해보다 13% 증가했는데, 이 가운데 학대당한 노인이 모두 420명으로 월평균 30~40명이 피해를 입었다고 한다.

따뜻한 자식들 품에 사랑을 나눠야할 부모들이 학대받아 집을 나와 길가에서 추운 날 거적 깔고 노숙하며 눈물을 흘려야 하는 세상이 돼버렸습니다. 학대 가해자의 절반 이상(56.2%)이 자식이었다는 사실로 밝혀지면서 서울시 복지건강본부장은 "물질만능주의가 확산되고 경제적으로 각박해지면서 어르신에 대한 학대가 날로 늘어난 것으로 안다"며 "제도개선 및 처벌강화와 함께 주위 사람들의 세심한 관심이 무엇보다 중요하다"고 말했고, 폭행가족으로부터 노인을 격리하고, 보호

시설 4곳과 어르신 전문병원 2곳, 응급의료기관을 지정해 집에 돌아가기 어려운 노인에게 보호기간을 연장하고, 심리상담도 병행한다는 것입니다.

　반면 가진 노인들도 말 못하는 고민 또한 큰데, 자식과 재산 문제로 '재산 안 주면 맞아죽고, 반을 주면 쫄려죽고, 다 주면 굶어죽는다.'는 말도 있습니다. 출가시킨 후 아들은 큰 도둑, 며느리는 좀도둑, 손자들은 떼강도, 빚진 아들은 내 아들, 돈 잘 버는 아들은 사돈의 아들이라는 말이 유행한다지요. 그러니 죽을 때까지라도 돈을 꼭 쥐고 있어야 하는데, 안 그러면 자식들한테 무시당하기 짝이 없어 다 쓰고 죽어야 하는데 나중에 자식들한테 유산을 놓고 서로 분란이 일어나니 이젠 다 써야겠다는 얘기며, "돈 없이 젊은 시절은 보낼 수야 있지만, 돈 없이 노년을 보내기란 참으로 더 어렵다."고 했다지요.

　60세 이상 노인의 빈부격차가 심화되면서 불과 10년 사이에 자살률이 배 이상 증가했다는 통계수치가 있으며, 이미 우리나라는 노인들 절반 이상이 빈곤노인들로 세계 최악의 노인 빈곤국에 속해 있다고 합니다. 다 쓰고 죽자와 정반대 상황 속에서 죽지 못해 사는 인생이 되어 버렸고, 자식들에 학대당하며 돈 없는 노년 살아가기란 정말 두렵기만 하답니다.

　어버이날 가슴 미어지는 슬픈 사연들이 많으나 두 분의 애환에 담긴 글을 실어봅니다. 자식을 둔 부모라면 내리사랑을 확인하며 흐뭇해 하는 어버이날, 하지만 시부모와 남편, 아들마저 잃은 어머니는 이날도 죄인이었습니다. 소박한 일상마저 그립고 아파서 마른 눈물을 쏟아내야 하는 '오월의 어머니' 이정자(65) 여인의 사연은 듣는 이의 가슴을 미어지게 만듭니다. 평범한 농부의 아내이자 며느리, 어머니였던 이 씨는 어버이날이면 가슴앓이를 한다고. 그녀도 35년 전까지만 해도 어버이날은 그토록 바라던 날이었는데, 1980년 5월 20일 시동생을 찾으러갔던 시어머니가 광주대학가 앞길에서 계엄군이 쏜 총탄에 맞아 사망하면서 그녀의 삶은 일그러지기 시작했다지요.

시어머니의 떠난 빈자리가 컸던 탓일까, 아내의 억울한 죽음에 시름시름 앓던 시아버지가 병으로 세상을 떠난 뒤 술로 날을 보내던 남편마저 그녀의 곁을 떠나고 말았다. 하늘도 이토록 무심할 수 있을까. 그녀의 곡소리는 여기서 끝나지 않았다. 시부모와 남편을 잃은 슬픔이 채 가시기도 전에 군대에 간 둘째 아들의 비보(悲報)를 전해 듣게 된 것이다. 제 인생에 원망스러움과 억울함을 늘어놓을 법도 하지만 그녀는 우선 마음을 다잡아야 했다. 남은 자식들의 생계를 책임져야 했기 때문이다.

그녀는 식당종업원, 일용직 노동 등 일이라면 닥치는 대로 했다. 당장 먹고사는 것도 문제였지만, 아마도 먼저 떠나보낸 이들에게 조금이나마 부끄럽지 않은 삶을 살았다는 모습을 보여주고 싶은 마음이 아니었을까!

하지만 해마다 5월이 돌아오면 악몽이 되살아난다. 어린이

날(5일), 어버이날(8일), 기일(20일), 부부의 날(21일) 등 시부모와 남편, 아들의 얼굴이 주마등처럼 스쳐지나가기 때문이다. 그녀는 어버이날도 홀로 맞으며 시부모의 묘소를 홀로 찾아가 카네이션을 바친 뒤 그간 삼켰던 눈물을 마음껏 쏟아내고 싶어도 두려움에 선뜻 용기가 나질 않는다는 그녀는 "5월만 되면, 집밖에 나서는 게 무섭고 가슴이 떨린다. 어버이날 매년 시부모님을 챙기지 못해 미안하고 죄스럽다. 자녀들이 아버지 없는 날 보내는 것도 가슴이 미어진다."고 울먹였다.

올해도 어김없이 찾아온 5월. 그녀에게도 슬픈 눈물이 아닌 기쁜 눈물을 흘린 날로 기억되는 어버이날이 언제쯤 돌아올까?(광주일보 이종행 기자의 글)

알코올 의존증을 앓고 있는 아들(42)로부터 어머니 박정순(67) 씨는 자식이 때리거나 욕해도 참아야 했고, 신체적, 정서적 학대를 심하게 받아왔다.

어머니 박 씨는 자식의 병을 낫게 해달라고 새벽기도까지 다니며 열심히 신앙생활 하는 것을 못마땅하게 생각한 아들은 술을 먹고 성경책을 불살라 버리거나 찢기까지 하며 심지어 "엄마도 묻어야겠다.", "천국으로 보내줄게" 등의 폭언을 일삼았다. 더구나 아들은 날카로운 집기로 어머니의 손목을 찌르려고 하는 등 학대를 근 5년간이나 해왔지만, 언젠가는 어머니의 신앙심의 기도 앞에 지고 말 것이라는 생각으로 심한 타박상이나 맞아도 극구 신고를 하지 않았다. 자식을 위해서라면 자신의 생명까지도 아끼지 않는 그런 사랑이 부모의 마음이기 때문이다. 그러나 결국 보다 못한 이웃의 신고로 어머니 박 씨는 온 몸에 상처투성이가 된 체 노인 전문기관에 인계됐지만, 여전히 아들에 대한 처벌만은 원치 않았다.

현행 노인복지법에 노인학대를 막을수 있는 역할을 할수 있는 국회나 위정자가 제일 시급하게 해결해야할 현실적 사실을 뒷짐 지고 불구경하는 무책임을 개탄치 않을 수 없다. 〈노인 학대범죄의 처벌 등에 관한 특례법안〉은 *노인 학대범죄 상습범에 대한 가중처벌 *노인복지시설 관련업무 수행자의 신고 의무화 및 미 이행시 과태료 부과 등 법적 제재를 강화하는 방침을 담았다고 한다. 현행 노인복지법에는 사법경찰관의 동행 근거가 마련돼 있지 않아 '노인 학대를 범죄로 인식하고 가해자를 처벌하기 위한 현실성 있는 규정을 마련하는 입법적 접근이 필요하다' 는 것이다.

영일 정씨 송강 정철(鄭澈)(1536~1596) 선생은 선조 때 장원급제, 1585년 우의정을 하시며 유명한 관동별곡, 사미인곡, 성산별곡 등 많은 장가를 비롯한 저서를 남겼는데, 그의 훈민가 중에 자효의 글이 있습니다. 관동 팔백리길을 걸으며 지었다는 이 글은 부모에 효행하는 뜻으로 '어버이 살아 실제(생전) 섬기길랑 다 하여라, 지나간 후면 애닯다 어이 하리, 평생에 고쳐 못할 일은 이뿐인가 하노라' 했고, 명심보감에도 자식이 효도하면 어버이는 즐겁고, 집안이 화목하면 모든 일이 이루어진다고 했습니다. 시인 조병화도 죽기 전에 묘비에 남겨달라는 글로 "이 세상에 나왔다가 이제 어머님 심부름 다 마치고 어머님께 돌아왔습니다."라고 썼다지요.

어버이날의 유래는 지금부터 약 100여 년 전, 미국 버지니아 주 웹스터 마을에 안나 자이비스란 소녀가 어머니와 단란하게 살았었는데, 불행하게도 어느 날 사랑하던 어머니를 여의게 되는데, 소녀는 어머님의 장례를 엄숙히 치르고 그 산소 주위에 어머니가 평소 좋아하시던 카네이션 꽃을 심었다지요. 그리고 항상 어머니 생전에 잘 모시지 못한 것을 후회하여 소녀는 어느 모임에 참석하면서 흰 카네이션을 가슴에 달고 나갔다지요. 보는 사람들이 그 이유를 물었더니 소녀가 대답하기를, "어머님이 그리워 어머니 산소에 있는 꽃과 똑같은 꽃을 달고 나왔다."고 말합니다. 그 후 어머니를 잘 모시는 운동을 벌여 1904년 시애틀에서 어머니날 행사가 처음 개최된 후 미국에서는 1913년 이래 매년 5월 둘째 일요일을 어머니날로 정하였고, 점차 세계적인 관습이 되었다고 합니다.

우리 민족이 36년간 일제의 억압 속에서 제대로 가르치지 못한 한을 정부가 수립된 이후 너나없이 내 새끼들만은 잘 가르쳐 우선 권력기관인 법관이나 정부 관료를 만들어 출세시켜야 한다고, 없는 살림에 논 팔고 밭 팔고 소 팔아 무조건 1등 공부만 시켜 놓고 보자는 심리가 만연하다보니 진정한 부모공경의 가정교육이나 학교의 올바른 인간교육은 저 멀리 제쳐두다 보니 우리사회가 개판 사회로 만들어져 버렸습니다. 이런 위정자들의 엄청난 교육정책의 실패가 한참 즐거워야할 가정이 영어공부와 과외 때문에, 미국이나 유럽이란 곳에서 출세만을 위해 공부한 자식(40~70대)들이 고국에 돌아와 고위직에 앉다보니 인성이나 인간미가 전혀 없이 돈이 우선인 사회로 전락돼 버려 더 이상 수습할 엄두도 내지 못할 정도가 돼 버렸지요.

무조건 1류 대학을 나와야 한다고 박이 터지다보니 졸업자가 이젠 과잉상태가 돼 고급 실업자가 무려 200만이 육박했다는 통계니 정부에서 골머리를 앓고 있지요. 이로 인한 부작용은 1등 공부와 빨리빨리 병이 생겨나고, 한참 즐겁게 살아가야할 40대 가정에 공직자들 자녀들 뒷돈 감당이 어려워 가랑이가 찢어지다 못해 부정을 저지르다 탈이 나고, 기러기 아빠들의 가정에 파탄이 속출, 세계에서 이혼, 자살, 사기, 절도, 강도, 고위공직자 도둑질, 교통사고, 춤바람에 성추행까지 부정적 측면에서 1등 국가로 낙인 찍혀져 수습키 어려운 현실사회로 전락돼 버려, 지금의 한심한 나라현실을 누굴 잡고 호소할 길조차도 없는 통탄스런 현실입니다.

필자가 무역업을 하며 일본에서 1980년대에 다니며 보고 절실히 느낀 것을 제가 저술한 책마다 소감을 밝힌 바 있으나, 이제라도 늦지 않는 것은 어린 아이들(3~8세)이라도 일본식 교육정책을 빨리 도입해 실천해야 할 절실한 때입니다. 그것은 초등학교 1~2학년까지는 다른 영어나 그런 교제의 공부는 일체 없고 그저 수신(修身) 교육밖에 가르치지 않습니다. 부모를 공경하고 인사하기, 줄서기, 나라사랑, 신발 바로 놓기, 정직하기, 공공질서 지키기 등 한마디로 어린 나무 묘목이 바로 성장하도록 부모나 담임선생님이 그 기간 동안 철저한 인간을 만든 다음 3학년부터 학교공부를 본격적으로 시킵니다. 그러므로 1~2학년 때 담임선생님은 노련한 학교의 원로 선생들로 이력에까지 올려 자랑스럽게 생각한다고 할 정도입니다.

부모의 사랑과 선생님의 바른 가르침으로 자라는 자녀가 장차 크면 부모를 잘 돌보고 효행을 하게 되지요. 삶의 안식처인 편안한 가정에서 잘 자라는 자식일수록 사회에 모범된 인간이 됩니다. 그런 가운데 스승에 감사하고, 사랑의 제자를 기쁘게 맞을 것입니다. 가정을 이루는 부모는 자녀들 앞에서 절대로 언쟁을 하거나 나쁜 본을 보게 해서는 안 됩니다. 반드시 부모의 모습대로 따라가기 때문이지요. 사랑이 충만한 가정을 만들기 위해서는 제일 중요한 인성교육이 첫째이고 마지막입니다.

잘 있어라, 잘 가시오,
흔드는 빈손

   이 세상에 태어나 잠깐 살다 혼자 가는 길이 인생입니다. 어떤 마음, 어떤 모습을 남기고 살아가는가의 흔적은 저마다 마음 씀씀이 깊숙한 곳에 숨겨둔 판도라 상자겠지요.

   그 마음속엔 저마다가 참으로 많고 많은 아픈 사연이나 애환(joys and sorrows)의 상처를 간직하고 사는 길이라서 마치 '연못에 어떤 마음의 인연을 심느냐'가 참으로 중요하답니다. 그 절여진 삶의 인생사 모두가 따지고 보면 자기 분수를 모른 지나친 탐욕과 허영심에서 생겨나는 것이기에 너나없이 진흙 탕 속에 뒤범벅이 돼 살아가는 모습들인 게지요.

   문득, 필자의 경우도 가던 길을 멈추어 스쳐간 날들을 되돌아보니 희망과 좌절, 기쁨과 슬픔, 땀과 외로움이 범벅된 초라한 모습들로, 고독을 달래며 걸어야했던 길들이 지치다 못해 어느 새 지천명(知天命)에서 이순(耳順)에 들더니 겨우 한 10년을 더 버티고 나니 팔순(八旬)마저도 훌쩍 뛰어넘어버린 황혼 벌에서 지친 영혼만이 주마등처럼 가물가물 졸고 있네요.

참으로 냉혹한 현실이 말해주듯 팔팔하던 내 어깨가 축 처져 지나간 세월 앞에 서글픈 상처만을 달래야하는 기로에 서서 아쉬운 이별을 나눠야 하듯 "애들아 잘 있어라!"라며 흔드는 내 가벼운 빈손의 처량한 모습만이 보일뿐입니다.

지금이야말로 진정 돈으로도 살 수 없는 게 그 무엇일까? 그게 단 하나 남은 내 건전한 마음인데 그래도 혹여 배탈 나고, 감기 들세라 걱정되는 일을 귀신이 미리 알아차리고 와서 목을 휘어잡고 몰래 잡아갈까? 걱정부터 하는 내 처량한 신세가 안쓰럽게만 느껴집니다.

허나, 젊은 시절에는 꽃이 만개하던 시절도 있었고, 꿈도 부풀었던 세월도 많았답니다. 한창 무서울 게 없이 잘 나가던 한 시절, 길을 잃고 방황했던 이정표 길목에서 중국 흑룡강성(黑龍江省) 치치알시에 끝없이 뻗은 중국과 러시아 국경 송하강변, 모진 칼바람 거센 한겨울 영하 40도를 오르내리던 낙목한천(落木寒天) 망망한 허허벌판에서 나의 존재감 자체를 상실한 채 세상만사가 다 싫어 자살을 기도하기 일보 직전, 떠오른 고국 산천, 아내와 자식들의 얼굴이 보여 모진 목숨을 호연지기(浩然之氣)로 달래야 했던 날들이 어제 같은데, 그땐 언제나 내 곁에 어진 아내가 있어 어려운 고비마다 안분지족(安分知足)에 따뜻한 마음 한 줄기로 나를 젖무덤에 파묻어 두고 꼭 껴안아 보듬어주던 그 기억을 도저히 지울 수가 없네요.

그 혹한(酷寒) 속에서도 내가 기어코 살아야한다는 또 하나의 큰 용기는 그 곳 동짓달 엄동설한에 쌓아둔 벼 타작 집 덩굴 속 여기저기에 궁전 같은 집을 지어놓고 살던 토끼만큼 살찐 생쥐(mouse)들이 타작 소리에 놀라 후다닥 튀어나와 질겁을 했음에도 모진 생존을 위해 질기게 살아가는 그 강인함을 보고 재기의 용기를 얻기도 했답니다.

결국, 인생살이가 이 세상에 내가 존재하고 있으니 세상이 있고, 내가 없으면 세상도 없으므로 분명, 이 세상의 주인은 바로 나이고 당신입니다. 내가 없는 이 세상 아무리 높은 빌딩이나 화려한 집을 지어놔도 나 없는 저 높은 빌딩이야말로 무슨 소용이 있으며 도깨비 허수아비나 다름없겠지요. 어떤 사람이 말하기를 짧고 굵게 살다 가는 게 산 보람이라 말하지만, 그래도 이승에 와 무병장수로 천수(天壽)를 누리며 넉넉하게 인생을 살다가는 것이 큰 복이 아닐까요. 실상, 죽어버린 박사보다 건강하게 살아있는 멍텅구리가 더 낫다는 이유는 지금 내가 살아 움직일 수 있기 때문에 그 행복이상 또 뭐가 있단 말인가요. 불교에서 말하길 개똥밭에 파묻혀 뒹굴어도 저승보다는 이승이 더 낫다고 하질 않던가요? 무엇보다도 소중한 것은 내 존재의 맥박(pulsation)이 지금도 쉼 없이 열심히 뛰며 숨 쉬고 삶에 적응하고 있다는 것입니다.

넓은 세상이 그렇게도 좁다고 휘젓고 다니던 필자의 젊은 시절이 어제 같은데 다시는 고국 땅을 영영 밟지도 못하고 생을 마감할 줄로만 알았던 이민생활이, 그래도 죽어 뼈라도 태어난 곳에 묻어야한다는 굳은 신념(信念) 하나 때문에 돌아와 황혼길 이곳 〈강진 벌〉에다 마지막 혼(魂)의 여생을 묻을 줄이야 꿈에도 생각 못한 일이라 그나마 참 흡족한 마음뿐이랍니다.

한 세상을 살아가는 그런 속에서 누구 할 것 없이 수많은 만남의 사연들 속에는 악연(惡緣)의 고리인 복수나 선(善)의 인연이 반드시 있기 마련이기에 그 깊었던 만남의 정(情)과 사연의 아픔을 남겨두고, 헤어져야 하는 사연들이 너무 크기에 지울 수 없는 기억들이 남게 되지요.

김수한 추기경의 '친정'이란 글이 생각납니다. "세상에는 많은 길이 있다. 그 수많은 길을 따라 걸으며 저마다의 발자취를 남기는 여정(旅情)의 길뿐만이 아니라 사람과 사람 사이에도, 마음의 길이 있고, 그 길을 따라 가까워지기도 하고, 때로는 멀어져서 다시 못 만나기도 한다. 나 자신은 사랑이 머리에서 가슴으로 내려오는데 칠십년이 걸린 것 같다. 인생에서 가장 긴 여행은 머리에서 마음에 이르는 길이 아닐까 생각했다."

그만큼 저마다 만남의 인연이란 참으로 소중하고, 끈질기며 존귀하여 전생 수 만 번 환생의 거듭함 속에서의 만남이기에 불교의 업생(業生)인 선대의 인연을 간접적인 참뜻으로 나타낸 것이 아닌가싶네요.

이분의 진솔한 고백은 마음으로 상대를 가르고 사랑하는 등의 일들이 쉽지 않음을 일깨우고, 우주만물의 자연현상 속에서 상대에 사랑의 마음을 어찌 간직해야하는지에 따라 내 자신을 돌아보게 한다고 했다지요. 그러므로 마음으로 난 길을 따라서 한 평생 사랑을 실천하며 산다는 일과 이 길이 당신과 함께 가는 그 길이었으면 좋겠다는 의미이기도 합니다.

그러나 서로가 좋아서 만난 진실한 사랑의 실체란 오직 믿음(confidence)이 있었기 때문이지요. 다만, 이별보다 더 비참한 일은 서로에게 허락받지도 못하고 우연한 날 영영 멀리 멀어져 상처만을 남기고 가버린 이별이란 단어입니다. 첫사랑의 아픔이 진정 아름다울 수 있다는 의미는 이루어지지 못한 로맨틱하고 짜릿한 추억의 사랑이 가슴깊이 남아있기 때문입니다.

여자의 경우 첫사랑이란 그 아픔을 홀로 숨겨두고 인고(忍苦)로 견디며 잊지 못한다 하지만, 돌아누우면 남남이 되듯 마지막 깃대를 꽂아준 남자만을 위해 한 평생을 살아가기 마련이라 기억 속에만 남겨둘 뿐이지만, 남자의 첫사랑은 가슴깊이 묻어둔 순결했던 순정이었기에 고백할 수 없이 덮어둔 무덤 같은 것이라고나 할까요.

필자에게도 한 시절 그런 순애보 같은 연민(compassion)의 첫사랑이 남아있어 그 깊고, 짜릿한 사연이야말로 한편의 드라마틱하고 애절한 그리움이 담겨져 있답니다.

그래서 삶이란 메아리 같은 것, 우리들 인간에게 부여된 현실을 성실하게 살아가다보면 그런 애환과 진한 아쉬움과 연민의 정을 남기기 마련이지요. 아마도 그 힘들었던 고통과 아픈 시련의 흔적이 없었다면 자기 삶의 오늘이 풍겨나지 않을 것입니다. 오직 혹독한 주변의 환경과 악조건을 견뎌낸 꽃망울만이 터뜨리는 그윽하고, 은은한 향기 같은 것이기에 질곡(桎梏)의 그 수난 과정이어도 참되게 쌓아온 산 경험의 값진 보화 같은 보람으로 승화될 것입니다.

아파보지 않은 사람이 그 아픔을 모르듯, 부모의 덕으로 평탄하게 살아온 이들이 삶의 진가를 모르듯, 인생의 진정한 승자는 보란 듯이 호화롭게 꾸며놓고 떵떵거리며 사는 그런 어설픈 자가 아니라 표시 없이 어려운 곳에 덕을 쌓으며 조용히 살아가는 존경받는 분을 말합니다.

한 예로, 어떤 93세 노인이 한 평생 고생하며 모은 재산으로 높은 빌딩을 사들이고, 수많은 땅과 돈을 축적하며 오직 돈 모으는데 정신이 팔려 주위 그 누구도 모르고 구두쇠로 살아오던 이분이 갑자기 위암 말기 사형선고를 받았다고 하지요. 그것도 불과 6개월의 시한부 인생이라나요.

평생 모은 재산 다 두고 막상 죽는다고 생각하니 너무 억울해 자기가 사들인 빌딩 앞에서 이렇게 말했다지요. "저것들을 두고 어찌 내가 눈을 감을 수 있나?"

그런 다음날 아침 장롱에 넣어둔 통장과 금붙이를 꺼내 앞에 놓고 만지며 안타까워 해보다가 또 그 다음날은 사놓은 금싸라기 땅 한가운데 서서 고함치며 억울한 심정을 토로했으나, 어느 한사람 곁에 다가가 함께 탄식해줄 사람도 없어 결국 이분은 돈에 취해 죽게 될 처지가 되고 말았다지요.

그러던 어느 날 빌딩 앞에 자기가 세워둔 동상에 누가 낙서해놓기를 '빈 손'이란 글씨를 써 놨어요. 드나드는 사람들마다 무심히 읽고 지나치기도 하고 픽 웃고 스쳐가는 사람, 한참을 서서 멍하니 생각하며 서있기만 한 사람등 가지각색이었죠. 그러던 와중에 빌딩 주인이 어느 날 거길 가 그 글씨를 읽으니 자기 더러 하는 소리라 여겨져 그만 까무러쳐 버렸다고 하지요.

아! 나를 남들이 이렇게 비웃고 있단 말인가? 왜 그렇게 살아야만했을까? 그 때 비로소 '나누며 산다는 것이 무엇인지 깨달은 이 노인'이었지만, 이미 의식을 잃게 되자 아들 자식들이 와 그 세워둔 동상이 너무 부끄러워 치워버렸다고 합니다.

우리나라에는 이런 돈에 병든 졸부들이 생활주변에 구더기같이 우굴거려 구역질이 날 정도로 많습니다. 가령, 부정축재로 아방궁 같은 집을 지어놓고 철조망까지 감옥마냥 휘둘러 개미새끼 한 마리 얼씬 못하게 CCTV까지 설치하고 살아가는 어설픈 이런 자들이 표본입니다. 하늘의 벌은 한 치의 오차도 없이 이런 자들에 가차 없이 천벌(天罰)을 내린다는 점을 잊지 말아야 합니다.

이미 고인이 돼버린 필자의 한 친구라서 욕할 수는 없으나 기억을 더듬어 밝혀보기로 합니다. 전두환 집권시절 필자의 죽마고우였던 그 친구는 국세청 공직자로 법인세과와 외국인세과를 두루 돌며 근무하면서 돈 봉투를 얼마나 모았는지 서울의 도둑촌이랄 수 있는 연희동 요지 300평에 2층집을 지어놓고 살다가 결국 당뇨합병증인 부자병에 걸렸어요. 서울대병원 중환자실에 가보니 입안과 이마와 목을 뚫어 호수를 꽂은 채 실눈만 뜨고 바라보면서 말 한마디도 못하더니 그로부터 사흘 뒤 불쌍한 최후를 맞더군요. 대학시절 2년간이나 함께 자취하며 어렵게 살던 생각이 떠올랐습니다.

그 친구 집에 초대받아 갔을 때 상다리가 휘어질 정도의 음식에 놀랐지만, 더 놀란 일은 지하실 창고를 구경시켜줘 들어가 보니 1970년대 시절인데 뜯지도 않은 대형 미제 냉장고가 몇 대 있고, 구경도 못한 에어콘, 대형 TV, 각종 전자제품들이 창고 가득하고, 본마누라 말고도 정부가 둘이나 있었답니다. 개 막나니 아들놈들 둘을 미국에 유학 보냈는데 나쁜 써클에 들어가 마약으로 폐인이 되어 아버지 병환에도 오지 않았다며 몸이 누룩돼지마냥 살찐 본 부인의 말을 듣자하니 정말 딴 세상 사람들 같아 이들 사는 모습을 보며 놀랐던 기억이 납니다.

내 친구의 예나 93세인 노인 분은 살아오면서 옹고집 구두쇠로 누구의 말도 듣지 않고 오직 다 내려놓는 것을 연습하지 않은 과오를 저지른 분입니다, 불교에서는 그 뜻을 '방하착(放下著)'이라고 하는데 '마음을 내려놓으라는 뜻으로 애착을 버리라'는 의미가 담겨 있습니다.

소록도 외국인 두 수녀의
장한 봉사 40년

필자가 2014년 가을, 단풍길 고흥군 녹동 도양읍 소록도 후생원에 일반인의 출입이 격리되었던 곳에 대교가 건설된 후 출입이 허용되어 아내와 함께 도시락을 싸서 가 하루를 쉬다 온 것이 얼마 전의 일이었습니다.

그곳에 살아있는 전설의 성녀 두 수녀님은 말 그대로 실천의 나이팅게일로 나환자들의 상처에 장갑도 끼지 않고 손수 약을 발라주었던 성모마리아 분들이었다지요. 우리나라 최남단 소록도에서 얼굴과 몸이 문드러진 흉측한 나병환자만이 사는 곳에서 43년간을 묵묵히 일했던 마가레트 수녀와 마리안 수녀 두 분은 공식적인 작별인사도 한마디 없이 편지 한장 달랑 남기고 조용히 섬을 떠나 고국 오스트리아로 가신 분들이랍니다.

이후 두 수녀들 때문에 소록도 주민들은 이별의 슬픔을 감추지 못한 채 깊은 슬픔에 잠겨 지금까지도 일손을 놓고 성당에서 열흘 넘게 두 수녀를 위해 기도드리고 있다고 하더군요.

이 두 수녀의 이야기를 들어보았습니다. 꽃다운 나이 20세 때 오스트리아 간호학교를 졸업하고 한국의 소록도병원 간호사를 지원해 평생을 나환자와 함께 살아온 마리안(71) 수녀님은1959년에, 그리고 마가레트(70) 수녀님은 1962년에 소록도에 첫발을 딛은 인연으로 떠나는 날까지 '인간의 값진 보화를 하늘에 심고' 떠나신 분들이었습니다. 더욱이 외국 의료진을 초청해 장애교정 수술을 해주고, 한센인 자녀를 위한 영아원을 운영하는 등 보육과 자활정착사업에도 헌신하신 분들이라 합니다. 정부에서는 이들의 선행을 뒤늦게야 알고 1972년 국민포장, 1996년 국민훈장모란장을 수여했다지요.

두 수녀는 이른 새벽 아무도 모르게 섬을 떠났습니다. '사랑하는 친구 은인들에게'라는 편지 한 통만을 남긴 채 말입니다. 그 내용 속에는 "나이가 들어 제대로 일을 할 수 없게 되어 우리들이 있는 곳에 부담을 주기 전에 떠나야 한다고 동료들에게 이야기해 왔는데, 이제 그 말을 실천할 때"라고 했답니다. 이들은 떠나면서 "부족한 외국인으로서 큰 사랑과 존경을 받아 감사하며 저희들의 부족함으로 마음 아프게 하여드렸던 일에 대해 오히려 용서를 빈다"고 했다는 말씀!

소록도 주민자치회장인 김영호(56) 씨는 "주민에게 온갖 사랑을 베푼 두 수녀는 살아있는 성모 마리아였다"고 말했다지요. 마지막 작별인사도 없이 조용히 섬을 떠나버린 두 수녀들 때문에 온 섬이 수심에 잠겨있다고 했습니다. 참으로 조용히 섬을 떠난 장한 수녀들이 진심으로 존경스럽습니다.

꽃다운 20대의 처녀로 이곳에 와 있는 동안 수 천 환자의 손과 발이 되어 누구에게도 얼굴을 알리지 않고, 병원 측이 마련한 회갑잔치마저 거절하고, 심지어 어떤 상이나 인터뷰도 일체 거절하며 오직 주님 외엔 누구도 모르게 참 배품만을 실천하다 조용히 떠난 분들로, 심지어는 본국에서 보내오는 봉급과 생활비마저 우유나 간식비 혹은 환자들의 노자로 나눠줬다는 두 수녀의 귀향길엔 올 때 가져왔던 헤진 가방 한 짝씩만 들려있었다는 것입니다.

상처받고 버림받은 섬, 그 외로운 곳에서 반세기가 다 되도록 환자들을 보살피다 소리 없이 떠난 이들은 민들레 홀씨마냥 더 넓은 세상으로 바람에 날려가 어두운 곳을 밝히고 추운 세상을 덮혀 주리라 믿습니다. 천주교 신부나 수녀님들이 존경받는 이유는 소외된 곳을 남다른 실천으로 묵묵히 행하는 교직자들이기 때문에 추앙을 받는 것이지요. 필자가 대학시절 본 천주교영화 '파도'와 '나는 고백한다(I confess)'는 평생 잊을 수 없는 감동의 영화였습니다.

이들이 처음 소록도에 왔을 땐 환자가 6,000명에 어린 아이들도 200명이나 되었고, 약도 돌봐줄 사람도 없었다고 했다지요. 이런 환자들을 위해 팔을 걷어 부치고 직접 치료해온지 40년, 할 일들이 지천에 널려있고, 돌봐야할 사람은 끝이 없었다고 합니다. 그렇게 반세기 가까이 숨은 봉사로 이젠 많이 좋아진 환자가 600명 정도라고 합니다. 누군가에게 알려

질세라, 요란한 송별식이 될까봐, 그저 조용히 떠난 이들 두 수녀 나이팅게일, 정말 많은 덕을 심어두고 떠나신 장한 천주교 수녀들이십니다.

두 분은 배를 타고 떠나던 날 소록도 쪽을 바라보며 멀어지는 섬과 사람들에 손을 하염없이 흔들며 눈물을 흘리고 울었다고 합니다. 오스트리아로 돌아간 이들에겐 소록도가 고향과 같아서 수도원 3평 남짓한 방에 소록도가 그리워 온통 한국장식품으로 꾸며두고 소록도의 꿈을 꾼다고 한다지요.

이들이 머물렀던 방안에 한국말로 '선하고 겸손한 사람이 되라. 지금도 우리 집, 우리병원 다 생각나요. 바다는 얼마나 푸르고 아름다운지, 하지만 괜찮아요. 마음은 소록도에 두고 왔으니까요.' 헌신하신 수녀들, 정말 감사합니다.

소록도 후생원을 다녀오며 여수에서 좀 떨어진 율촌(공항) 곁에 신풍 나병 한센인 마을 애양원의 손양원 목사 (1902~1950)의 일을 곁들이지 않을 수 없었습니다. 두 아들을 죽인 좌익 공산당 청년을 용서하고 살려 달라 탄원 후 이 사람을 양자로 삼고, 나환자들의 손발의 고름을 입으로 빨며 더러움과 오염도 마다않고 헌신적으로 환자들을 돌보던 당시, 1948년 10월 18일 여순반란사건으로 이들 반란군들에 의해 기독교 자본주의 목사라는 이유로 총살당한 손양원 목사. 1902년 경남 함안에서 태어나 1938년 평양신학교를 졸업하고 다음해 여수 신풍에 문둥이촌의 애양원교회 목사로 부임하여 이들과 함께 피고름을 빨며 살아왔던 분인데도 불구하고 총살로 일생을 마친 장한 분이십니다.

당시 필자도 여수중학 1년생(6년제 학제일 때)이지만 반란
군에 잡혀가 서초등학교 교실에 200여 명 중 100여 명이 개
죽음 당한 속에서 살아났던 사람이라서 손양원 목사의 경우
당연히 총살 감에 해당됐습니다(별지 여순 반란사건을 직접
겪은 내용을 필자가 재경여수 좌수영향우회지와 장강신문에
발표하고 2014년에 수록한 바 있음).

목사님이 총살 직전 교회에서 기도한 말은, "오! 주님 나는
이들을 사랑하되 내 부모, 형제, 처자보다 더 사랑하게 하여
주옵소서. 이들은 세상에서 버림받은 자들이며 모든 인간들
이 다 싫어하여 꺼리는 사람들이오나, 그래도 나는 이들을 진
정으로 사랑하게 하여주옵소서. 만일 내 몸이 저들과 같이 추
한 지경에 빠질지라도 저들을 위해 기도할 수 있는 참다운 사
랑을 하게 하여 주옵소서."

그의 25년간의 생활은 나환자들의 부모처자 노릇을 하였
고, 옥중 6년 동안 하나님의 완전한 식구가 되었으며, 여순반
란사건 당시 사랑의 간증자가 되었습니다. 사랑의 원자탄 손
양원 목사는 자신의 두 아들을 죽인 사람을 양자로 사양치 않
고 삼았습니다. 이분의 일대기를 통해 본 정신은 진정 성신의
신앙과 생활로 십자가를 사양치 않으신 예수 그리스도의 본
을 따라 인간답게 사명을 위해 살아오며, 그 길을 따라 성령
의 인도에 따라 걸으신 영원히 값진, 산돌(活石) 손양원 목사
이십니다.

반공을 국시로 했던 이 나라가 김대중, 노무현 두 분이 집권하면서 국가보안법과 국정원까지 없애라고 했지만, 다행히 국회통과의 위기에서 모면을 해 다행이지만, 어떤 면에서는 이 나라가 애국애족 하는 정치 위정자는 없고, 자신들 당의 이익만을 위해 국민혈세만 흡입질하는 그 유사 이익단체들이 한국 사회에 넘쳐나고 있는 실정에 안타까움을 금할 수 없습니다.

삶과 죽음, 그리고 늙음에 대한
인간의 모습

제2차세계대전에서 프랑스를 구한 드골 대통령 서거가 생각나 인터넷 검색창을 열어봤습니다. 그런데 이분의 마지막 유언으로 "가족장으로 할 것과 다른 나라 대통령이나 장관들이 참여하는 것을 못하도록 하라."고 하면서 그러나 2차대전 전쟁터를 누비며 프랑스 해방을 위하여 함께 싸웠던 전우들은 참여하도록 허용했답니다.

프랑스 정부는 이 유언을 존중하여 파리의 노트르담 성당에서 영결식을 가졌으나 대통령과 장관들은 연결식장에 가질 않고, 각자 자신들의 사무실에서 묵념을 올리고 기도했다지요.

드골 대통령은 자신이 사랑하였던 "딸의 무덤옆에 묻어달라"하며 죽은 후 묘비를 간단하게 이름과 출생, 사망 년도만 쓰라고 했다지요.(Charles deGaulle, 1890~1970)

그리고 드골은 대통령 퇴임후 정부가 지급하는 퇴임연금과 그 가족들에게 지급하는 연금도 받지말고, "그 돈은 불쌍한

국민들을 위해 사용해 달라."고 했습니다. 그에따라 정부에서는 드골 퇴임후 본인은 물론 서거후 미망인 가족들에게 나가는 연금마저 무의탁 노인들과 고아원 어린 아이들을 위해 사용하는 신탁기금에 보내 사용하고 있답니다.

드골 대통령의 가족들은 국가로부터 연금을 받지 못했기 때문에 드골이 출생하고 은퇴 후 살던 생가(生家)를 관리할 능력이 없어 그 저택을 팔았다지요. 그 저택을 어느 재벌이 구입, 정부에 헌납하여 지방정부가 문화재로 지정해 '드골 기념관'으로 관리하고 있다고 했습니다.

또 미국의 제일 부자였던 록펠러씨는 33살에 백만장자가 되었고, 43세에 미국 최대 부자가되었으며 55세에 불치의 병으로 1년 이상을 못산다는 사형선고를 받은 후 병원로비 액자 글에 "주는 자가 받는 자보다 복이 있다"라는 글이 눈에 들어와 보는 순간, 온몸에 전율을 느끼며 눈을 지그시 감고 생각에 잠겨있을 때 로비 한 쪽에서 시끄러운 소리를 들어보니 입원비 때문에 울며 사정하며 다투는 소리가 들려 록펠러는 즉시 비서를 시켜 병원비를 내도록 하고, 누가 냈는지 전혀 모르게 했다지요. 그 모습을 지켜보던 록펠러씨는 얼마나 기뻤는지 나중에 자서전에 쓰기를 '살면서 이렇게 행복한 삶이 있는지 몰랐다'고 했다지요. 그와 동시에 병도 거뜬하게 사라져 98세까지 살면서 선한 일을 많이 했다고 합니다.

인생 전반기 55년은 쫓기는 삶이었다면 후반기 43년은 행복에 겨워 살았다고 합니다.

이상의 인터넷 검색창을 읽어보면서 우리나라 전직 대통령을 지내다 돌아가신 분들과 많이 비교되어 부끄러운 일면을 보는 것 같아 지금의 내용을 실리지 말까하다가 용기 내어 올리며 우리가 이 세상에 났다 누구나 한번 사라져가는데 왜 하필 그런 오점의 누를 남기는 최후의 삶이 됐을까? 독자님들의 생각이 필자와 같은 의견이라면 다행으로 여기겠습니다.

제가 만일 대통령이 되어 마지막 가는 날에도 드골 대통령처럼 과연 그렇게 할 수 있을까? 라는 것을 비교해서 생각해 보면서 일국의 나라 수반이야말로 그 명성이 커 자자손손 우러러 볼 터인데 어찌하여 우리나라 가신 분들은 그런 사실을 깨닫지 못했을까 라는 아쉬운 생각을 떨쳐버리지 못합니다.

우리는 살아있을 때 잘 하라는 말이 맞는 말인 것 같습니다.

인생을 살아가며 가장 중요한 자신의 사역지(使役地) 나의 집, 나와 내 자식 그리고 배우자를 위해 과연 내가 무엇을 해 줄 수 있는가? 그리고 사회에 얼마나 보탬이 되는 인간이 될 수 있는가 등등 우리가 살아가는 진정으로 소중한 내 이웃들을 생각하며 내가 너무 소홀하게 여기며 살아온 것을 늘 뉘우쳐봅니다. 그리하여 떠나고 나서야 참 그분 좋은 분이었는데 좀 더 잘해주지 못한 것을 사람들마다 아쉬워해보는 후회로 남습니다.

얼마 전 죽마고우로 너무 허물없이 지내던 서울 영등포에 살던 어머니도시락 최봉호 친구가 심근경색으로 갑자기 떠나

버리다 보니 참으로 너무 허무해 한동안 떠오르는 모습에 밤 잠을 설친 일을 지울 수 없습니다. 그처럼 우리가 살아가는 날 들을 위해 가장 소중한 것인 공기와 물, 불에 언제나 감사를 모르고 곁에 있으니 그냥 무관심 속에 오늘도 살아갑니다. 대 물차물(貸物借物)의 인생사입니다. 빌려 쓰고 왔으니 이제 돌 려드려야 할 우리들 몸뚱이입니다. 무엇이 참된 삶이고, 늙음 이며, 죽음인가? 내 현실에 최선을 다하는 삶을 살다가 마지 막 깨끗이 돌려주고 가는 죽음이지만, 한 세상을 살아가다보 면 오만 신상과 사정에 얽히고 설켜 몸이 만신창이 되어 병으 로나 사건들로 오염돼 살아가는 어려움에 처하게 됩니다.

우리 인간이 누구나 세월이 가면 변해가는 게 순리(順理)이 듯 결국, 죽는다는 것이 없어지는 것이 아니라 영혼과 육체가 분리되는 순서일 뿐이기에 나머지 살아갈 오늘 지금이 가장 값진 날이기에 하루하루 열심히 강을 건너가다가 마지막 강 저편에 다다르면 배를 버리고 영혼은 마을로 들어가 천국과 지옥의 티켓을 나눠 쥐고 떠나는 이정표일 것입니다.

다음은 크로아티아 마자 부라딘 시인의 글 '눈물'이란 내용 입니다.

눈물이 강물 속에 떨어지네요 /눈물이 바다로 흘러가네요. /언젠가 다 흘러가고 나면 /내 사랑도 함께 흘러갔음을 알게 되겠죠 /나의 사랑, 나의 어여쁜 그대여 /강물이 흘러서 가듯 /나도 언젠가는 그대에게 돌아 가 /함께 흘러갔음을 알게 될 것입니다.

저 언덕 넘으면 헤어질
우리네 인생

프랑스의 작가 앙드레 지드는 "늙어가는 시간은 길고 매우 중요하지만, 아름답고 행복하게 늙어가는 것은 결코 쉬운 일이 아니다."고 했듯, 우리들 인생이 온갖 애환과 숱한 비애를 안고 살아가다보면 몸이 만신창이 되고 망가지게 되기 마련입니다. 그래서 사람답게 늙어가는 것이 결코 쉽지 않아서 사람답게 늙는 것을 '웰 에이징(Well aging)'이라 하여 '생존을 위한 변화'라고 했다지요.

그래서 건강한 삶을 위한 다섯 가지 원칙이 있다는데, '움직여라, 적응하라, 정직하라, 느끼라, 생각하라.'고 했답니다. 결국 인생의 4분의 3이 늙어가면서 보낸다는 사실이기에 인간이 '아름답게 죽는다.'는 것이 여간 어려운 일이지만, 그럴수록 아름답게 늙어가는 정신이 더 중요하다고 했다지요. 문득 가는 길을 멈춰서 살아온 인생을 뒤돌아 봅니다. 테레사 수녀의 어록에서처럼, "삶은 기회다. 이 기회를 통해 은혜를 받으라."는 말처럼 자기 꿈을 실현하라는 것은 삶이 도전이기 때문에 이 도전에 정직하게 대응하기 위함이 삶이라는 것이라고 했습니다.

어떤 스님이 산골 어느 가난한 집 앞에 지나칠 때 마다 아이가 너무 배가 고파 못 먹고 곯아 울기만하는 그 아이에게 어머니가 회초리로 때려 울음을 멈추게 하는 것이었습니다. 그러다보니 아이는 하루에도 수없이 맞을 수밖에요. 그걸 본 스님이 그 광경을 보다 못해 우는 집 그 아이 앞에 가 넙죽 엎드려 큰 절을 올리니 부모들이 깜짝 놀랍니다. 놀란 부모는 그 절한 연유를 물으니, "예, 이 아이가 크면 나중에 정승이 되실 분이니 귀하게 잘 키우셔야 합니다." 라는 말만 남기고 가버린 이후부터 아들에 공을 들여 키웠는데 과연 훗날 이 아이는 영의정에 올랐습니다.

부모가 스님의 그 안목에 놀라 수소문 끝에 있는 곳을 찾아가 물어보니 스님이 말하기를, "모든 사물을 귀하게 보면 한없이 귀하지만, 하찮게 보면 아무짝에도 쓸모가 없는 법이지요. 하물며 만물의 영장으로 태어난 우리 인간의 존엄성은 대단하지요. 마찬가지로 정승같이 귀하게 키우면 정승이 되지만 머슴처럼 키우면 머슴이 될 수밖에 없듯, 이것이 세상의 이치이니 세상을 잘 살고 못 사는 것은 마음가짐에 있는 거라 말할 수 있지요." 이렇게 말했습니다. 그러기에 우리가 살아있을 때 더 잘해줘야 합니다. 그게 잘 사는 길이 아닐까요.

정약용 선생의 목민심서에도 이런 글이 있답니다. "밉게 보면 잡초 아닌 것이 없고, 곱게 보면 꽃 아닌 사람이 없으니 내가 잡초 되기 싫다면 그대를 꽃으로 보라” 했다지요. 또 “털려고 들면 먼지 없는 이 없고, 덮으려고 하면 못 덮을 허물 없으니 남의 눈에 들기는 힘들어도 눈 밖에 나는 것은 한 순간, 생각이 깊은 자에게 그대는 남의 말을 내 일처럼 하라” 했습니다.

그럼으로 나란 존재는 참으로 소중하답니다. 나만 소중한 게 아니라 세상사람 모두의 가치를 소중히 여겨줘야 합니다. 비록 자신이 구겨진 삶이거나 상대가 싫어지는 사람일지라도 상대의 가치를 존중해 줘야합니다. 나란 존재가 내일 어떻게 전개될지 아무도 모르기 때문이지요. 어려움의 현재를 겪고 나면 나의 존재가 언젠가 볕들 날도 올 때가 있을지 모른다는 사실입니다. 빚지고 가는 우리들 한평생, 남을 공경할 줄 알아야 합니다.

숙명(宿命)과 운명(運命), 그리고 업보(業報)가 다른 의미는 숙명이란 내가 런던이나 아마존 정글에서 태어날 수도, 필자가 이민 갔던 피지에서도, 한국의 대통령 아들로나, 가난한 농촌에서 태어날 수 있다는 필연의 피할 수 없는 사실을 숙명이라 한다면, 운명은 부모로부터 태어나면서부터 그 장소에서 평생을 부모와 혹은 자연환경이나 인간관계에서 얽히고설킨 인연의 태도에서 나타나는 상대와의 관계의 일로 가령 존경스런 스승을 만나 보람 있는 일생을 보낸다거나 나쁜 친구나 악인을 만나 구제될 수 없는 길을 걷게 되는 상태이기에 태어나면서부터 자아의 형성인 인연에 따라 자신의 운명이 결정되기 때문입니다. 그만큼 만남이 중요한 결정적 요소가 됩니다. 그 속에서 자신이 살아가며 쌓아지는 선업(善業)이나 악업(惡業)에 따라 자신이 쌓아 놓은 행위가 업보가 되지요. 그러므로 운명이야말로 스스로 의지와 노력에 따라 언제든지 변할 수 있기에, 마음 비우고 남모르게 많은 덕(德)을 쌓을 때 반드시 선업이 자신이나 후손들에게 돌아간다는 의미입니다. 지성이면 감천(Sincerity moves heaven)이란 표현이 됩니다.

내 인생은 나의 것입니다. 그러므로 스스로를 디자인하며 책임져야 하듯 살아가며 불필요한 것은 과감히 버릴 줄 알아야 합니다. 그러기에 인생은 자신의 눈물의 흔적만큼 성장하며 삶의 성적표가 그 눈물의 얼굴 모습 속에 들어있다고 하지요.

상대의 얼굴을 살펴보면 대강은 삶의 성적표를 읽을 수 있답니다. 상대에 어떻게 비칠지는 누구나 알 수는 없습니다. 하지만 상대의 표정 속에 진실이나 거짓을 뜯어볼 수도 있으며, 따뜻하고 넉넉한 마음씨의 표정은 늙어가도 언제나 웃음 띤 선한 모습을 머금은 진실이 숨어있다는 사실입니다. 그것은 인간만이 갖는 감정이기 때문이지요.

세계적인 재벌가였던 스티브 잡스(Steve Jobs)가 깊이 병들어 자신이 거울 앞에서 몰골이 앙상함을 바라보면서 과거의 삶을 회상하는 순간 깨달았다는데, 정말 자부심 가졌던 사회적인 과정과 부는 결국 닥쳐올 죽음 앞에 희미해지고 의미가 없어져 간다는 것을 느꼈다지요. 마지막 죽기 전 깨달기를 생을 유지할 적당한 부를 쌓았다면, 그 이후 우리는 부와 무관한 것을 추구해야 한다는 것을 깨달았다고, 내가 가져갈 수 있는 것은 사랑이 넘쳐나는 기억뿐이라 했다지요. 그러나 사랑은 수 천 마일을 넘어설 수 있고, 생에 한계가 없었다, 성취하고 싶은 높이를 성취하라. 이 모든 것은 너의 심장과 손에 달려 있다, 이 세상에서 제일 비싼 침대가 무엇일까? '병들어 누워있는 침대이다.' 라고.

당신은 네 차를 운전해줄 사람을 고용할 수 있고, 벌어줄 사람을 구할 수도 있다. 하지만 너 대신 아파줄 사람을 구할 수는 없다는 걸, 잃어버린 물질적인 것들은 다시 찾을 수 있지만, 인생을 한번 잃어버리면 절대 되찾을 수 없다. 한사람이 수술대에 올라가며 끝까지 잃지 않는 유일한 책이라면, '건강한 삶'에 대한 책이라 했습니다. 이 분은 마지막 삶에 애착과 목숨의 중요함을 잃지 말고 살아야 한다며, 자신의 재산 전부를 사회에 환원하고 떠나신 훌륭한 분이십니다.

우리 인간 모두는 삶과 죽음의 어느 순간에 있든 인간 누구나가 저 언덕을 넘고 시간이 지나고 나면 다 이승의 커튼이 조용히 내려오는 순간을 맞게 되지요. 살아 있는 동안 짧은 인생들, 인연된 가족 간의 사랑을 소중히 해야 합니다. 그리고 배우자와 친구를 사랑하십시오. 가는 날까지 제발 당신 자신에게 잘 대접하십시오. 성경말씀 중에 '항상 기뻐하라, 쉬지 말고 기도하라, 범사에 감사하라.' 는 주님이 주신 말씀 명심하고 살아가야 합니다.

실수투성이인 우리 인간들, 나만 옳다고 언제나 우기지 말고 교만하지 말아야 합니다. 이 세상 쓰레기를 치우는 청소부가 있어야 대통령도 있답니다. 그래야 세상이 잘 돌아가지요. 우리 인생이 죽는 날 제일 중요한 것 하나 가지고 가지요. 그건 '보람이라는 행복'이 아닐 런지요.

낙이불류, 애이불비(樂而不流, 哀而不悲)이듯 하나하나 잃어가는 상실의 시대보다 단순하게 아이들처럼 함께 웃고 살자는 의미가 가장 지혜롭고, 행복한 사람은 남은 인생 즐겁게 웃으며 사는 사람이 아닐까요. 솔로몬 왕이 부와 권력도 다 놓으며 마지막 하는 말이 "헛되고 헛되도다."라고 했다지요. 스티브 잡스가 자신에게 찾아온 병 앞에서 "뒤돌아보니 모든 게 헛됨을 알았다고 깨닫는다면 좀 더 평화로운 세상이 올 것"이라 했답니다. 이 세상 모두는 한시도 그대로 있는 건 하나도 없습니다. 불교에서 말하는 제행무상(諸行無常)이지요. 결국 생멸의 법이라 했습니다. 이 생명의 집착을 놓으면 적멸(寂滅)의 기쁨을 누리리라 했습니다. 곧, 과거 삶에 후회가 없어야 하기에 하나님의 뜻에 따라 살아가게 된다는 뜻입니다.

놔버리면
참 가벼운 걸

    우리가 다 놔버리면 그리도 가벼운 걸 뻔히 알면서도 목에 거미줄 칠세라 한세상 무거운 짐 잔뜩 지고 고통 속에 살아가네요. 탐욕이 사람의 피를 말리고, 화가 끓어 인간을 재로 만듭니다. 왕(王) 스님의 말씀이 생각나는군요.

    "모든 화는 입으로부터 나와 맹렬한 불로 번져 집을 삼켜버리고 몸까지 태워버린다. 내 마음의 문인 입을 잘 다스려야 마음도 다스려지고 매사 탈이 없다. 앵무새가 남의 말의 흉내는 잘 내도 자기 소리는 한마디도 내지 못하듯, 인간 자신이 남 앞에 혼자 잘난 체 해도 갖추어야할 그릇이 못되면 세 치 혓바닥으로 여섯 자의 몸을 망가지게 만든다."

    그러기에 사람들에게는 저마다 자기 몫의 그릇만큼 채우는 것으로 자족해야 하는데, 분수와 분복에 넘치도록 채우려는 데서 탈이 생겨납니다. 그와 비슷한 예로 최근 우리들 생활주변에서 흔히 우리가 살아가며 가장 조심하며 지켜야할 세 뿌리를 잘 지키지 못해 일시에 공든 탑이 무너지듯 인생이 망가지는 사람들을 많이 봅니다. 이 세 뿌리란 '입 뿌리, 발 뿌리, 도구 뿌리'입니다. 이 중에 한 가지만 잘못 흔들어도 신세 망치고 말지요.

그러기에 자기만의 이익을 위해 남에게 피눈물 나게 한다거나 하면 화를 부르고, 화가 재로 타버려 독이 되다보니, 선대의 흐름인 조상까지 당대에 바로 망가지는 모습과 세 뿌리를 잘못 흔들어 높은 지위나 인기 연예인, 정치인, 장성급들이나 교수들이 일시에 전격으로 망가지는 꼴을 너무 쉽게 봐오고 있기 때문입니다.

그럼으로 인생길 누구나가 연습 없는 폭풍전야 실전의 현장에서 부딪치며 찍히며 지지고 볶고, 편한 날 없이 아슬아슬하게 살아갈망정 절박한 기로에서도 인간은 더 강해지기 마련이고, 의미 있는 사람으로 성숙해 가면서 누구나 저마다의 삶을 구가하다 인생을 종지부 찍게 되지요. 직업인이나 법관, 정치하는 사람이나 종교인, 공장에서 일하거나 농사를 천직으로 사는 사람, 산악등반가나 우주탐험가에 이르기까지 수만 종의 직업인들은 마라톤 (42.195km) 인생길 종착지에 다다르도록 달려가기 위해서는 목숨이 담보된 건강이 필수입니다.

몸이 건강하기 위해서는 우선 첫째가 마음의 양심을 바로 쓰는 것이 중요합니다. 비록 없이 살아가더라도 자신의 양심을 팔아가며 살아갈 필요가 없다는 뜻이지요. 상대에 조금 모자라 듯 보이고, 속은 줄 알아도 져주며, 상대에 가슴 아프게 한 적이 없나 자신을 먼저 돌아보며 살아갈 때 만사가 형통합니다.

앙드레 지드가 말하길, "인간은 누구나 늙기 마련이지만, 아름답게 늙기란 여간 어렵다. 그러기에 그건 어디까지나 자신의 선택이며 노력이 필요하다"고 했듯 오늘의 내 삶이 언제나 최고의 날이라고 생각하며 최선을 다하는 속에 행복은 찾아올 것입니다.

젊은이들에게 꼭 권하고 싶은 말이 있다면, '원대한 날들이 많이 남았다고 여유 부리거나 헷갈리게 남에 끌려 다니지 말며, 연못보다는 바다로 나가 마음 놓고 헤엄치며 소신껏 포부를 넓혀 보라'고 말하고 싶습니다. 인생은 자기 뜻대로 되는 게 없지만, 양심에 따라 정의롭게 기죽지 말고 인생경험의 노하우는 어디서나 통하고 잘 써먹을 수 있답니다.

우리는 누구나 참으로 소중하게 복 받은 인간으로 태어났는데, 자신의 출세만을 위해 과욕덩어리를 다 놔버리지 못하다 결국 덜커덕 목구멍에 걸려 끽끽하다가 숨이 차 중병에 걸리고 말지요. 참으로 그것같이 안타까운 일도 없습니다.

목뒤에 빳빳이 힘주며 부모에 유산 받았거나 내 돈 많이 벌었다며 껍적거리는 인간들! 과연 올바르게 벌었느냐, 그게 아니라면 양두구육 같은 삶이겠지요. 성공과 실패란 기회나 운도 따르지만, 양심의 저울대인 평가는 오직 하나님만이 하시기 때문입니다. 그것은 우리 인간의 힘으로 죄를 이길 수 없는 이유가 '마귀의 유혹'이기에 윤리나 도덕, 사회적 지위로도 죄를 극복하기가 어렵다는 사실이지요.

지구상의 최고봉 네팔 8,848m에 깃대를 꽂고 산화한 고 고상돈 산악인이나, 히말라야 6,962m 킬리만자로 에베레스트 정상에 엄홍길 대장이 태극기를 꽂기까지의 피나는 노력과 장엄한 업적이 있었기에 길이 우리들 가슴에 남는 것처럼, 꼭두새벽 청소부나 간호보호사들같이 어려운 곳만을 찾으며, 표시내지 않고 묵묵히 봉사로 이름 없이 일생을 꼴찌로 살아갈망정 저 나름 사회에 값지게 기여했다고 자부한다면, 그게 성공한 사람이랍니다.

어떻게 성공했느냐보다 어떻게 살아왔느냐가 더 중요하기에, 그 사람이 죽은 훗날 그분의 발자취가 증명하게 되니까요. 그러므로 무거운 짐 다 내려놓을 줄 아는 인간이 성숙하고 존경스런 분으로 추대를 받습니다. 그 예로 김수환 추기경, 성철 스님, 법정 스님, 소록도 후생원의 외국인 두 수녀같이 존경과 사랑으로 남아계신 분들 말입니다.

우리 인간은 사회적 동물이기에 서로가 기대 살도록 보이지 않은 끈으로 엮어진 공동운명체 속의 나란 존재입니다. 남을 헐뜯기 이전에 먼저 자신을 돌아볼 줄 알아야 합니다. 자녀교육이란 인간교육이 먼저인데, 부모가 자식 앞에서 싸우면서 그런 욕설을 배우라는 모습이 아니라 사랑과 이해와 용서로 서로 존중하고 양보하는 동반자인 모습을 자녀들이 자연스럽게 보고 배울 수 있도록, 먼저 모범을 보이는 행위가 이뤄질 때 행복한 가정이 된다는 사실입니다. 콩 심은데 콩이 나듯 부모가 도둑놈이거나 노름꾼이면 자식도 그 품성을 알게 모르게 닮아가게 된다는 의미지요.

필자는 시간 날 적마다 아내와 가까운 곳에서부터 배낭 하나 둘러메고 완행열차이든, 버스길이든 거침없이 잘도 떠납니다. 실제로 우리 인간의 몸뚱이는 '정원 가꾸기'와 같은데, 온전한 하루를 무사히 보내려면, 자신의 몸과 심신을 맑게 하여 잠자리에까지 무거운 짐을 지고 자다가는 불면증이나 우울증세로 고독사하기 쉬우니, 잠들기 전에 다 내려놓는 연습부터하면 수월케 잠들 수 있답니다. 잠은 보약이니까요.

지난 봄, 한해 딱 한번 사리날 신비의 바닷길이 갈리는 진도 고금면 회동리(2015년 3월 20일~23일까지)에 2.8km가 오후 5시부터 1시간 동안 모세의 기적 같은 길이 열려, 긴 장화를 사 신고 갯벌내음을 맡으며 아내와 손잡고 걸었는데, 외국인들이 더 많은 것에 놀랐고, 이날따라 티 하나 없는 화창한 날, 저녁달이 안 뜬 밤하늘 쏟아지는 별밭 은하의 군상들이 아내의 78회 생신을 더더욱 부추겨줬고, 때마침 진도에 종친 이승희 우암 선생의 팔순 〈두선한 시집〉 출간기념을 축하하고, 돌아오는 길에 목포에서 6·25때 참전한 산 증인 국가유공자로 현재는 정골요법 전문 교정사로 나이가 많아도 유명하게 존경받는 권오현 형을 만나 발바닥 건강을 확인해보고 돌아왔습니다.

서로가 기대 사는 세상, 내 소중한 인연은 바로 당신이고 싶습니다. 살아가면서 서로 덮어주고 지워가며, 아픔을 함께 달

래고 내가 할 수 있을 때 인생을 서로가 즐기는 일입니다. 겸
손이란 여유로운 마음이 자신 있는 사람만이 갖출 수 있는 인
격이지요. 그것은 곧 미덕일 수도 있습니다. 따라서 일상의
말 중에서도 대인관계에서 고마워요, 힘내세요, 축하해요, 용
서하세요, 라는 말들은 언제나 가장 고귀한 단어랍니다.

높은 자리에 앉아 있을수록 낮음을 먼저 배울 줄 알아야 오
래가며 신망을 쌓을 수 있습니다. 강자가 자신을 쉽게 잃어버
릴 때 적이 많이 생겨나지요. 강자일수록 강한 모습을 감추는
연습은 오직 자기수양과 겸손입니다. 세상에서 가장 아름다
운 사람은 남에게 먼저 양보하며 지고 사는 따뜻한 마음씨이
고, 가장 부유한 사람은 없는 사람에 베풀며 넉넉한 품위를
조용히 지키는 사람이라 생각이 드는군요. 놔버리고 살면 세
상사가 참 평화롭고 그리도 아름다운 인생길인데, 그러지 못
하고 우린 오늘도 줄타기 인생을 살아가야 합니다.

물질문명이 날로 발전하지만, 인간의 정신은 반대로 날마다
황폐화되어 가면서 정신이 물질의 시녀노릇을 자청하는 시대
에 살아가듯 사람이 사람답게 살아가지 못하고, 산다는 의미
조차 잃고 사람의 가치를 돈으로 우선순위에 올려놓는 세상
이 아닌가, 그런 생각이 듭니다.

필자가 고향 통영 멘데 파도치는 갯가에서 태어나 한려수도
남쪽 여수에서 청소년기를 보내왔고, 서울생활 36년과 경기
도 고양시 원당에서 7년과, 지상 마지막 낙원이라는 남태평양
의 피지(fiji)에서 13년 이민생활, 그리고 마지막에 정착한곳

강진 땅은 산천경계와 바다가 너무 좋아 정말로 반해버린 이 곳에 정착한지 어느새 10년이 되는군요. 정든 곳이 고향이라 면 내 아내와 인생의 인연된 종착지가 이곳이 아닐까 확인해 봅니다.

  버거운 삶을 어깨에 짊어지고 살아온 것들 다 내려놓는 하루, 내 나라 내 조국 대한민국 땅에 태어난 것을 언제나 자랑 스럽게 생각해봅니다.

이 책을 마감하며

먼 길을 돌아서 온 인생길 노을, 황혼에 서서 뒤돌아보니 괴짜 같은 인생을 살아온 것 만 같습니다. 허나 만고풍상을 다 겪으면서도 바르게 살려고 노력한 흔적은 참 어려운 일이었지만, 내 자신과의 싸움에서 하루하루 반성하는 삶을 살아온 것만은 사실인 것 같습니다. 그것은 비록 지금은 가진 게 하나 없어도 늘그막에 그래도 행복한 이유라면 젊을 적 고생해 번 돈들을 남에게 표시내지 않고 어려운 곳을 찾아 값지게 쓰고, 혼자 흥에 겨워 포장마차에서 보쌈김치에 소주 한잔하고 콧노래 부르며 집으로 돌아가면서 조용히 생각해보던 그 기쁨이야말로 진정한 행복이 아니었던가? 생각해보며, 철학자 소크라테스는 행복의 기준을 남에게 두지 말고, 자신의 기준으로 만들어야 한다고 했다지요.

눈 내리던 추운 겨울, 책을 마감하며 강진 칠량면 한림마을

갈대숲 늪지, 억새들이 칼바람에 춤추며 사각거리는 둑길을 아내와 손잡고 아삭아삭 걸으며 조용히 나눴던 이야기와, 이민 갔던 곳 남태평양 "피지(Fiji)"의 나후토카 공동묘지 언덕배기에서 해질녘 바다로 바로 빠지는 황홀하고 장엄한 대지의 모습을 바라보며 나눴던 말, "우리도 저 붉게 타들어가는 태양같이 마지막 숨죽이며 이승을 함께 조용히 떠나자"던 언약이 어제이듯 생생해지는군요.

이제, 마음으로 바라보는 오늘의 나의 자화상, 삭막했던 세상 질투, 욕심, 미움과 시기 같은 것 다 저버리고 홀가분한 마음 담아 이날까지 건강하게 아내와 동행하게 해주신 하나님께 진심으로 감사의 기도를 드립니다.

사는 게 꼭 어떤 의미를 갖는다는 것보다 길가에 한포기 이름 없는 풀꽃마냥 걷어차여도 그냥 지고 살다보면 좋은 일, 궂은 일, 웃는 일도 생겨나겠지요. 웃는 것은 나를 위한 것이고, 울음은 남을 위한 것이 되어 내 이웃을 살펴주는 나머지 꽃밭을 만들어야겠지요. 인천 상륙작전을 마치고 미국으로 떠나던 맥아더 장군이 남긴 '노병을 살아있다.'는 마지막 말같이 우리들 노년의 인생이 사는 날까지 당당한 자부심으로 살아갈 때 행복은 곧 당신의 용기와 희망이 될 것입니다. 유태인의 속담에도 '태양은 당신이 없어도 뜨고 진다.'는 진리처럼 우리들 후손들의 열매도 돌고 도는 인생길에 주렁주렁 알알이 열리게 될 것입니다.

강진 땅에 처음 와 인연이 되어 살게 하여 주신 황주홍 의원과 군정에 청렴한 윤순학 실장, 박희곤 대구면 부면장, 황호용 문화원장, 장애인센타장 김상수 후배님, 그리고 발목 재활로 고생하신 이종주 전 산림조합장과 안경순 동갑내기 전 교장, 강진 청자골 종가집 경주 이씨 이상규 아우님과 이동훈 회장, 부산사료상회 김동복 회장 내외분, 젊을 적 필자와 고난의 길을 함께 걸어온 제용수 상무, 한평생 동안 내 곁에서 힘이 되어준 반려자 아내의 믿음직한 집념의 응원에 깊은 정을 보냅니다.

　끝으로 이 글을 끝까지 읽어주신 독자 여러분 진심으로 만수무강을 빕니다.

저자 이형문 올림

평범한 일상의 幸福

지 은 이	이형문
초판 인쇄	2016년 1월 25일 초판 1쇄 인쇄
초판 발행	2016년 1월 30일 초판 1쇄 발행

펴 낸 이	최두삼
펴 낸 곳	도서출판 유나미디어
주 소	서울특별시 중구 을지로 3가 315-4
	을지빌딩 본관 602호
대표전화	(02)2276-0592
F A X	(02)2276-0598
E-mail	younamedia@hanmail.net
출판등록	1999년 4월 6일 제2-27902

ISBN 978-89-90146-17-5 /03330

값 14,000원